Die Haftung
eines Wertpapierdienstleistungsunternehmens
bei der Anlagevermittlung und der Anlageberatung

# Europäische Hochschulschriften
Publications Universitaires Européennes
European University Studies

**Reihe II**
**Rechtswissenschaft**

Série II Series II
Droit
Law

**Bd./Vol. 2560**

PETER LANG
Frankfurt am Main · Berlin · Bern · New York · Paris · Wien

Matthias Buhk

# Die Haftung eines Wertpapierdienstleistungs-unternehmens bei der Anlagevermittlung und der Anlageberatung

PETER LANG
Europäischer Verlag der Wissenschaften

Die Deutsche Bibliothek - CIP-Einheitsaufnahme

Buhk, Matthias:

Die Haftung eines Wertpapierdienstleistungsunternehmens bei der Anlagevermittlung und der Anlageberatung / Matthias Buhk. - Frankfurt am Main ; Berlin ; Bern ; New York ; Paris ; Wien : Lang, 1999
(Europäische Hochschulschriften : Reihe 2, Rechtswissenschaft ; Bd. 2560)
Zugl.: Hamburg, Univ., Diss., 1998
ISBN 3-631-33937-2

D 18
ISSN 0531-7312
ISBN 3-631-33937-2

*Meinen Eltern*

## Vorwort

Die vorliegende Arbeit wurde im Wintersemester 1997 / 1998 von der Universität Hamburg, Fachbereich Rechtswissenschaften II als Dissertation angenommen. Sie entstand während meiner Tätigkeit als wissenschaftlicher Mitarbeiter an dem Lehrstuhl von Herrn Professor Dr. Claus Ott. Ihm als Doktorvater gebührt mein Dank. Ebenso möchte ich mich an dieser Stelle bei Herrn Professor Dr. Klaus Moritz für die zügige Erstellung des Zweitgutachtens bedanken.

Zu ganz besonderem Dank bin ich meinen Eltern und meiner Freundin Katja verpflichtet. Ohne ihre ständige Diskussionsbereitschaft und ihre einmalige Fähigkeit mich immer wieder auf das Neue zu motivieren, würde es diese Arbeit nicht geben.

Frankfurt am Main, Oktober 1998 Matthias Buhk

**Inhaltsverzeichnis**

## Einführung - Gegenstand und Ziel der Untersuchung

Gegenstand der Arbeit ist die Frage der Haftung eines Wertpapierdienstleistungsunternehmens (Wertpapierdienstleister) bei der Beratung über und der Vermittlung von Kapitalanlagen aufgrund der Verletzung von Aufklärungspflichten.

Die Kapitalanlage umfaßt heute ein weites Bukett an Anlageformen[1]. Wo früher die Kapitalanlage noch auf wenige Möglichkeiten begrenzt war und regelmäßig in Form der Anlage auf einem Sparbuch bestand[2], drängen heute immer neue Anlageformen auf den Kapitalmarkt[3]. Sie weisen kaum noch Gemeinsamkeiten auf und sind für den durchschnittlichen Privatanleger in Chance und Risiko der Anlage nicht mehr zu überblicken[4]. Im selben Maße wächst die rechtliche Bedeutung der Haftung von Wertpapierdienstleistern bei der Anlagevermittlung und der Anlageberatung[5]. Der Gesetzgeber hat hierauf reagiert, indem er durch die §§ 31 f. WpHG erstmals gesetzlich die Wohlverhaltenspflichten eines Wertpapierdienstleisters bei der Anlagevermittlung und der Anlageberatung bestimmte.

Allerdings enthalten die §§ 31 f. WpHG Generalklauseln, die ihrerseits der Konkretisierung bedürfen.

Die Rechtsprechung und das Schrifttum haben vor Inkrafttreten des WpHG eine Vielzahl von Kriterien entwickelt, nach denen sich bestimmen sollte, ob der Wertpapierdienstleister seine Aufklärungspflichten gegenüber dem Kapitalanleger verletzt hat. Die Aufklärung des Kapitalanlegers müsse sich auf dessen konkreten Wissensstand über das Anlagegeschäft beziehen[6]. Schon vorhandenes Fachwissen sei zu berücksichtigen[7] und könne sich etwa aus zuvor verlustreich oder erfolgreich getätigten Geschäften gleicher Art ergeben[8]. Auch generelle Erfahrungen im Wertpapiergeschäft könnten Einfluß auf Inhalt und Umfang der den Wertpapierdienstleister treffenden Aufklärungspflichten nehmen[9]. Einfluß auf den Umfang

---

1 Emmerich - Leistungsstörungen, S. 61.

2 Klumpp ZEV 1994, 68; Waldeck in Cramer/Rudolph, S. 647; Wüst, JZ 1989, 67.

3 Waldeck in Cramer/Rudolph, S. 647.

4 Waldeck in Cramer/Rudolph, S. 647; Emmerich Leistungsstörungen S. 61; Wüst, JZ 1989, 67.

5 Das zeigt sich an der Flut von Entscheidungen und Stellungnahmen, die seit der Bond-Entscheidung BGH NJW 1993, 2433 veröffentlicht worden sind.

6 Siehe nur BGH WM 1996, 664 (665); BGH NJW 1993, 2433; BGH NJW 1982, 1095 (1096); Kümpel WM 1995, 689 (692); Vortmann ÖBA 1994, 579 (583).

7 Siehe nur BGH NJW 1993, 2433; OLG Schleswig WM 1996, 1487; OLG Köln WM 1995, 697 (698); Arendts JuS 1994, 915 (917); Kübler ZHR 145, 204 (215).

8 OLG Köln BB 1995, 2548 (2549); LG München I WM 1995, 1309 (1312).

9 OLG Schleswig WM 1996, 1487 (1488); Heinsius ZHR 145, 177 (187); Arendts WM 1993, 229 (232); Canaris Rdnr. 1881; Brandner ZHR 153, 147 (150); Hopt, Beiträge zum Schweizerischen Bankrecht 135 (155); Vortmann WuB I G 1. - 7. 95.

der Aufklärung habe die Risikobereitschaft des Kapitalanlegers[10]. Der Aufklärungsumfang werde durch das Anlageziel des Kunden bestimmt[11]. Der Inhalt der Aufklärung habe sich danach auszurichten, ob das Anlagegeschäft dem Kapitalanleger zur sicheren Geldanlage diene oder spekulativen Charakter aufweise[12]. Zu berücksichtigen sei ferner, welche wirtschaftliche Bedeutung dem geplanten Geschäft für den Kapitalanleger unter Beachtung seines Gesamtvermögens zukommen soll[13]. Inhalt und Umfang der Aufklärung seien davon abhängig zu machen, von wem die Anlageinitiative zum verlustreichen Geschäft ausging[14]. Einfluß auf den Umfang und den Inhalt der anlegergerechten Aufklärungspflicht könne auch die Behauptung des Kapitalanlegers haben, er benötige keinen Rat über die in Frage stehende Kapitalanlagemöglichkeit[15]. Art und Intensität der Geschäftsbeziehung zwischen dem Wertpapierdienstleister und dem Kapitalanleger käme ein genereller Einfluß auf den Inhalt und den Umfang der zu fordernden Aufklärung zu[16]. Ein weiterer relevanter Umstand zur Konkretisierung des Inhalts und Umfangs der zu fordernden Aufklärungspflichten sei der erkennbare Wunsch des Kapitalanlegers, durch den Wertpapierdienstleister beraten zu werden und von der Beratung seine finanziellen Entschlüsse abhängig machen zu wollen[17]. Einfluß auf den Umfang und den Inhalt der den Wertpapierdienstleister treffenden Aufklärungspflichten könnten auch persönliche Kriterien in der Person des Kapitalanlegers zukommen, wie etwa dessen beruflicher und sozialer Hintergrund, Bildungsstand, Fachwissen und seiner persönlichen Vermögenslage[18].

Das mit Inkrafttreten des WpHG neu eingerichtete Bundesaufsichtsamt für den Wertpapierhandel hat zur Konkretisierung der den Wertpapierdienstleister treffenden Aufklärungspflichten von seinem Recht nach § 35 II WpHG Gebrauch ge-

---

10 Etwa BGH NJW 1993, 2433; OLG Braunschweig WM 1996, 1484 (1485); OLG Schleswig WM 1996, 1487 (1488); Brandner ZHR 153, 147 (150); Escher-Weingart JZ 1994, 104 (105)

11 BGH NJW 1993, 2433; OLG Frankfurt a. M. WM 1994, 542 (544); LG Osnabrück WM 1995, 483 (486); Lachmair DA 1994, 183 (184); Peterhoff WuB I G 1. - 1.89.

12 BGH NJW 1993, 2433; OLG Düsseldorf WM 1994, 1468; LG Hamburg WM 1993, 196 (200); Kümpel WM 1995, 689 (692).

13 BGH WM 1982, 90; OLG Frankfurt a. M. WM 1995, 245 (247); OLG Düsseldorf WM 1994, 1468; Hopt, Beiträge zum Schweizerischen Bankrecht 135 (155).

14 OLG Köln WM 1995, 697 (698); OLG Frankfurt a. M. WM 1994, 542; LG München I WM 1995, 1309 (1312); LG Bielefeld WM 1995, 662 (663); Bertschinger S. 52.

15 BGH WM 1996, 1214 (1216); LG Traunstein WM 1993, 207 (208); Hopt, Kapitalanlegerschutz, S. 423; ders. in FS für Gernhuber S. 186.

16 AG München WM 1993, 210; Heinsius ZHR 145, 177 (187); Bertschinger S. 76; Hopt in FS für Gernhuber S. 186.

17 BGH NJW 1982, 1095 (1096); OLG Karlsruhe MDR 1990, 819; LG Wiesbaden WM 1993, 209 (210); Bertschinger S. 53

18 OLG Braunschweig WM 1996, 1484 (1486); LG München I WM 1995, 1309 (1312); Wittkowski EWiR § 276, 1/94; Arendts WM 1993, 229 (232); Heinsius ZHR 145, 177 (186); ders. ZBB 1994, 47 (52); Zeller WuB I G 1. - 5.95.

macht, eine Richtlinie zu erlassen, die weitere Pflichten benennt, die der Wertpapierdienstleister im Rahmen seiner Aufklärungstätigkeit gegenüber dem Kapitalanleger zu berücksichtigen hat[19].

Trotz oder gerade wegen der Vielzahl der genannten Kriterien besteht weiterhin eine erhebliche Rechtsunsicherheit über die Frage der Haftung eines Wertpapierdienstleisters aufgrund der Verletzung der ihn treffenden Aufklärungspflichten im Einzelfall[20]. So hatten mehrere Gerichte in ähnlich gelagerten Sachverhalten über die Aufklärungspflichten eines Wertpapierdienstleisters bei der Vermittlung von DM - Auslandsanleihen zu entscheiden[21]. In einer Vielzahl von Entscheidungen vertraten die Gerichte Positionen, die sich zum Teil offen widersprachen[22]. Das ging soweit, daß ein Gericht[23] ein anderes[24] bezichtigte, bei seiner Entscheidung dem Grundsatz gefolgt zu sein: "...ein Anleger verfüge nur über schwarzes Geld und verdiene als Spekulant daher keinen Schutz[25]".

Ziel der vorliegenden Untersuchung ist es, die in der Rechtsprechung und im Schrifttum genannten Kriterien hinsichtlich ihrer Eignung zur Systematisierung der den Wertpapierdienstleister treffenden Aufklärungspflichten zu untersuchen und die den Wertpapierdienstleister im Einzelfall treffenden Aufklärungspflichten dadurch zu konkretisieren.

Zu diesem Zweck ist die Arbeit so aufgebaut, daß im ersten Abschnitt die rechtliche Begründung von Aufklärungspflichten bei der Vermittlung von und der Beratung über Kapitalanlagen dargestellt und die sich hieraus ergebenden Haftungsvoraussetzungen untersucht werden. Zunächst werden die rechtsdogmatischen Begründungen eines Schadensersatzanspruchs des Kapitalanlegers gegenüber dem Wertpapierdienstleister vor Inkrafttreten des WpHG betrachtet, ehe gefragt wird, welchen Einfluß die am 1. Januar 1995 in Kraft getretenen Vorschriften des WpHG auf die zuvor diskutierten dogmatischen Begründungen eines Schadensersatzanspruchs des Kapitalanlegers nehmen. In diesem Rahmen wird auch untersucht, welche normativen Vorgaben die Regelungen des WpHG für den Inhalt und Umfang der einen Wertpapierdienstleister treffenden Aufklärungspflichten geben.

19 Bundesanzeiger Nr. 98 vom 3. Juni 1997.

20 Vgl. Horn ZBB 1997, 139 (140).

21 Aufzählung der Entscheidungen bei Arendts WM 1993, 229 (FN 2); insgesamt wurden an die vierzig Entscheidungen zu der Fallgruppe veröffentlicht.

22 Zu den konträren Ansichten vgl. insbesondere OLG Braunschweig, WM 1993, 190, sowie OLG Celle WM 1993, 191. Nach der Bond-Entscheidung des BGH, NJW 1993, 2433 änderte das OLG Braunschweig seine Position und schloß sich der Auffassung des OLG Celle an; vgl. auch die Darstellung der unterschiedlichen Ansichten bei Heinsius ZBB 1994, 47 (51, FN 34).

23 LG Frankfurt a. M. WM 1993, 194.

24 AG Hannover WM 1992, 141.

25 LG Frankfurt a. M. WM 1993, 194 (196).

Sodann werden im zweiten Abschnitt der Arbeit unter Beachtung der rechtsdogmatisch vorgegebenen Haftungsvoraussetzungen allgemeine Grundsätze zu den einen Wertpapierdienstleister treffenden Aufklärungspflichten entwickelt, die unabhängig von den Umständen des Einzelfalls Geltung erlangen. Begründet wird, warum eine Konkretisierung der Aufklärungspflichten notwendig im Rahmen eines beweglichen Systems von Aufklärungspflichten zu erfolgen hat. Ausgeführt wird dann, welche allgemeinen Voraussetzungen der Wertpapierdienstleister auch innerhalb eines beweglichen Systems von Aufklärungspflichten stets zu beachten hat.

Im dritten Abschnitt wird dargelegt, aus welchen Gründen für eine weitere Konkretisierung der den Wertpapierdienstleister treffenden Aufklärungspflichten zwischen den einen Wertpapierdienstleister bei der Anlageberatung und den einen Wertpapierdienstleister bei der Anlagevermittlung treffenden Aufklärungspflichten zu unterscheiden ist. Zudem wird die Frage untersucht, inwieweit im Rahmen des sogenannten Discount-Brokings eine weitere Reduzierung der den Anlagevermittler grundsätzlich treffenden Aufklärungspflichten rechtlich zulässig ist.

Die den Wertpapierdienstleister bei der Anlagevermittlung treffenden Aufklärungspflichten werden im vierten Teil der Arbeit konkretisiert. Es werden die Kriterien genannt, die den Umfang und Inhalt der den Wertpapierdienstleister treffenden Aufklärungspflichten innerhalb des beweglichen Systems von Aufklärungspflichten bestimmen. Anhand exemplarischer Betrachtungen wird die Anwendung der Kriterien im Einzelfall verdeutlicht.

Im fünften Abschnitt der Arbeit schließlich wird eine dem vierten Abschnitt systematisch entsprechende Konkretisierung der den Wertpapierdienstleister bei der Anlageberatung treffenden Aufklärungspflichten vorgenommen. Untersucht wird, welche Kriterien Inhalt und Umfang der Beratungstätigkeit des Wertpapierdienstleister gegenüber dem Kapitalanleger bestimmen.

Wertpapierdienstleister im Sinn der Arbeit sind Kreditinstitute mit Sitz im Inland und andere Unternehmen mit Sitz im Inland, die an einer inländischen Börse zur Teilnahme am Handel zugelassen sind. Der Begriff der Wertpapierdienstleister entspricht damit der in § 2 Absatz 4 WpHG enthaltenen Legaldefinition eines Wertpapierdienstleistungsunternehmens im Sinne des WpHG.

Die Arbeit beschränkt sich auf die Betrachtung der Beratung und Vermittlung bestimmter Formen von Kapitalanlagen, nämlich solcher, die nach § 2 I WpHG als Wertpapiere oder nach § 2 II WpHG als Derivate legal definiert sind. Nach § 2 I Nr. 1 WpHG unterfallen dem WpHG Aktien, Zertifikate, die Aktien vertreten, Schuldverschreibungen, Genußscheine, Optionsscheine sowie andere Wertpapiere, die mit Aktien oder Schuldverschreibungen vergleichbar sind, sofern sie auf einem Markt gehandelt werden können, der von staatlich anerkannten Stellen geregelt und überwacht wird, regelmäßig stattfindet und für das Publikum unmittelbar oder mittelbar zugänglich ist. Um Derivate handelt es sich nach § 2 II WpHG bei Wertpapieren im Sinne des § 2 I WpHG, die an inländischen oder ausländischen Märkten gehandelt werden und deren Preis unmittelbar oder mittelbar von der Entwicklung des Börsen- oder Marktpreises von Wertpapieren oder ausländischen Zahlungsmitteln oder der Veränderung von Zinssätzen abhängt. Die Definition ist bewußt weit gehalten. Sie umfaßt praktisch alle derzeit bekannten Erscheinungsformen von Wertpapieren jeglicher Ausprägung[26]. Aufgrund der abstrakten Fassung der Definition des WpHG sind selbst solche Anlagemöglichkeiten vom Anwendungsbereich der Vorschrift umfaßt, die zum Zeitpunkt der Gesetzesverabschiedung noch gar nicht bekannt waren.

Die Arbeit beschränkt sich zudem auf die Betrachtung der Haftung des Wertpapierdienstleisters aufgrund der Verletzung von Aufklärungspflichten während der Anlageberatungs- oder Anlagevermittlungstätigkeit. Nicht betrachtet werden eventuell bestehende Aufklärungspflichten des Wertpapierdienstleisters gegenüber dem Kapitalanleger nach Vermittlung einer Kapitalanlagemöglichkeit. Auch die sich aus einer Verletzung der Aufklärungspflicht ergebenden Rechtsfolgen sind nicht Gegenstand der Untersuchung. Schließlich wird die Frage der Kausalität zwischen einer Aufklärungspflichtverletzung des Wertpapierdienstleisters und einem Schaden des Kapitalanlegers in der Arbeit nicht problematisiert.

26 Schäfer AG 1993, 389 (391).

## 1. Abschnitt: Rechtliche Begründung von Aufklärungspflichten bei der Vermittlung von und der Beratung über Kapitalanlagen

### A - Rechtslage vor Inkrafttreten des WpHG

Rechtsprechung und Schrifttum vertraten vor Inkrafttreten des WpHG unterschiedliche Ansichten zu der Frage, wie etwaige Ersatzansprüche eines Kapitalanlegers gegenüber einem Wertpapierdienstleister im Falle der Verletzung von Aufklärungspflichten rechtsdogmatisch zu begründen seien.

### I. Rechtsprechung des BGH

Der BGH und überwiegende Teile der Instanzrechtsprechung begründeten einen Schadensersatzanspruch des Kapitalanlegers gegenüber einem Wertpapierdienstleister regelmäßig aus einem vertraglichen Anspruch aus pVV[27]. Zwischen Kapitalanleger und Wertpapierdienstleister werde ein Auskunfts- oder Beratungsvertrag geschlossen[28]. Vertragliche Hauptpflicht des Auskunfts- oder Beratungsvertrags sei es, den Kapitalanleger ordnungsgemäß aufzuklären.

Die Ansicht des BGH geht auf die Rechtsprechung des Reichsgerichts zurück. 1902 lag dem Reichsgericht[29] ein Fall zur Entscheidung vor, in dem ein Notar einer Bank eine unrichtige Auskunft über die Belastung eines Grundstücks erteilt hatte. Das RG bejahte einen vertraglichen Schadensersatzanspruch der Bank gegenüber dem Notar mit der Begründung, daß zwischen ihm und der Bank stillschweigend ein Vertrag zustande gekommen sei, der den Notar verpflichte, der Bank eine richtige Auskunft zu erteilen[30]. Später verallgemeinerte das Reichsgericht den Gedanken dahingehend, daß zwar grundsätzlich keine Rechtspflicht bestehe, Auskunftsfragen zu beantworten[31]. Sofern dies aber freiwillig geschehe, müsse die Antwort wahrheitsgemäß erfolgen[32]. Die Pflicht zur wahrheitsgemäßen Äußerung ergebe sich aus einem durch die Beantwortung der Frage stillschweigend geschlossenen Auskunftsvertrag[33].

Der BGH übernahm die Rechtsprechung des Reichsgerichts und entschied[34], ein stillschweigender Auskunftsvertrag werde geschlossen, wenn der Auskunftssuchende für den Auskunftsgeber erkennbar von der Auskunft eine entscheidende

---

27 Ständige Rechtsprechung seit BGH Z 100, 117 f.
28 Aus neuester Zeit insbesondere BGH NJW 1993, 2433.
29 RG Z 52, 365 ff.
30 RG Z 52, 365 (367).
31 Nämlich 1921 durch RG Z 101, 297 (301).
32 RG Z 101, 297 (301).
33 RG Z 101, 297 (302)).
34 Die erste Entscheidung, die das Kriterium aufgriff war BGH Z 7, 371 ff.

Maßnahme abhängig machen wolle und der Auskunftsgeber die erbetene Auskunft erteile[35]. Indiz für den Abschluß eines Auskunftsvertrags sei, daß der Auskunftsgeber sachkundig erscheine oder der Auskunftsgeber mit der Auskunftserteilung ein eigenes wirtschaftliches Interesse verfolge[36]. Die Annahme eines Auskunftsvertrags setze nicht voraus, daß die Parteien bereits vor dem Auskunftsvertrag in vertraglichen Beziehungen zueinander gestanden haben[37].

1987 übertrug der BGH die Grundsätze über das stillschweigende Zustandekommen eines Auskunftsvertrags auf den Bereich der Kapitalanlagevermittlung durch Kreditinstitute[38]. In dem der Entscheidung zugrunde liegenden Sachverhalt begehrte der Kläger Schadensersatz vom Wertpapierdienstleister, der ihn unvollständig über die Risiken von Anlagefonds beraten hatte. Der BGH entschied, dem Kapitalanlegers stehe ein Schadensersatzanspruch gegenüber dem Wertpapierdienstleister aufgrund der Verletzung einer vertraglichen Hauptpflicht des mit dem Kapitalanleger stillschweigend geschlossenen Auskunfts- oder Beratungsvertrags zu. Ein Auskunfts- oder Beratungsvertrag werde stillschweigend geschlossen, wenn der Wertpapierdienstleister dem Kapitalanleger Informationen über Kapitalanlagemöglichkeiten mitteile und der Kapitalanleger deutlich mache, die besonderen Kenntnisse und Verbindungen des Wertpapierdienstleisters in Anspruch nehmen zu wollen[39]. Die Ansicht ist seither ständige Rechtsprechung auch der Obergerichte[40].

Die rechtsdogmatische Begründung für etwaige Schadensersatzansprüche des Kapitalanlegers aufgrund der Verletzung von Aufklärungspflichten bei der Vermittlung von Kapitalanlagen erblickte der BGH ausnahmsweise dann nicht in einer vertraglichen Hauptpflichtverletzung des Wertpapierdienstleisters, wenn zwischen dem Kapitalanleger und dem Wertpapierdienstleister ein Auskunfts- oder Beratungsvertrag nicht zustande gekommen sei. Ein Auskunfts- oder Beratungsvertrag zwischen dem Kapitalanleger und dem Wertpapierdienstleister käme dann auch

---

35 BGH WM 1996, 906; BGH NJW RR 1993, 1114; BGH Z 74, 103; BGH Z 7, 371 (374).

36 Etwa BGH WM 1982, 90.

37 BGH Z 100, 117 (119); BGH WM 1979, 530; BGH NJW 1973, 321; BGH NJW 1970, 1737; BGH Z 7, 371 (374) vgl. auch BGH Z 100, 117; BGH Z 74, 103 (106); BGH NJW 1973, 321 (323); BGH NJW 1972, 1200; BGH NJW 1972, 678; BGH NJW 1970, 1737; BGH NJW 1962, 1500 Nr. 6; OLG Saarbrücken BB 1978, 1434.

38 BGH Z 100, 117 f.

39 BGH Z 100, 117 (118).

40 OLG Düsseldorf WM 1997, 562 (563); OLG Braunschweig WM 1996, 1484; OLG Schleswig WM 1996, 1487; OLG Köln WM 1995, 697 (698); OLG Celle WM 1993, 191 (192); OLG Frankfurt a. M. WM 1993, 1030 (1031); OLG Karlsruhe MDR 1990, 819 (820); OLG Frankfurt a. M. WM 1995, 245; OLG Braunschweig WM 1994, 59; OLG Düsseldorf WM 1994, 1468; LG München I WM 1995, 1309 (1311); LG Bielefeld WM 1995, 662 (663); LG Hamburg WM 1993, 196 (198); LG Itzehoe WM 1993, 205 (207).

schlüssig nicht zustande, wenn der Kapitalanleger von sich aus auf den Wertpapierdienstleister zutritt und gezielte Aufträge zum Kauf bestimmter Wertpapiere gibt[41].

Rechtsdogmatische Begründung für die den Wertpapierdienstleister gleichwohl treffenden Aufklärungspflichten sei in diesem Fall eine durch den Vermittlungsvertrag begründete vertragliche Nebenpflicht[42] oder, sofern es zu dem Abschluß eines Vermittlungsvertrages nicht kommt, eine durch vorvertragliches Vertrauen nach den Voraussetzungen der c.i.c. begründete Pflicht zur Aufklärung[43].

Rechtsdogmatische Grundlage der Haftung eines Wertpapierdienstleisters, der die ihn treffenden Aufklärungspflichten verletzt, könne im Einzelfall auch § 826 BGB sein[44]. Ein Mißbrauch in sittenwidriger Weise, der einen solchen Anspruch begründe, liege vor, wenn der Geschäftsführer einer Optionsvermittlungs-GmbH hohe Aufschläge von seinen Kunden für die Vermittlung der Optionen verlangt, der Vermittler die Kunden aber nicht ausreichend über das Risiko der Optionsgeschäfte aufgeklärt hat[45].

## II. Instanzrechtsprechung

Die Instanzrechtsprechung begründete einen Anspruch des Kapitalanlegers gegenüber dem Wertpapierdienstleister rechtsdogmatisch zum Teil unter den Voraussetzungen der c.i.c[46].

Nach dieser Ansicht, die früher auch der zweite Senat des BGH vertrat[47], ist die Vermittlung von Kapitalanlagen durch einen Wertpapierdienstleister als Effektenkommissionsvertrag zu qualifizieren. Vertragsgegenstand sei eine gegenseitige Geschäftsbesorgung im Sinne des § 675 BGB[48]. Während der Vertragsanbahnung vor Vermittlung der Kapitalanlage durch den Wertpapierdienstleister bestehe ein Vertrauensverhältnis, das den Wertpapierdienstleister zum Schutz des Kapitalanlegers verpflichte[49]. Aufgrund des bestehenden Vertrauensverhältnisses müsse der Wertpapierdienstleister den Kapitalanleger sachgerecht über die Risiken des in

41 BGH WM 1996, 906.

42 Ständige Rechtsprechung des BGH zu der Haftung der sogenannter Terminoptionsvermittler, etwa: BGH NJW 1991, 1106; BGH BB 1994, 305; BGH MDR 1994, 792 ff.

43 So zuletzt BGH WM 1997, 811 (812).

44 Etwa BGH NJW 1991, 1106 (1107); BGH ZIP 1994, 1102 (1103).

45 BGH ZIP 1994, 1102 (1103).

46 OLG Düsseldorf WM 1995, 1488 (1491); LG Traunstein WM 1993, 207 (208); AG Neuss WM 1993, 211 (212).

47 BGH WM 1982, 783.

48 OLG Düsseldorf WM 1995, 1488 (1491).

49 AG Neuss WM 1993, 211 (212).

Frage stehenden Geschäfts informieren[50]. Im einzelnen hingen Inhalt und Umfang der den Wertpapierdienstleister treffenden Aufklärungspflichten von den Umständen des Einzelfalls ab[51].

Andere Gerichte bestimmten die Haftungsvoraussetzungen in der Weise, daß der Wertpapierdienstleister für die schuldhafte Erteilung eines falschen Rates oder eine falsche Empfehlung hafte[52]. Warn- und Aufklärungspflichten träfen den Wertpapierdienstleister hiernach dann, wenn der Kapitalanleger erkennbar falsche oder gefährliche Kapitalanlageentscheidungen plane. Der Wertpapierdienstleister habe stets die wesentlichen Umstände des in Frage stehenden Geschäfts sorgfältig zu prüfen und dem Kapitalanleger unter Umständen mitzuteilen[53].

### III. Schrifttum

Auch im Schrifttum wurde die Frage nach der Anspruchsgrundlage im Falle einer Verletzung von Aufklärungspflichten durch den Wertpapierdienstleister unterschiedlich beantwortet[54].

#### 1. Haftung aus pVV

##### a) Vermittlungs- und Beratungsvertrag

Ein Teil des Schrifttums hat sich den Entscheidungen des BGH angeschlossen und leitet eine Aufklärungspflicht des Wertpapierdienstleisters gegenüber dem Kapitalanleger aus dem zwischen den Parteien geschlossenen Vermittlungs- oder Beratungsvertrag ab:

Sobald der Anlagevermittler sich um Kundenakquisition bemühe, werde ein Vermittlungsvertrag zwischen dem Wertpapierdienstleister und dem Kapitalanleger geschlossen[55]. Der Wertpapierdienstleister verletze die sich aus dem Vertrag ergebenden Aufklärungspflichten, wenn es den Kapitalanleger unter Berücksichtigung der Umstände des Einzelfalls nicht ausreichend über die wesentlichen Umstände der in Frage stehenden Anlagemöglichkeit informiert[56].

---

50 OLG Düsseldorf WM 1995, 1488 (1491).
51 OLG Düsseldorf WM 1995, 1488 (1491).
52 LG Traunstein WM 1993, 207 (208).
53 AG Neuss WM 1993, 211 (212).
54 Überblick etwa bei Wach S. 95; Heinsius ZHR 145 (1981) 177, 180 ff., siehe auch Waldeck in Cramer/Rudolph, S. 660 f.; Heymann HGB § 347 Rdnr. 53 f.; Arendts JuS 1994, 915; ders. WM 1993, 229 (231); Escher-Weingart JZ 1994, 104; Lang WM 1988 Beilage 9, 1 (18); Köndgen JZ 1987, 723 f.
55 Köndgen AG 1983, 120 (124).
56 Köndgen AG 1983, 120 (124).

### b) Vertragliche Nebenpflichtverletzung

Nach einer anderen Ansicht begründe sich ein möglicher Schadensersatzanspruch des Kapitalanlegers gegenüber dem Wertpapierdienstleister dogmatisch aus pVV aufgrund der Verletzung einer vertraglichen Nebenpflicht[57].

Diese Ansicht findet ihren Ursprung in der früheren Rechtsprechung des RG, nach der eine vertragliche Nebenpflicht des Wertpapierdienstleisters zur richtigen Raterteilung bestehe, sofern sich zwischen dem Wertpapierdienstleister und dem Kunden aufgrund bestehender Geschäftsverbindung ein Vertrauensverhältnis herausgebildet hat, bei dem die Wahrung von Treu und Glauben zur Übung geworden ist[58].
Uneinig sind die Vertreter dieser Ansicht darüber, welcher zwischen den Parteien geschlossene Vertrag die nebenvertragliche Aufklärungspflicht des Wertpapierdienstleisters begründe.

Nach einer Ansicht ergebe sich die vertragliche Nebenpflicht aus einem zwischen den Parteien geschlossenen Effektenvertrag, der dem in Frage stehenden Effektengeschäft zugrunde liegt[59]. Hierbei ist im einzelnen umstritten, ob es sich bei dem zugrundeliegenden Vertrag um einen Effektenkommissionsvertrag nach den §§ 383 ff. HGB und den §§ 18 ff. DepotG oder um ein Eigen- oder Propergeschäft nach den §§ 373 ff. HGB, §§ 433 - 480 HGB und §§ 18 ff. DepotG handelt[60].
Nach anderer Ansicht begründet sich die vertragliche Nebenpflicht zur Aufklärung aus der allgemein bestehenden Geschäftsverbindung zwischen dem Kapitalanleger und dem Wertpapierdienstleister[61].

Inhalt und Umfang der vertraglichen Nebenpflicht zur Aufklärung des Kapitalanlegers hingen jedenfalls von den Umständen des Einzelfalls ab[62].

### c) Bankvertrag

Eine weitere Ansicht begründet die den Wertpapierdienstleister treffenden Aufklärungspflichten aufgrund eines zwischen den Parteien geschlossenen allgemeinen Bankvertrags[63].

---

57 Überblick bei Roth in Assmann/Schütze, § 12 Rdnr. 5.
58 RG Z 27, 118; RG JW 1930, 2927 (2928); RG Z 126, 50 (52); BGH Z 13, 198 (199); BGH WM 1967, 1077 (1078).
59 Zu diesem vgl. Heinsius ZHR 145, 177 (181).
60 Vgl. Heinsius ZHR 145, 177 (181).
61 Bundschuh, Rdnr. 24.
62 Heinsius ZHR 145, 177 (186); Bundschuh Rdnr. 35; vgl. auch ders. WM 1985, 249 (250).
63 Hopt, Kapitalanlegerschutz, S. 402; Krimphove S. 4; Rollinger, S. 26 a. A.: Seiler in MüKo § 675, Rdnr. 13; Schlegelberger/Hefermehl, Anhang § 365 Anm 13; die

Der allgemeine Bankvertrag begründe eine rechtliche Sonderverbindung, die durch die Kontaktaufnahme zwischen dem Wertpapierdienstleister und dem Kapitalanleger entstehe und den Wertpapierdienstleister zu bestimmten Verhaltensweisen verpflichte[64]. Es handele sich um ein gesetzliches Schuldverhältnis, das unabhängig von dem Willen der Parteien zustande kommt[65]. Grund des gesetzlichen Schuldverhältnisses sei das Anlegerschutzprinzip.

Eines allgemeinen Schutzes des Kapitalanlegers bedürfe es, da der Wertpapierdienstleister dem Kapitalanleger wirtschaftlich und informativ überlegen sei und der Kapitalanleger sich mangels wirtschaftlicher Stärke mit der Überlegenheit des Wertpapierdienstleisters zufrieden geben müsse[66]. Aus dem Anlegerschutzprinzip folge auch, daß das Wertpapierdienstleister bereits kraft seines Berufs bestimmte Verhaltenspflichten gegenüber den Kunden zu beachten hat[67]. Die Berufsstellung des Wertpapierdienstleisters beeinflusse den Erwartungshorizont des Kapitalanlegers, der die Leistung des Wertpapierdienstleisters in Anspruch nimmt.
Auch nach dieser dogmatischen Begründung der den Wertpapierdienstleister treffenden Aufklärungspflichten hängen Inhalt und Umfang der Aufklärungspflicht wesentlich von den Umständen des Einzelfalls ab[68].

**2. Haftung aus c.i.c.**

Ein anderer Teil des Schrifttums wendet sich gegen die rechtsdogmatische Begründung des BGH und verneint das Zustandekommen eines Vermittlungs- oder Beratungsvertrags[69].

Der vom BGH angenommene Auskunfts- oder Beratungsvertrag sei eine rechtliche Fiktion[70]. Der Auskunfts- oder Beratungsvertrag lasse sich mit den Grundsät-

---

Notwendigkeit einer solch allgemeinen vertraglichen Haftungsgrundlage bezweifelt auch Heinsius, ZHR 145, 181.

64 Hopt, Kapitalanlegerschutz, S. 409.

65 Hopt, Kapitalanlegerschutz, S. 411.

66 Hopt, Kapitalanlegerschutz, S. 407.

67 Hopt in FS für Fischer S. 237 (252).

68 Hopt, Kapitalanlegerschutz S. 414.

69 De Lousanoff, ZHR 159 (1995), 228 (239); Strauch JuS 1992, 897 (898); Rollinger S. 28 f.; Huber in FS für Caemmerer S. 368; Lorenz in FS für Larenz, S. 618; Schäfer Haftung für fehlerhafte Anlageberatung; Wittmann in Staudinger § 676 Rdnr. 7; Joerges in Soergel § 676 Rdnr. 4; Wach S. 93 f. (insb. 98); Hopt in FS für Fischer S. 251 f.; Honsell JuS 1976, 621 (625 f.).

70 Hopt in FS für Fischer, S. 237 f. (252); Huber in FS für v. Caemmerer, S. 359 f. (368); Vollkommer Rdnr. 227, Fn 35; Medicus, BürgerlichesR, Rz 371; Hopt AcP 183, 618; der Begriff der Rechtsfiktion geht zurück auf Lorenz, der in der FS für Larenz der die rechtsgeschäftliche Lösung als eine "blutleere Fiktion" bezeichnete.

zen der Rechtsgeschäftslehre nicht vereinbaren[71]. Der Wertpapierdienstleister habe regelmäßig keinen Rechtsbindungswillen, einen Auskunfts- oder Beratungsvertrag mit dem Kapitalanleger abzuschließen[72].

Der Rechtsbindungswille einer Partei bestimme sich aus Sicht des objektiven Empfängerhorizonts[73]. Entscheidend sei, ob der Erklärungsempfänger aus dem objektiven Verhalten des Erklärenden erschließen könne, daß dieser einen auf Abschluß des in Frage stehenden Vertrags gerichteten Rechtsbindungswillen habe[74]. Eben das könne der Kapitalanleger nicht. Der Beratungsvertrag sei eine der Systematik des BGB fremde einseitige Verpflichtung des Wertpapierdienstleisters gegenüber dem Kapitalanleger, ohne daß dem Wertpapierdienstleister eigene Ansprüche entstehen[75]. Der Erklärungsempfänger könne mit dem Zustandekommen eines solchen nicht rechnen[76].

Entgegen dem BGH werde ein Anlageberatungs- oder ein Auskunftsvertrag daher nur dann geschlossen, wenn der Wertpapierdienstleister den Kapitalanleger über die in Frage stehende Kapitalanlage berät und dem Kapitalanleger tatsächlich die in Frage stehende Kapitalanlage vermittelt[77]. Nur dann habe der Wertpapierdienstleister einen Rechtsbindungswillen, der auf den Abschluß eines Beratungsvertrags gerichtet ist[78].

Nach dieser Ansicht begründet sich in allen anderen Fällen ein etwaiger Anspruch des Kapitalanlegers gegenüber dem Wertpapierdienstleister stets aus der vorvertraglichen Vertrauensbeziehung der Parteien zueinander, mithin aus dem Rechtsinstitut der c.i.c.[79].

---

71 Schäfer Haftung für fehlerhafte Anlageberatung, S. 8 f.; Strauch JuS 1992, 897 (898).

72 Vortmann ÖBA 1994, 579 (582).

73 Etwa BGH Z 56, 204 (210); Z 21, 101 (106); NJW 1968, 1874 (1875); RG Z 95, 122 f.; BGH NJW 1953, 58; Hefermehl in Soergel vor § 116 Rdnr. 20 und Rdnr. 31; Flume Rechtsgeschäftslehre § 4, 6 und 7.

74 Heinrichs in Palandt Einf v § 116 Rdnr. 6; BGH Z 109, 177.

75 Honsell JuS 1976, 624 (625) spricht von einem Unikum einer solchen Konstruktion; ähnlich Strauch JuS 1992, 898; auch so Wiedemann/Schmitz, ZGR 1980, 134; Ebke/Scheel, WM 1991, 389 (391); Wach Rdnr. 208; Huber in FS für v. Caemerer 1978, S. 359 (368); Larenz Schuldrecht II S. 429; Lorenz FS für Larenz 1973, 575 f. (592 und 616).

76 Vgl. Vortmann ÖBA 1994, 579 (581).

77 Vortmann ÖBA 1994, 579 (580).

78 Vortmann ÖBA 1994, 579 (581); auch de Lousanoff ZHR 159 (1995), 229 (240) kritisiert die Tendenz in der Rechtsprechung vorschnell einen stillschweigend geschlossenen Beratungsvertrag anzunehmen.

79 Etwa Lorenz in FS für Larenz S. 618 f.; grundlegend Canaris BankvertragsR Rdnr. 2292 f.

Die zwischen dem Kapitalanleger und dem Wertpapierdienstleister bestehende Geschäftsverbindung, die bereits durch die erste Kontaktaufnahme begründet werde, rufe ein vorvertragliches Vertrauensverhältnis hervor[80]. Durch die informatorische Tätigkeit schaffe der Wertpapierdienstleister in zurechenbarer Weise einen Vertrauenstatbestand, den der Auskunftssuchende in gutem Glauben zur Grundlage seiner Disposition machen darf[81].

Ähnlich begründet eine andere Ansicht im Schrifttum die den Wertpapierdienstleister treffenden Aufklärungspflichten. § 242 BGB sei die positiv rechtliche Stütze für eine Vertrauenshaftung des Wertpapierdienstleisters[82]. Der Inhalt der den Wertpapierdienstleister treffenden Aufklärungspflichten entspreche den Pflichten, die sich aus einem gesetzlichen Schuldverhältnis ohne primäre Leistungspflicht ergeben würden[83]. Konkret seien die Aufklärungspflichten unter Beachtung der Grundsätze von Treu und Glauben zu entwickeln und von den Umständen des Einzelfalls abhängig zu machen[84].

### 3. Haftung aus „culpa in consultando“

Schließlich vertreten Teile des Schrifttums die Ansicht, ein Anspruch des Kapitalanlegers begründet sich rechtsdogmatisch aus einer Kombination der vertretenen Ansichten[85].

Die sich aus den Rechtsinstituten der c.i.c., der pVV und der bestehenden Geschäftsverbindung ergebenden Verhaltenspflichten seien in Bezug auf die Verhaltenspflichten des Wertpapierdienstleisters gegenüber dem Kapitalanleger unter dem Begriff der „culpa in consultando“ zusammenzufassen. Rechtsgrund für die den Wertpapierdienstleister treffenden Aufklärungspflichten sei die im Vergleich zum Kapitalanleger besondere Sachkunde des Wertpapierdienstleisters.

Aus dem Institut der „culpa in consultando“ würde die Pflicht für den Wertpapierdienstleister folgen, dem Kapitalanleger richtige und vollständig Auskünfte, Ratschläge und Empfehlungen zu erteilen, sofern dieses nach der objektiven Sachlage für die vom Kapitalanleger zu treffende Anlageentscheidung von wesentlicher Bedeutung ist[86].

---

80 Canaris BankVertragsR Rdnr. 77.
81 Canaris, BankvertragsR Rdnr. 89.
82 Vgl. Wach Rdnr. 214.
83 Canaris, BankvertragsR Rdnr. 89.
84 Heinsius ZHR 145, 177 (183); Canaris, BankvertragsR Rdnr. 1881.
85 Wach Rdnr. 234.
86 Wach Rdnr. 233.

## IV. Konsequenzen der dogmatischen Begründung

Den unterschiedlichen rechtsdogmatischen Begründungen eines etwaigen Schadensersatzanspruchs des Kapitalanlegers gegenüber dem Wertpapierdienstleister kommt für die Frage der Konkretisierung der einen Wertpapierdienstleister treffenden Aufklärungspflichten dann Bedeutung zu, wenn sich aus ihnen unterschiedliche Haftungsvoraussetzungen ergeben.

### 1. Vorvertragliches Vertrauen oder Vertrag

Anspruchsbegründende Voraussetzung einer Haftung aus pVV ist das Vorliegen eines Schuldverhältnisses. Als Pflichtverletzung kommt jede Leistungsstörung im weitesten Sinn in Betracht, die nicht unter die gesetzlich geregelten Formen der Leistungsstörungen fällt und deren Rechtsfolge auch nicht von den gesetzlichen Gewährleistungsvorschriften umfaßt ist[87].
Anspruchsbegründende Voraussetzung einer Haftung aus c.i.c. ist das Bestehen einer vorvertraglichen Vertrauensbeziehung[88]. Das Vertrauensverhältnis wird bereits durch die Aufnahme von Vertragsverhandlungen oder eines sonstigen geschäftlichen Kontakts begründet. Es verpflichtet die Parteien zur gegenseitigen Rücksichtnahme[89]. Die Rücksichtsnahmepflicht besteht solange fort, wie der rechtsgeschäftliche Kontakt zwischen den Parteien andauert. Die Pflicht endet mit dem Abbruch der Vertragsverhandlungen oder dem Abschluß des Vertrags[90].

Die Haftungsvoraussetzungen der pVV unterscheiden sich von denen der c.i.c. also dadurch, daß der Anspruch aus pVV grundsätzlich das Bestehen eines vertraglichen Schuldverhältnisses voraussetzt. Die weiteren Haftungsvoraussetzungen der Rechtsinstitute decken sich.

Für die Frage der Aufklärungspflichten eines Wertpapierdienstleisters ergeben sich aus der dogmatischen Differenzierung des Anspruchs bei einer Verletzung der Aufklärungspflicht aus pVV oder aus c.i.c. folglich dann keine Konsequenzen, wenn die Rechtsprechung den Abschluß eines entsprechenden Vertrages stets dann annimmt, wenn nach Ansicht des Schrifttums ein vorvertragliches Vertrauensverhältnis zwischen den Parteien besteht.

---

87 Emmerich in MüKo, vor § 275 Rdnr. 218; Heinrichs in Palandt, § 276 Rdnr. 107.

88 BGH Z 60, 226; BGH NJW 1981, 1035; Ballerstedt AcP 151, 501 (507).

89 Allgemein anerkannt ist, daß ein Anspruch aus c.i.c. wenigstens eine Grundlage in der Vertrauenshaftung hat, grundlegend dazu Ballerstedt AcP 151 (1951), 501 (506). Daneben werden weitere Ansätze zur Begründung eines Anspruchs aus c.i.c. diskutiert, da das Vertrauenskriterium als zu weit (Emmerich in MüKo vor § 275 Rdnr. 55) oder allein nicht genügend (etwa Emmerich Leistungsstörungen § 5 II 1) angesehen wird.

90 Emmerich in MüKo vor § 275 Rdnr. 71.

Das ist der Fall. Ein Auskunfts- oder Beratungsvertrag, der Aufklärungspflichten des Wertpapierdienstleisters gegenüber dem Kapitalanleger begründet, oder ein Anlagevermittlungsvertrag, der die vertragliche Nebenpflicht zur Aufklärung des Kapitalanlegers beinhaltet, wird nach Ansicht des BGH dann geschlossen, wenn Kapitalanleger und Wertpapierdienstleister zum Zweck der Anlagevermittlung in Kontakt treten[91]. Eben mit der Kontaktaufnahme zwischen dem Wertpapierdienstleister und dem Kapitalanleger begründet sich nach Ansicht des Schrifttums die vorvertragliche Vertrauensbeziehung, die die Grundlage für das Entstehen etwaiger Aufklärungspflichten des Wertpapierdienstleisters gegenüber dem Kapitalanleger bildet[92].

## 2. Sonderkonstellation

Im Schrifttum wird allerdings auf eine Sonderkonstellation hingewiesen, in der die unterschiedliche dogmatische Einordnung des Anspruchs des Kapitalanlegers praktische Auswirkungen auf die Haftungsvoraussetzungen haben soll[93]. Es handelt sich um den folgenden Sonderfall, bei dem ein Schadensersatzanspruchs des Kapitalanlegers aus pVV bejaht werden müßte[94]:

Ein Kapitalanleger wendet sich an einen Wertpapierdienstleister, um über eine bestimmte Anlagemöglichkeit beraten zu werden. Nach erfolgter Beratung verabschiedet sich der Kapitalanleger unter Hinweis darauf, über seine Anlageentscheidung noch einmal nachdenken und am nächsten Tag wiederkommen zu wollen. Tatsächlich wendet sich der Kapitalanleger am nächsten Tag an ein anderes Wertpapierdienstleister und läßt sich die Kapitalanlage ohne erneute Beratung vermitteln. Die Beratung des ersten Wertpapierdienstleisters stellt sich nachträglich als unrichtig heraus, der Kapitalanleger verlangt den ihm entstandenen Schaden von dem ihn zuerst beratenden Wertpapierdienstleister ersetzt.

Entgegen der im Schrifttum vertretenen Ansicht, hat die dogmatische Differenzierung auch in diesem Fall keinen Einfluß auf die Haftungsvoraussetzungen für einen möglichen Schadensersatzanspruch des Kapitalanlegers. Ein Schadensersatzanspruch des Kapitalanlegers gegenüber dem zunächst beratenden Wertpapierdienstleister kann hier auch verneint werden, wenn im Sinne der Rechtsprechung des BGH der Abschluß eines Vertrages zwischen dem zunächst beratenden Wertpapierdienstleister und dem Kapitalanleger mit der vertraglichen Haupt- oder Nebenpflicht zur Aufklärung bejaht wird.

---

91 Vgl. BGH NJW 1993, 2433; BGH Z 100, 117; OLG Frankfurt a. M. WM 1993, 1030 (1031).

92 Vgl. Canaris BankVertragsR Rdnr. 79.

93 Vortmann ÖBA 1994, 579 (580 f.); Escher-Weingart JZ 1994, 104 (106)

94 Vortmann ÖBA 1994, 579 (580 f.); Escher-Weingart JZ 1994, 104 (106)

Zwar liegen die Voraussetzungen, die der BGH an den Abschluß eines Auskunfts- oder Beratungsvertrags stellt, vor[95]. Daraus ergibt sich indessen noch nicht, daß dem Kapitalanleger auch ein Schadensersatzanspruch aus pVV zusteht:

Voraussetzung eines Schadensersatzanspruchs aus pVV ist nämlich auch, daß der Schutzzweck des zugrunde liegenden Vertrags den eingetretenen Schaden als ersatzfähigen Schaden umfaßt[96]. Der eingetretene Schaden muß im Zusammenhang mit den vertraglich geschützten Interessen des Gläubigers stehen[97]. Der Schaden muß aus dem Bereich der Gefahren stammen, zu deren Abwendung die bestehende Aufklärungspflicht dient[98].

Ein Schadensersatzanspruch bei unrichtiger Auskunft entfällt, wenn die erteilte unrichtige Auskunft nicht für den beiderseitig vorausgesetzten, sondern für einen anderen Zweck verwandt wird[99].

Eben dieses ist der Fall, wenn der Kapitalanleger die ihm durch den Wertpapierdienstleister erteilte Auskunft nicht zu dem Zweck verwendet, sich durch den Wertpapierdienstleister bestimmte Kapitalanlagemöglichkeiten vermitteln zu lassen, sondern sich im Vertrauen auf die Richtigkeit der Information an einen Dritten wendet. Zweck der vom Wertpapierdienstleister erteilten Auskunft ist, die Anlageentscheidung des Kapitalanlegers unter Inanspruchnahme des informierenden Wertpapierdienstleisters vorzubereiten. Zweck der Aufklärung ist nicht, den Kapitalanleger so zu informieren, daß der Kapitalanleger Anlagegeschäfte mit Dritten ohne weitere Aufklärung abzuschließen vermag. Der Wertpapierdienstleister erteilt die Auskünfte für den Kapitalanleger erkennbar in der Vorstellung, diese vor konkreter Vermittlung an den Kapitalanlage erneut überprüfen und gegebenenfalls revidieren zu können.

### 3. Teilergebnis

Die unterschiedlichen rechtsdogmatischen Begründungen eines Schadensersatzanspruchs des Kapitalanlegers gegenüber dem Wertpapierdienstleister im Zusammenhang mit der Vermittlung von und der Beratung über Kapitalanlagemöglichkeiten haben die gleichen Haftungsvoraussetzungen[100].

---

95 Eben so Vortmann ÖBA 1994, 579 (581).

96 Etwa BGH NJW 1984, 1904; OLG Stuttgart NJW 1984, 1904; Emmerich in MüKo vor § 275 Rdnr. 312; Wiedemann in Soergel vor § 275 Rdnr. 492.

97 BGH NJW 1990, 2057; BGH NJW 1993, 1781; BGH NJW 1995, 451.

98 BGH Z 27, 140; BGH Z 35, 315; BGH Z 57, 256.

99 BGH NJW-RR 1991, 1265; Breinersdorfer WM 1992, 1557.

100 So auch Horn, ZBB 1997, 139 (142); Drygala ZHR 159 (1995) 686 (714); Nirk in FS für Hefermehl S. 198; Hoegen in FS für Stimpel, 247 (249); Emmerich in MüKo § 242 Rdnr. 133; Arendts JuS 1994, 915 (916); Hopt in FS für Fischer S. 252.

Unabhängig davon, welcher dogmatischen Begründung der Vorzug gegeben wird, steht dem Kapitalanleger ein Schadensersatzanspruch gegenüber dem Wertpapierdienstleister zu, wenn der Wertpapierdienstleister schuldhaft die ihn treffenden Aufklärungspflichten verletzt und der Kapitalanleger hierdurch bedingt einen Schaden erleidet, vor dessen Eintritt die Aufklärungspflichten ihn schützen sollten. Die rechtsdogmatischen Begründungen eines Schadensersatzanspruchs des Kapitalanlegers gegenüber dem Wertpapierdienstleister sind für den Bereich der Anlagevermittlung und der Anlageberatung beliebig austauschbar[101].

Die Frage nach dem Inhalt und Umfang der den Wertpapierdienstleister treffenden Aufklärungspflichten, läßt sich durch die aus der rechtsdogmatischen Begründung folgenden Haftungsvoraussetzungen nicht näher konkretisieren, sondern hängt von den zu untersuchenden Umständen des Einzelfalles ab.

## B - Rechtslage nach Inkrafttreten des WpHG

Am 26. Juli 1994 verabschiedete der Deutsche Bundestag im Rahmen des Zweiten Finanzmarktförderungsgesetzes das Gesetz über den Wertpapierhandel (Wertpapierhandelsgesetz - WpHG)[102]. Die §§ 31 ff. enthalten erstmals im deutschen Recht die systematische Normierung von Wohlverhaltenspflichten, die ein Wertpapierdienstleister gegenüber den Kapitalanlegern zu beachten hat[103].

### I. Bedeutung des WpHG für Inhalt und Umfang der den Wertpapierdienstleister treffenden Aufklärungspflichten

Auswirkungen der Regelungen des WpHG auf den Inhalt und den Umfang der den Wertpapierdienstleister treffenden Aufklärungspflichten erschließen sich aus einer Betrachtung des mit den Regelungen des WpHG verfolgten Zwecks.

#### 1. Gesetzeszweck der Regelungen des WpHG

Das WpHG dient der Umsetzung dreier EG-Richtlinien, nämlich der EG-Insider-Richtlinie vom 13. November 1989[104], der Transparenz-Richtlinie vom 12. De-

---

101 Horn, ZBB 1997, 139 (142); Emmerich in MüKo § 242 Rdnr. 133

102 BGBl I, 1749 ff.

103 Weber NJW 1994, 2849 (2857); Hopt ZHR 159 (1995), 135 (163) sieht das WpHG im Zusammenhang mit einer bedeutsamen Entwicklung des Rechtsgebiets des Kapitalmarktrechts als das "Grundgesetz des Kapitalmarktrechts" an; Kümpel in Kümpel/Ott, 065 S. 8, spricht von dem wichtigsten börsen- und kapitalmarktrechtlichen Gesetz in Deutschland seit 100 Jahren.

104 Richtlinie des Rates der Europäischen Gemeinschaften zur Koordinierung der Vorschriften betreffend Insider-Geschäften Nr. 89/592 EWG; ABl. EG Nr. L 334/30 v. 18.11.1989; Abdruck in Kümpel/Ott 930.

zember 1988[105] sowie der EG-Wertpapierdienstleistungsrichtlinie vom 10. Mai 1993[106]. Entsprechend hängt der mit den Regelungen des WpHG verfolgte Zweck nicht allein von den Interessen des nationalen Gesetzgebers ab. Der Regelungsrahmen ist für den nationalen Gesetzgeber durch den Inhalt der umzusetzenden EG-Richtlinien vorgegeben.

Gemäß Art. 189 III des Vertrags zur Gründung der Europäischen Gemeinschaft (EGV) ist eine Richtlinie für jeden Mitgliedstaat, an den sie gerichtet ist, hinsichtlich des zu erreichenden Ziels verbindlich, überläßt jedoch den innerstaatlichen Stellen die Wahl der Form und der Mittel. Unter dem zu erreichenden Ziel ist das Ergebnis zu verstehen, das nach dem Inhalt der Richtlinie erreicht werden soll[107]. Die Gemeinschaftsorgane erlassen mit einer Richtlinie eine Grund- oder Rahmenregelung. Die Mitgliedstaaten sind zu ihrer Durchführung verpflichtet. Bei der Wahl und der Form der Mittel zur Durchführung verbleibt den Mitgliedstaaten ein Gestaltungsspielraum, um ihren jeweiligen Besonderheiten Rechnung zu tragen[108]. Innerhalb des verbleibenden Gestaltungsspielraumes hat der nationale Gesetzgeber die Möglichkeit, eigene Interessen mit dem Gesetz zu verfolgen.

**a) Inhalt und Zielsetzung der EG-Richtlinien**

Die Transparenz-Richtlinie vom 13. November 1989 regelt die Pflicht zur Mitteilung bedeutender Beteiligungen an bestimmten Kategorien börsennotierter Aktiengesellschaften und wurde im 4. Abschnitt des WpHG in den §§ 21 bis 30 in nationales Recht umgesetzt.

Die Insider-Richtlinie, die die nationalen Vorschriften über den Insiderhandel vereinheitlicht, wurde durch den 3. Abschnitt des WpHG in den §§ 12 bis 20 umgesetzt.

Bestimmungen über die Wohlverhaltenspflichten eines Wertpapierdienstleisters gegenüber dem Kapitalanleger enthält allein die EG - Wertpapierdienstleistungsrichtlinie, die durch den 5. Abschnitt des WpHG in den §§ 31 bis 37 in nationales Recht umgesetzt worden ist[109].

105 Richtlinie des Rates der Europäischen Gemeinschaften über die bei Erwerb und Veräußerung einer bedeutenden Beteiligung an einer börsennotierten Gesellschaft zu veröffentlichenden Informationen, Nr. 88/672 EWG; ABl. EG Nr. L 348/62 v. 17.12.1988; Abdruck in Kümpel/Ott 935

106 Richtlinie des Rates der Europäischen Gemeinschaften über Wertpapierdienstleistungen, Amtsblatt der Europäischen Gemeinschaften Nr. 93/22 EWG; ABl. EG Nr. L 141/27 v. 11.6.1993; Abdruck in Kümpel/Ott 925.

107 EuGH, RS 14/83 - v. Colson und Kamann -, Slg. 1984, 1891 (1906 f.)

108 Grabitz in Grabitz/Hilf Art. 189, Rdnr. 59.

109 Abdruck der EG-Richtlinie AG 1993, 394 ff.; hierzu Schäfer AG 1993, 389 ff.

aa) Der Weg zur EG - Wertpapierdienstleistungsrichtlinie

In einer Empfehlung der Kommission der Europäischen Gemeinschaft vom 25. Juli 1977 wurden erstmals die Aufnahme von Wohlverhaltensregeln bei Wertpapiertransaktionen in nationales Recht erwogen[110].

Die Empfehlung benannte Grundsätze, die ein Wertpapierdienstleister gegenüber einem Kapitalanleger zu beachten hat. Gemäß der Empfehlung sollte der Wertpapierdienstleister dem Kapitalanleger zuverlässige, zutreffende, klare, ausreichende und rechtzeitige Informationen ohne Bevorzugung bestimmter Personengruppen erteilen. Um eine bestmögliche Ausführung der Aufträge der Kapitalanleger sollte der Wertpapierdienstleister sich bemühen, nur in diesem Sinn sollte der Wertpapierdienstleister Empfehlungen gegenüber dem Kapitalanleger aussprechen.

Bis 1989 wurde die EG-Empfehlung durch nationale Gesetzgeber nicht aufgegriffen. Gemäß Art. 189 V EGV sind EG-Empfehlungen für die Mitgliedstaaten nicht verbindlich. Sie enthalten keine normative Regelung und entfalten keine rechtliche Bindungswirkung[111]. Sie haben lediglich psychologische und politische Wirkung auf ihre Adressaten[112].

Den in der EG-Empfehlung enthaltenen Grundsätzen kommt daher keine rechtliche Wirkung hinsichtlich der den Wertpapierdienstleister treffenden Verhaltenspflichten zu.

Am 3. Januar 1989 legte die EG-Kommission einen ersten Vorschlag für eine Richtlinie über Wertpapierdienstleistungen vor[113]. Gegenstand des Vorschlags waren ausschließlich organisatorische Fragen der Wertpapierdienstleistung. Das Verhältnis des Wertpapierdienstleisters gegenüber dem Kapitalanleger blieb ungeregelt. Die EG-Kommission vertrat die Ansicht, dem Schutz der Kapitalanleger sei am besten dadurch gedient, daß die national bereits bestehenden Regelungen zugunsten der Kapitalanleger fortbestehen würden[114].

Am 8. Februar 1990 legte die EG Kommission einen weiteren Vorschlag für eine Richtlinie über Wertpapierdienstleistungen vor, der einige Änderungen des vorherigen Vorschlags enthielt, Schutzvorschriften für den Kapitalanleger gegenüber dem Wertpapierdienstleister aber ebenfalls nicht ausgestaltete[115].

110 Nr. 77/354 EWG; ABl. EG Nr. L 212/37 v. 20.8.1977.
111 Grabitz in Grabitz/Hilf, Art. 189 Rdnr. 75, 80.
112 Grabitz in Grabitz/Hilf, Art. 189 Rdnr. 82.
113 Nr. 89/C 43/10; ABl EG Nr. C 43/7 vom 22.2.1989.
114 EG-Dokument Komm (88) 778 eng. - SYN 176, S. 3 f.
115 Nr. 90/C 42/06; ABl. EG v. 22.2.1990 Nr. C 42/7.

Erst in der Richtlinie des Rates der EWG vom 10. Mai 1993 wurden neben den einen Wertpapierdienstleister treffenden Organisationspflichten in Art. 11 auch Wohlverhaltenspflichten des Wertpapierdienstleisters gegenüber dem Kapitalanleger benannt.

bb) Art. 11 der Wertpapierdienstleistungsrichtlinie

Gemäß Art. 11 I der Wertpapierdienstleistungsrichtlinie vom 10. Mai 1993 haben die Mitgliedsstaaten Wohlverhaltensregeln für Wertpapierdienstleister zu erlassen, die der Professionalität der Personen Rechnung tragen, für die die Dienstleistung erbracht wird. Die nationalen Regelungen müssen die Einhaltung unter anderem folgender Grundsätze gewährleisten:

Der Wertpapierdienstleister muß im bestmöglichen Interesse der Kunden und der Integrität des Marktes handeln, Art. 11 Abs. 1, 1. Gedankenstrich. Der Wertpapierdienstleister hat die Tätigkeit mit der gebotenen Sachkenntnis, Sorgfalt und Gewissenhaftigkeit zu erbringen, Art. 11 Abs. 1, 2. Gedankenstrich. Zudem muß der Wertpapierdienstleister über die für einen erfolgreichen Abschluß seiner Tätigkeit erforderlichen Mittel und Verfahren verfügen und diese wirksam einsetzen, Art. 11 Abs. 1, 3. Gedankenstrich. Der Wertpapierdienstleister hat von seinen Kunden Angaben über ihre finanziellen Verhältnisse, ihre Erfahrungen mit Wertpapiergeschäften und ihre mit der gewünschten Dienstleistung verfolgten Ziele zu verlangen, Art. 11 Abs. 1, 4. Gedankenstrich. Ferner hat der Wertpapierdienstleister den Kunden alle zweckdienlichen Informationen in geeigneter Form mitzuteilen, Art. 11 Abs. 1, 5. Gedankenstrich.

cc) Regelungszweck des Art. 11 der Wertpapierdienstleistungsrichtlinie

Die EG - Wertpapierdienstleistungsrichtlinie dient ihrem Zweck nach vorrangig dazu, etwaig bestehende Infomationsdefizite des Kapitalanlegers durch entsprechende Aufklärungspflichten des Wertpapierdienstleister zu kompensieren.

Die allgemeinen in der Wertpapierdienstleistungsrichtlinie benannten und vom Wertpapierdienstleister zu beachtenden Verhaltenspflichten werden in der Wertpapierdienstleistungsrichtlinie nicht näher konkretisiert. Das entspricht dem in der amtlichen Begründung der Wertpapierdienstleistungsrichtlinie erwähnten Konzept, eine Harmonisierung der nationalen Regelungen nur insoweit anzustreben, als dies zur Gewährleistung der gegenseitigen Anerkennung der Zulassungen und Aufsichtssysteme unbedingt erforderlich ist[116].

116 Amtl. Begr., Abdruck bei Kümpel/Ott 935, S. 1.

Die nähere Ausgestaltung des in der Wertpapierdienstleistungsrichtlinie benannten Normgerüsts obliegt also den Mitgliedsstaaten. Wesentliche bei der Umsetzung der Wertpapierdienstleistungsrichtlinie zu beachtende Grundsätze für den nationalen Gesetzgeber sind das Interesse aller Kapitalanleger an einer ordnungsgemäßen Ausführung der Aufträge und die Integrität des jeweiligen Kapitalmarkts.

Der Schutz des individuellen Kapitalanlegers ist in der Wertpapierdienstleistungsrichtlinie insoweit geregelt, als gemäß Art. 11 III der Wertpapierdienstleister bei der Erfüllung der Wohlverhaltenspflichten auf die Professionalität des jeweiligen Kunden abzustellen hat, der den Auftrag ausführen lassen will. Der nationale Gesetzgeber hat den Umfang der den Wertpapierdienstleister treffenden Verhaltenspflichten daher auch an dem individuellen Kenntnisstand des einzelnen Kapitalanlegers auszurichten.

Die übrigen Grundsätze des Art. 11 beziehen sich auf die vom Wertpapierdienstleister zu berücksichtigenden Interessen der Gesamtheit aller Kapitalanleger.

Das doppelte Abstellen auf den individuellen und die Gesamtheit aller Kapitalanleger entspricht dem in der amtlichen Begründung erwähnten Schutzzweck der Wertpapierdienstleistungsrichtlinie[117]. Die Zielsetzung der Wertpapierdienstleistungsrichtlinie besteht sowohl in dem Schutz des einzelnen Kapitalanlegers durch ein Abstellen auf dessen individuelle fachliche Erfahrung[118] als auch in dem Schutz der Gesamtheit aller Kapitalanleger in Form der Gewährleistung eines reibungslosen Funktionierens der Wertpapiermärkte[119].

Im Schrifttum wird darüber hinaus zum Teil die Frage gestellt, ob die Wertpapierdienstleistungsrichtlinie den Schutz des rational agierenden Anlegers verfolgt oder auch verbraucherschützenden Charakter trägt[120]. Zwischen dem Schutz des rational agierenden Kapitalanlegers und dem Verbraucherschutz würde insoweit ein Unterschied bestehen, als der Schutz des rationalen Anlegers am Modell des homo oeconomicus aufgezogen ist, der zwar vernünftig und überlegt handelt, dem aber die nötigen Informationen und Einwirkungsmöglichkeiten fehlen. Verbraucherschutz dagegen würde sich an der gewohnheitsmäßig handelnden Person orientieren, die auf Reize impulsiv reagiert und die Realität selektiv wahrnimmt[121]. Die Verhaltensweisen dieser Person seien meist nur unzulänglich durch kognitive Elemente zu steuern.

---

117 Amtl. Begr., Abdruck bei Kümpel/Ott 935, S. 1.

118 Amtl. Begr., Abdruck bei Kümpel/Ott 935, S. 5.

119 Amtl. Begr., Abdruck bei Kümpel/Ott 935, S. 7

120 Koller in Schneider/Assmann vor § 31 Rdnr. 12.

121 Koller in Schneider/Assmann vor § 31 Rdnr. 12.

Aus der Wertpapierdienstleistungsrichtlinie und ihrer Entstehungsgeschichte würden sich eine Reihe von Anhaltspunkten ergeben, die für eine verbraucherschützende Funktion ins Feld geführt werden könnten[122]. Hierfür spreche die Zielsetzung der Wertpapierdienstleistungsrichtlinie, den unterschiedlichen Schutzbedürfnissen einzelner Gruppen von Kapitalanlegern und ihrer fachlichen Erfahrungen ausreichend Rechnung zu tragen. Hierfür spreche auch, daß der Ausschuß für Recht und Bürgerrechte des Europäischen Parlaments die Wertpapierdienstleistungsrichtlinie in seiner Empfehlung vom 26. Februar 1993 in die Kategorie des Verbraucherschutzes eingeordnet hat[123]. Schließlich spreche dafür, daß der Verbraucherschutz zum Gemeinschaftsziel der Europäischen Union avanciert ist.

Aus diesem Verständnis des Schutzzwecks der Wertpapierdienstleistungsrichtlinie ergebe sich, daß die §§ 31 ff. WpHG in dem Sinn zu interpretieren sind, daß der Wertpapierdienstleister die üblichen Schwächen des Verbraucherverhaltens nicht ausnutzen kann und darf.

Die Fragestellung begegnet Bedenken. Die Ansicht versteht Verbraucherschutz als Gegensatz zum Schutz des rational handelnden Kapitalanlegers und unterstellt, auch die Regelungen der Wertpapierdienstleistungsrichtlinie würden auf einem solchen Verständnis des Begriffs des Verbraucherschutzes beruhen[124].

Entgegen dieser Ansicht besteht Verbraucherschutz im Sinne der Wertpapierdienstleistungsrichtlinie nicht darin, den Verbraucher vor eigenverantwortlich getroffenen Entscheidungen zu schützen, die objektiv zu seinem Nachteil wirken können. Verbraucherschutz im Sinne der Wertpapierdienstleistungsrichtlinie bedeutet vielmehr, bestehende Informationsdefizite durch die Statuierung von Aufklärungspflichten zu beseitigen und den Verbraucher hierdurch in die Lage zu versetzen, eigenverantwortliche Entscheidungen treffen zu können.

Eigenverantwortliches Handeln setzt ausreichende Kenntnis der im Zusammenhang mit dem Handeln stehenden Informationen voraus. Die weitreichendsten Aufklärungspflichten schließen jedoch impulsives Verhalten der Verbraucher nicht aus. Objektiv nachteiliges Verhalten droht, wenn der vollständig informierte Verbraucher die Fähigkeit nicht besitzt, die ihm bekannten Informationen rational zu bewerten oder überhaupt in seinen Entscheidungsprozeß mit einzubeziehen[125].

---

122 Koller in Schneider/Assmann vor § 31 Rdnr. 13.

123 Koller in Schneider/Assmann vor § 31 Rdnr. 14.

124 Ebenso als allgemeiner Rechtsgedanke des Verbraucherschutzes formuliert: Simitis, Verbraucherschutz, Schlagwort oder Rechtsprinzip?, 1976 S. 95 ff.; Dauner-Lieb, Verbraucherschutz durch Ausbildung eines Sonderprivatrechts für Verbraucher, 1983, S. 113

125 Vgl. Ott in Ökonomische Probleme des Zivilrechts S. 151; Reich, Markt und Recht 1977, S. 198 ff.

Der Schutz eines solchen Verbrauchers, wäre allein dadurch zu erreichen, daß die zu treffende Entscheidung nicht von ihm, sondern von einem Dritten getroffen wird. Dritter könnte der Gesetzgeber sein, der die in Frage stehende Entscheidung der Privatautonomie des Verbrauchers entzieht, wenn der Verbraucher die ihm bekannten Informationen nicht sachgerecht zu verwerten weiß.

Das hätte jedoch zur Folge, daß auch der rational handelnde und über ausreichende Informationen verfügende Verbraucher entsprechende Geschäfte nicht tätigen könnte. Der vermeintliche Schutz des Verbrauchers, würde zu einer Einschränkung der Verhaltensmöglichkeiten des Teils der Gesellschaft führen, die zu einer angemessenen Bewertung der in Frage stehenden Informationen und damit zu einer interessengerechten Entscheidung in eigener Sache in der Lage sind.

Konsequenz wäre mithin eine Beschränkung der Marktvielfalt, die auf eine „Perversion des Verbraucherschutzgedankens" hinausliefe[126], nämlich auf einen Schutz des Verbrauchers vor sich selbst.

Regelungszweck der Wertpapierdienstleistungsrichtlinie aber ist nicht der Schutz der Kapitalanleger vor sich selbst. Die Wertpapierdienstleistungsrichtlinie dient ihrem Regelungsinhalt und ihrem Gesetzeszweck nach dem Schutz des nicht ausreichend informierten Kapitalanlegers ebenso, wie die Wertpapierdienstleistungsrichtlinie ein reibungslosen Funktionieren der Wertpapiermärkte sicherstellen soll. Verbraucherschutz im Sinne der Wertpapierdienstleistungsrichtlinie ist der Schutz des rational handelnden Kapitalanlegers, eine eigenverantwortliche Anlageentscheidung treffen zu können.

Deutlich wird die drohende Problematik bei einer exemplarischen Betrachtung des Schutzes von Kapitalanlegern im Zusammenhang mit der Vermittlung von Warentermingeschäften und den gesetzlichen Regelungen in den §§ 762 bis 764 BGB.

Gemäß § 764 S. 1 BGB ist ein auf Lieferung von Waren oder Wertpapieren lautender Vertrag als Spiel anzusehen, wenn der Vertrag in der Absicht geschlossen wird, daß der Unterschied zwischen dem vereinbarten Preis und dem Börsenpreis der Lieferungszeit von dem verlierenden Teil an den Gewinnenden zu zahlen ist. Ein Spiel im Sinne des BGB begründet keine Verbindlichkeiten, § 762 I S. 1 BGB Die §§ 762 bis 764 BGB dienen ihrem Regelungszweck nach dazu, nicht versierte Personen vor Geschäften zu schützen, über deren finanziellen Risiken die Personen sich nicht im klaren sind[127]. Geschützt werden sollen auch die Personen, die

---

126 Staab WM 1994, 541.

127 Häuser in Soergel, § 764 Rdnr. 10; Pecher in MüKo, § 764, Rdnr. 1; Henssler S. 532.

zwar vollständig über die wesentlichen Umstände des in Frage stehenden Geschäfts informiert sind, bei denen aber gleichwohl irrationales Verhalten droht[128].

Die Voraussetzungen des § 764 S. 1 BGB umfassen weite Bereiche von Optionsgeschäften, insbesondere die Warentermingeschäfte. Verträge über Warentermingeschäft sind demnach grundsätzlich gemäß § 762 I S. 1 BGB unverbindlich. Entsprechend gering war lange Zeit das Interesse inländischer Kreditinstitute, Warentermingeschäfte zu vermitteln[129].

Gleichwohl bestand eine Nachfrage hinsichtlich der Vermittlung von Warentermingeschäften. Aufgrund der Nachfrage entwickelte sich ein grauer Kapitalmarkt von privaten, meist im Ausland ansässigen Brokern, die die Vermittlung ausländischer Optionen zu hohen Prämien trotz gesetzlicher Restriktionen auch inländischen Kapitalanlegern anboten.

Für die inländischen Kapitalanleger hatte das zur Konsequenz, hohe Broker-Gebühren zahlen zu müssen und das Risiko unseriöser Vermittler in Kauf zu nehmen.

Die Situation änderte sich[130] durch die Einführung des § 53 II BörsG im Rahmen der Börsengesetznovelle.

Gemäß § 53 II BörsG ist ein Börsentermingeschäft entgegen der gesetzlichen Regelung in §§ 764, 762 BGB ausnahmsweise verbindlich, wenn der Vermittler des Geschäfts ein Kaufmann im Sinne des § 53 I BörsG ist und der gesetzlichen Banken oder Börsenaufsicht untersteht und der Vertragspartner über die in § 53 II BörsG enumerativ aufgezählten Risiken des Börsentermingeschäfts vor Geschäftsabschluß schriftlich aufgeklärt worden ist.

Mit Inkrafttreten des § 53 II BörsG entwickelte sich ein inländischer Markt für Börsentermingeschäfte. Die von den Brokern für die Vermittlungstätigkeit verlangten Gebühren sanken, unseriöse Anbieter wurden weitgehend vom Markt verdrängt, die Marktvielfalt nahm zu[131].

Die Kritiker wandten sich mit dem Argument gegen die Einführung des § 53 II BörsG, daß die Regelung den Anlegerschutz beseitigen würde. Der Anleger würde

---

128 Vgl. Henssler S. 533.

129 Henssler S. 590.

130 Die Bereitschaft der Kreditinstitute zur Vermittlung von Optionsgeschäften nahm seit Einführung des § 53 II BörsG deutlich zu, Henssler S. 590.

131 Von Rosen, ZGesKW 1989, 308 f; Breuer, Die Bank 1988, 425 f.

nicht so sehr den Schutz vor den Praktiken der Anlagevermittler benötigen, als er des Schutzes vor sich selbst[132].

**b) Zielsetzung des WpHG für nationalen Gesetzgeber**

Im nationalen Gesetzgebungsverfahren zum WpHG ist lange Zeit umstritten gewesen, ob die Vorgaben durch die Wertpapierdienstleistungsrichtlinie bereits im Rahmen des WpHG umgesetzt werden sollten.

Während im ersten Diskussionsentwurf des Zweiten Finanzmarktförderungsgesetzes eine Umsetzung der Wertpapierdienstleistungsrichtlinie vorgesehen war[133], enthielt der zweite Diskussionsentwurf keine Regelungen über die Wohlverhaltensregeln von Wertpapierdienstleistern mehr[134]. Auch der am 3. November 1993 vom Bundeskabinett verabschiedete erste Gesetzentwurf des Zweiten Finanzmarktförderungsgesetzes[135] wurde an die Vermittlungsausschüsse verwiesen, ohne daß in dem Entwurf Regelungen über die Wohlverhaltenspflichten von Wertpapierdienstleistern enthalten waren.

Erst in den Vermittlungsausschüssen kam eine Einigung darüber zustande, die EG - Wertpapierdienstleistungsrichtlinie bereits jetzt durch einen eigenen Abschnitt in den §§ 31 f. WpHG in nationales Recht umzusetzen[136].

Das WpHG setzt den Schutzzweck der Wertpapierdienstleistungsrichtlinie, den individuellen Kapitalanleger entsprechend seiner Professionalität zu schützen, insoweit um, als die gesetzlich normierten Wohlverhaltenspflichten sich an dem Kenntnisstand und damit der Professionalität des einzelnen Kapitalanlegers orientieren und dem Schutz des Vertrauens des einzelnen Kapitalanlegers dienen.

Eine Vertrauensverletzung beim Kapitalanleger durch das Verhalten des Wertpapierdienstleisters droht nach Ansicht des nationalen Gesetzgebers insbesondere deshalb, weil der Kapitalanleger keinen unmittelbaren Zugang zum Kapitalmarkt hat[137]. Der Kapitalanleger sei daher in besonderer Weise auf die ordnungsgemäße Tätigkeit des Wertpapierdienstleisters angewiesen. Die notwendige Inanspruchnahme des Wertpapierdienstleisters durch den Kapitalanleger würde für den Ka-

---

132 Henssler S. 709.

133 Bundesministerium der Finanzen, Az. VII B 5, vom 29.6.1993.

134 Assmann in Assmann/Schneider Einl. Rdnr. 17.

135 BR-Drucksache 793/93 vom 5.11.1993.

136 Dazu Beschlußempfehlung und Bericht des Finanzausschusses des Deutschen Bundestages, BT-Drucksache 12/7918 S. 94 f.

137 Beschlußempfehlung und Bericht des Finanzausschusses des Deutschen Bundestages, BT-Drucksache 12/7918 S. 97; Kümpel in Kümpel/Ott 065, S. 102; rechtlich ergibt sich das aus § 7 BörsG, nach dem eine Zulassung erforderlich ist, ehe Geschäfte an der Börse getätigt werden können.

pitalanleger wiederum eine regelmäßig schwach ausgebildete Verhandlungsposition begründen[138]. Aufgrund fehlender Informationen sei der Kapitalanleger regelmäßig nicht in der Lage, die vom Wertpapierdienstleister erbrachten Leistungen kritisch zu überprüfen und deren ordnungsgemäß Abwicklung angemessen zu kontrollieren[139].

Innerhalb des durch die Wertpapierdienstleistungsrichtlinie vorgegebenen Schutzrahmens liegt der vom nationalen Gesetzgeber mit den Wohlverhaltenspflichten verfolgte Zweck in der Steigerung der Attraktivität und internationalen Wettbewerbsfähigkeit des Finanzplatzes Deutschland[140].

Bereits Anfang 1992 hat das Bundesfinanzministerium ein primär wettbewerbsbezogenes Konzept zum „Finanzplatz Deutschland" vorgelegt, das als Ursprung des Zweiten Finanzmarktförderungsgesetz gilt. Das Konzept wurde als Reaktion auf vermehrte Vorwürfe aus dem Ausland entwickelt, der deutsche Finanzplatz sei rechtlich unzureichend geordnet[141]. Die fortschreitende Entwicklung der Finanzmärkte in anderen Ländern gab Anlaß zur Verwirklichung des Konzepts[142].

Zur Förderung des Finanzplatzes Deutschland soll das Vertrauen der Kapitalanleger in die Integrität des inländischen Marktes gestärkt werden. Der Kapitalanleger soll auf die ordnungsgemäße Erbringung von Wertpapierdienstleistungen durch die am Markt befindlichen Wertpapierdienstleister vertrauen können[143]. Nur bei einem Schutz des Vertrauens der Kapitalanleger als Träger des Nachfrage- und Angebotpotentials könne die Liquidität und damit auch die Effizienz der Kapitalmärkte gesichert werden. Bei einer spürbaren Erschütterung des Vertrauens der Kapitalanleger würden die Kapitalanleger sich vom inländischen Kapitalmarkt abwenden und diesem hierdurch die notwendige Liquidität entziehen[144].

Schutzperson des WpHG ist auch in diesem Sinn der individuelle Kapitalanleger und die Gesamtheit aller Kapitalanleger[145].

---

138 Weber NJW 1994, 2849 (2857).

139 Beschlußempfehlung und Bericht des Finanzausschusses des Deutschen Bundestages, BT-Drucksache 12/7918 S. 97; auch Weber NJW 1994, 2857.

140 Kümpel in Kümpel/Ott 065, S. 8.

141 Assmann in Assmann/Schneider Einl. Rdnr. 8.

142 Weber NJW 1994, 2849 (2850).

143 Beschlußempfehlung und Bericht des Deutschen Bundestages, BT-Drucksache 12/7918, S. 97; Kümpel Rdnr. 8.228; Schäfer Haftung für fehlerhafte Anlageberatung S. 13.

144 Kümpel in Kümpel/Ott 065, S. 16.

145 Kümpel in Kümpel/Ott 065, S. 26.

## 2. Die Verhaltenspflichten des Wertpapierdienstleisters nach den §§ 31 ff. WpHG

Das WpHG enthält drei Gruppen von Verhaltenspflichten, die der Wertpapierdienstleister zu beachten hat und die grundsätzlich voneinander zu unterscheiden sind.

Zum einen benennen die §§ 31 f. WpHG Pflichten des Wertpapierdienstleisters, den Kapitalanleger über den Gegenstand des in Frage stehenden Geschäfts zu informieren ( Informationspflichten). Zum anderen benennen die §§ 33 f. WpHG Pflichten des Wertpapierdienstleister, die Geschäftstätigkeit auf bestimmte Weise zu organisieren (Organisationspflichten). Schließlich treffen den Wertpapierdienstleister Aufzeichnungs- und Aufbewahrungspflichten.

### a) Informationspflichten des Wertpapierdienstleisters

§§ 31, 32 I Nr. 1 und 2 und II Nr. 1 WpHG bezeichnen Verhaltens- und Informationspflichten, die der Wertpapierdienstleister gegenüber dem Kapitalanleger zu beachten hat, sofern er dem Kapitalanleger Kapitalanlagemöglichkeiten vermittelt.

aa) Allgemeiner Sorgfaltsmaßstab des Wertpapierdienstleisters, § 31 I Nr. 1 WpHG

§ 31 I Nr. 1 WpHG legt einen allgemeinen Sorgfaltsmaßstab fest, den der Wertpapierdienstleister gegenüber dem Kapitalanleger zu beachten hat[146]. Der Wertpapierdienstleister ist verpflichtet, die Wertpapierdienstleistungen mit der erforderlichen Sachkenntnis, Sorgfalt und Gewissenhaftigkeit im Interesse der Kapitalanleger zu erbringen.

Das WpHG führt weder in § 31 I Nr. 1 WpHG noch an anderer Stelle explizit aus, was die Interessen des Kapitalanlegers sind, die der Wertpapierdienstleister zu beachten hat. Aus § 31 I Nr. 1 WpHG ergibt sich für die Haftungsvoraussetzungen des Wertpapierdienstleisters bei der Anlagevermittlung insoweit nur, daß der Wertpapierdienstleister zur Aufklärung des Kapitalanlegers verpflichtet ist, wenn dessen schutzwürdigen Interessen es erfordern.

Unter Beachtung des durch die Wertpapierdienstleistungsrichtlinie vorgegebenen Prüfungsmaßstabs und des Regelungszwecks des WpHG ist die Erbringung der Wertpapierdienstleistung im Interesse des individuellen und der Gesamtheit aller Kapitalanleger als Grundsatz zur Beantwortung der Frage heranzuziehen, ob der Wertpapierdienstleister bei der Erbringung seiner Leistung den Sorgfaltsmaßstab

146 Schäfer Haftung bei der Anlageberatung S. 69; Kümpel Rdnr. 8.238.

des § 31 I Nr. 1 WpHG beachtet hat. Das individuelle Interesse des Kunden und der Gesamtheit aller Kapitalanleger bestimmt, welche Sachkenntnis, Sorgfalt und Gewissenhaftigkeit der Wertpapierdienstleister aufzubringen hat.

Im übrigen ist der in § 31 I Nr. 1 WpHG benannte Sorgfaltsmaßstab ähnlich unbestimmt wie der Verschuldensmaßstab des § 276 BGB. Die konkreten Anforderungen, die das Gesetz an den Wertpapierdienstleister in Bezug auf die erforderliche Sachkenntnis, Sorgfalt und Gewissenhaftigkeit stellt, um die Leistung im Interesse der Kapitalanleger zu erbringen, werden nicht benannt.

Es bleibt Aufgabe der Rechtsprechung und des Schrifttums, Kriterien zu entwikkeln, die die Begriffe der erforderlichen Sachkenntnis, Sorgfalt und Gewissenhaftigkeit im Interesse der Kunden konkretisieren.

bb) Interessenwahrungspflicht, § 31 I Nr. 2 WpHG

§ 31 I Nr. 2 WpHG verpflichtet den Wertpapierdienstleister, sich um die Vermeidung von Interessenkonflikten zu bemühen und dafür zu sorgen, daß bei unvermeidbaren Interessenkonflikten der Kundenauftrag unter der gebotenen Wahrung des Interesses des Kunden ausgeführt wird.

Auch § 31 I Nr. 2 WpHG ist im Zusammenhang mit dem durch die Wertpapierdienstleistungsrichtlinie vorgegebenen Auslegungsmaßstab des Kapitalanlegerschutzes in der Weise zu verstehen, daß das Interesse des Kapitalanlegers an einer bestimmten Ausführung des Auftrags die Eigeninteressen des Wertpapierdienstleisters an einer anderen Ausführung des Auftrags überwiegt.

Konkret setzt ein Interessenkonflikt im Sinne des § 31 I Nr. 2 WpHG voraus, daß wenigstens zwei Beteiligte an der Realisierung einer bestimmten Geschäftschance interessiert sind oder die Geschäftschance einer Person davon abhängt, daß eine andere Person eine Entscheidung trifft[147]. Einem Wertpapierdienstleister droht ein solcher Konflikt insbesondere dann, wenn er eigene Wertpapiergeschäfte tätigt. Zutreffend sieht das Schrifttum den Regelungsgehalt des § 31 I Nr. 2 WpHG darin, bei auftretenden Interessenkonflikten zwischen dem Wertpapierdienstleister und dem Kapitalanleger jeglichen Schaden vom Kapitalanleger abzuwenden, den Wertpapierdienstleister mit seinen Interessen gegenüber den Interessen des Kapitalanlegers also zurücktreten zu lassen[148]. Der Wertpapierdienstleister hat den Auftrag des Kunden bei bestehendem Interessenkonflikt so zu erledigen, wie es den Interessen des Kapitalanlegers am besten entspricht[149].

147 Koller in Assmann/Schneider § 31 Rdnr. 26.
148 Kümpel WM 1995, 689 (690).
149 Koller in Assmann/Schneider § 31 Rdnr. 53; von Rosen, Die Bank 1995, 13

Allerdings benennt § 31 I Nr. 2 WpHG die individuellen Interessen des Kapitalanlegers, die der Wertpapierdienstleister im Vergleich zu seinen eigenen vorrangig zu beachten hat, ebensowenig, wie die Interessen des Kunden in § 31 I Nr. 1 WpHG konkretisiert sind.

Für den Inhalt der den Wertpapierdienstleister treffenden Aufklärungspflichten folgt aus § 31 I Nr. 2 WpHG, daß das Eigeninteresse des Wertpapierdienstleisters, bestimmte Informationen nicht mitzuteilen oder andere in den Vordergrund zu schieben, den Umfang und Inhalt der den Wertpapierdienstleister treffenden Aufklärungspflichten nicht beeinflussen darf. Der Vorrang der Interessen des Kapitalanlegers gebietet es, Eigeninteressen des Wertpapierdienstleisters auch bei der ihm obliegenden Aufklärungstätigkeit vollständig hinter den Interessen der Kapitalanleger zurücktreten zu lassen[150].

cc) Individueller Kenntnisstand des Kunden, § 31 II Nr. 1 WpHG

Gemäß § 31 II Nr. 1 WpHG ist der Wertpapierdienstleister verpflichtet, von den Kunden Angaben über ihre Erfahrungen oder Kenntnisse in Geschäften, die Gegenstand der Wertpapierdienstleistung sein sollen, über ihre mit den Geschäften verfolgten Ziele und über ihre finanziellen Verhältnisse zu verlangen.

*aaa) Zweckdienlichkeit der Information*

§ 31 II Nr. 1 WpHG statuiert keine allgemeine Pflicht eines Wertpapierdienstleisters, sich Informationen von den persönlichen Verhältnissen sämtlicher Kunden zu verschaffen. § 31 II Nr. 1 WpHG steht in untrennbarem Zusammenhang mit den in § 31 II Nr. 2 WpHG benannten Pflichten des Wertpapierdienstleisters, seinem Kunden alle zweckdienlichen Informationen mitzuteilen. Nach den Gesetzesmaterialien soll der Wertpapierdienstleister aufgrund der von dem Kunden erhaltenen Gesamtinformationen in der Lage sein, diesem eine auf seine persönlichen Verhältnisse zugeschnittene Anlage zu empfehlen[151].

Den Wertpapierdienstleister trifft daher nur dann die Pflicht, sich Informationen über den individuellen Kenntnisstand des Kunden zu beschaffen, wenn dieses erforderlich ist, um dem Kunden alle zweckdienlichen Informationen mitteilen zu können.

§ 31 II Nr. 1 WpHG ist zudem ein Halbsatz, der unter der einschränkenden Formulierung des § 31 II a. E. WpHG steht: Den Wertpapierdienstleister trifft die Informationsbeschaffungspflicht gemäß § 31 II Nr. 1 nur dann, wenn dies zur

---

150 Kümpel in Kümpel/Ott 065, S. 103.

151 Beschlußempfehlung und Bericht des Finanzausschusses des Deutschen Bundestages, BT-Drucksache 12/7918 S. 103.

Wahrung der Interessen des Kunden und im Hinblick auf Art und Umfang der beabsichtigten Geschäfte erforderlich ist.

Der Regelungsgehalt des § 31 II a. E. WpHG ist im Schrifttum umstritten.

Zum Teil wird die Ansicht vertreten, der Wertpapierdienstleister habe gemäß § 31 II a. E. WpHG grundsätzlich alle Kapitalanleger zu beraten, es sei denn die Professionalität des Einzelnen lasse dessen Schutzbedürftigkeit ausnahmsweise entfallen[152]. Der Wertpapierdienstleister sei grundsätzlich verpflichtet, Angaben von allen Kapitalanlegern bis zu dem Punkt zu verlangen, an dem der Wertpapierdienstleister zu beurteilen vermag, ob die konkrete Anlagemöglichkeit angesichts der Ziele und finanziellen Verhältnisse des Kunden optimal dessen Interessen entspricht. Dem Wertpapierdienstleister würde kein Ermessensspielraum zustehen[153]. Aus der Perspektive des WpHG seien Wertpapierdienstleister immer Anlageberater, nicht bloß Anlagevermittler[154].
Als Argument führt die Ansicht an, nur ein solches Verständnis der Wohlverhaltensregeln des WpHG würde im Einklang mit Art. 11 I Wertpapierdienstleistungsrichtlinie stehen. Eine Differenzierung der den Wertpapierdienstleister treffenden Aufklärungspflichten nach Art der von ihm erbrachten Tätigkeit im Sinne des § 31 II a. E. WpHG widerspreche der Wertpapierdienstleistungsrichtlinie[155].

Gegen die Ansicht spricht, daß § 31 WpHG weder seinem Wortlaut nach noch den Gesetzesmaterialien zufolge eine grundsätzliche Pflicht des Wertpapierdienstleisters normiert, alle Kapitalanleger im Hinblick auf die von ihnen zu verfolgenden Interessen zu beraten.

Der Wortlaut des § 31 II a. E. WpHG ist eindeutig. Zweckdienliche Informationen sind dem Kapitalanleger dann mitzuteilen, wenn dies neben der Wahrung der Interessen des Kapitalanlegers auch im Hinblick auf Art und Umfang des beabsichtigten Geschäfts erforderlich ist.

Unter welchen Voraussetzungen Art und Umfang des in Frage stehenden Geschäfts die Mitteilung zweckdienlicher Informationen an den Kunden erforderlich machen, ist gesetzlich nicht normiert. Normiert ist insbesondere nicht, daß alle Informationen zweckdienlich sind, die für die Interessen des Kapitalanlegers be-

---

152 Koller in Assmann/Schneider § 31 Rdnr. 97.
153 Koller in Assmann/Schneider § 31 Rdnr. 87.
154 Koller in Assmann/Schneider § 31 Rdnr. 97; als Beleg zitiert Koller die Bond-Entscheidung des BGH. Aus der aber ergeben sich wie ausgeführt keine Rückschlüsse auf die Frage, ob der Wertpapierdienstleister stets Anlageberater oder Anlagevermittler ist. Im Zusammenhang mit § 31 WpHG gilt das um so mehr, als das WpHG sich zum Zeitpunkt der Bond-Entscheidung des BGH noch nicht einmal im Gesetzgebungsverfahren befand.
155 Koller in Assmann/Schneider § 31 Rdnr. 87.

deutsam sind, oder daß der Wertpapierdienstleister verpflichtet ist, seine Kunden entsprechend deren Interessen zu beraten. § 31 II WpHG enthält keine gesetzlich definierte Reichweite[156]. Der Rechtsprechung und dem Schrifttum ist es überlassen, die Erforderlichkeit der Aufklärung des Kapitalanlegers nach den Interessen des Kapitalanlegers und nach der Art und dem Umfang des konkret in Frage stehenden Geschäfts im Rahmen einer Interessenabwägung zu beurteilen[157]. In diesem Sinn ist in den Gesetzesmaterialien ausgeführt, daß die Frage der zweckdienlichen Information sich nicht allein nach der Professionalität des Kapitalanlegers bestimmt, sondern die Organisation des die Leistung anbietenden Wertpapierdienstleisters mit zu berücksichtigen ist[158]. Verringerte Verhaltenspflichten ergeben sich, wenn der die Anlagemöglichkeit vermittelnde Wertpapierdienstleister als Discount-Broker organisiert ist, die Kundenaufträge unter Verzicht auf eine Beratung zu besonders günstigen Provisionen ausführt und den Kunden hierüber angemessen informiert[159].

Gegen die Ansicht spricht auch der systematische Kontext der §§ 31, 32 WpHG. Während § 32 WpHG terminologisch von der „Anlageempfehlung" spricht, bezieht sich § 31 II Nr. 2 a. E. auf die vom Wertpapierdienstleister mitzuteilenden Informationen. Der Begriff der „Empfehlung" charakterisiert die umfassenden Verhaltenspflichten bei der Anlageberatung, während die Mitteilung bestimmter Informationen die Nebenpflicht eines jeden Vertrags, also auch eines Anlagevermittlungsvertrags ist[160]. Im Gegensatz zu § 32 WpHG bezieht sich § 31 II WpHG also nicht ausschließlich auf die Beratungstätigkeit des Wertpapierdienstleisters.

Gegen die Ansicht spricht weiterhin, daß auch die Wertpapierdienstleistungsrichtlinie keine Regelung darüber enthält, daß es im Interesse der Kapitalanleger liegt, alle zweckdienlichen Informationen mitgeteilt zu erhalten, sofern die Professionalität des Kapitalanlegers dem ausnahmsweise nicht entgegensteht.

In der Wertpapierdienstleistungsrichtlinie ist nicht ausgeführt, daß die Interessen der Gesamtheit aller Kapitalanleger nicht auch durch die Art und den Umfang des in Frage stehenden Geschäfts bestimmt werden können. Die Wertpapierdienstleistungsrichtlinie enthält keine ausdrückliche Bestimmung, daß Kapitalanleger durch den Wertpapierdienstleister stets bestmöglich zu beraten sind, solange die Professionalität des Kapitalanlegers das ausnahmsweise nicht erfordert.

---

156 Schödermeier, WM 1995, 2053 (2055).

157 Beschlußempfehlung und Bericht des Finanzausschusses des Deutschen Bundestages, BT-Drucksache 12/7918, S. 104.

158 Beschlußempfehlung und Bericht des Finanzausschusses des Deutschen Bundestages, BT-Drucksache 12/7918, S. 104.

159 Beschlußempfehlung und Bericht des Finanzausschusses des Deutschen Bundestages, BT-Drucksache 12/7918, S. 104.

160 Kümpel in Kümpel/Ott 065, S. 111.

Doch selbst wenn die Wertpapierdienstleistungsrichtlinie eine entsprechende Bestimmung enthielte, wäre es unzulässig, den eindeutigen Wortlaut des § 31 II a. E. WpHG mit Hilfe des Instruments der richtlinienkonformen Auslegung im entgegengesetzten Sinn auszulegen.

Das Instrument der richtlinienkonformen Auslegung dient als Auslegungsmethode, die neben den überkommenen Auslegungsregeln des nationalen Rechts Anwendung findet[161].

Ein nationales Gericht hat die Pflicht ein nationales Umsetzungsgesetz im Lichte des Wortlauts und des Zwecks der Richtlinie auszulegen und dabei den Beurteilungsspielraum voll auszuschöpfen, den ihm das nationale Recht einräumt[162]. Richtlinienkonforme Auslegung bedeutet, daß vorhandene Normen des nationalen Rechts im Zweifel nach dem Wortlaut und Zweck der ihr zugrundeliegenden Richtlinie auszufüllen sind.

Die Grenzen der Möglichkeit zur richtlinienkonformen Auslegung sind durch deren rechtliche Bedeutung als Auslegungsmethode gesetzt[163]. Ein nationales Gericht ist verpflichtet, das nationale Gesetz so auszulegen, daß es soweit wie irgend möglich mit dem Wortlaut und den Zielen des Gemeinschaftsrechts übereinstimmt[164]. Mit Hilfe einer Auslegungsmethode darf der Wortlaut der auszulegenden Vorschrift jedoch nicht überschritten werden[165]. An den Wortlaut einer Vorschrift ist der Richter nach Art. 20 III GG gebunden. Es ist nicht die Aufgabe des Richters, durch eine Auslegung entgegen dem Wortlaut der Regelung die Umsetzung einer Richtlinie anstelle des Gesetzgebers vorzunehmen[166]. Rechtssicherheit und Rechtsklarheit erfordern es, daß Vorschriften Rechte und Pflichten eindeutig benennen und Gerichte an den nicht auslegungsfähigen Wortlaut einer Vorschrift gebunden sind[167].

Auch wenn unterstellt wird, daß die Regelung in § 31 II a. E. WpHG dem Art. 11 der Wertpapierdienstleistungsrichtlinie entgegensteht, ist es Aufgabe des nationalen Gesetzgebers, nicht aber der nationalen Gerichte, die Vorschrift den Regelungen der Wertpapierdienstleistungsrichtlinie anzupassen.

---

161 Heß JZ 1995, 150 (151).
162 EuGH Rs. 14/83 - v. Colson und Kamann, Slg. 1984, 1891 (1909).
163 Heß JZ 1995, 150 (151).
164 EuGH Rs. 106/89, Marleasing, Slg. 1990, I - 4135 (4159).
165 Vgl. EuGH, Slg. 1987, 3969 (3986 f.); Schlußanträge van Gerven, Slg. 1990, 4144 (4146-4147) zu EuGH Rs. 106/89, Marleasing, Slg. 1990, I - 4135 ff.; Assmann AG 1994, 196 (200).
166 Heß JZ 1995, 150 (151); vgl. auch Everling ZGR 1992, 376 (388).
167 Everling ZGR 1992, 376 (388, 389)

Der Regelungszweck des § 31 II Nr. 1 WpHG besteht demnach darin, Kriterien zu benennen, nach denen sich die Zweckdienlichkeit von Informationen für die Interessen des Kapitalanlegers bestimmt und die bei einer Information des Kapitalanlegers durch den Wertpapierdienstleister zu berücksichtigen sind. Eine Konkretisierung bleibt auch hier der Rechtsprechung und dem Schrifttum überlassen.

*bbb) Vermittlung objektiv geeigneter Kapitalanlage*

Entgegen dem Wortlaut des § 31 II Nr. 1 WpHG wird im Schrifttum weiterhin der Gedanke diskutiert, daß es dem Wertpapierdienstleister durch § 31 WpHG verboten sein könnte, dem Kapitalanleger für ihn objektiv ungeeignete Kapitalanlagen zu vermitteln[168]. Als Argument wird der Anlegerschutzgedanke angeführt, der sich in § 31 I Nr. 1 WpHG wiederfinden würde. Die Vorschrift sei im Licht der Wertpapierdienstleistungsrichtlinie als Vorschrift des Verbraucherschutzes zu verstehen. Verbraucherschutz bedeute, auch den ausreichend aufgeklärten Kapitalanleger von Geschäften abzuhalten, die für ihn objektiv und individuell ungeeignet sind[169].

Neben dem Wortlaut der Vorschrift - ein Verbotstatbestand ist nicht Regelungsgegenstand - spricht gegen die Argumentation, daß eine Bevormundung des Kapitalanlegers dem in der Wertpapierdienstleistungsrichtlinie enthaltenen Verbraucherschutzgedanken fremd ist. Auch die Wertpapierdienstleistungsrichtlinie orientiert sich am Informationsmodell[170]. Gegen die Ansicht spricht ferner der systematische Zusammenhang zu § 31 II Nr. 2 WpHG[171]. Der Wertpapierdienstleister hat den Kapitalanleger gerade nicht von bestimmten Geschäften abzuhalten, sondern ihn über diese zweckdienlich zu informieren.

dd) Pflichten des Wertpapierdienstleisters gemäß § 31 II Nr. 2

Auch die in § 31 II Nr. 2 WpHG normierte Pflicht des Wertpapierdienstleisters, dem Kapitalanleger alle zweckdienlichen Informationen mitzuteilen, wird gesetzlich nicht konkretisiert. Die Beantwortung der Frage, welche Informationen für den Kapitalanleger zweckdienlich sind, bleibt weitgehend den Gerichten überlassen. Nur der systematische Zusammenhang zu § 31 II Nr. 1 WpHG zeigt, daß es für die Frage der Zweckdienlichkeit jedenfalls auch auf die Erfahrungen oder Kenntnisse des individuellen Kapitalanlegers und dessen mit dem Wertpapiergeschäft verfolgten Anlageziele und finanziellen Verhältnisse ankommt.

---

168 Koller in Assmann/Schneider, § 31 Rdnr. 80.
169 Koller in Assmann/Schneider, § 31 Rdnr. 81.
170 Vgl. oben Abschnitt 1 B I. 1.a), bb), bbb).
171 Koller in Assmann/Schneider, § 31 Rdnr. 81.

In den Gesetzesmaterialien wird der Begriff der zweckdienlichen Informationen in der Weise konkretisiert, daß die Informationen den Kapitalanleger in die Lage versetzen sollen, Tragweite und Risiken der von ihm getroffenen Anlageentscheidung einschätzen und dadurch die wirtschaftlichen Folgen seiner Entscheidung eigenverantwortlich tragen zu können[172]. Der Wertpapierdienstleister soll sowohl das allgemeine als auch das spezielle Risiko der in Frage stehenden Anlagemöglichkeit bei der Information gegenüber dem Kapitalanlegers berücksichtigen[173].

Auch die Reichweite der in § 31 II Nr. 2 WpHG normierten Informationspflicht des Wertpapierdienstleisters gegenüber dem Kapitalanleger wird durch die Formulierung des § 31 II a. E. WpHG beschränkt. Der Wertpapierdienstleister hat den Kapitalanleger nur dann alle zweckdienlichen Informationen mitzuteilen, wenn dies zur Wahrung der Interessen des Kunden und im Hinblick auf Art und Umfang der beabsichtigten Geschäfte erforderlich ist.

ee) Die Verbotstatbestände des § 32 WpHG

Die in § 31 WpHG enthaltenen allgemeinen Verhaltenspflichten des Wertpapierdienstleisters werden in den § 32 I Nr. 1 bis 3 WpHG durch drei Verbotstatbestände näher konkretisiert[174].

*aaa) Interessengerechte Empfehlung, § 32 I Nr. 1 WpHG*

Nach § 32 I Nr. 1 WpHG ist es dem Wertpapierdienstleister verboten, Kunden den Ankauf oder Verkauf von Wertpapieren oder Derivaten zu empfehlen, wenn und soweit die Empfehlung nicht mit den Interessen des Kunden übereinstimmt.
§ 32 I Nr. 1 setzt im Gegensatz zu § 31 II WpHG voraus, daß der Wertpapierdienstleister dem Kunden den An- oder Verkauf von Wertpapieren empfiehlt. Eine Empfehlung ist mehr, als die bloße Mitteilung von zweckdienlichen Informationen, die der Regelung in § 31 II Nr. 2 WpHG zugrunde liegt[175].

§ 32 I Nr. 1 wiederholt die sich aus § 31 WpHG bereits ergebende Verhaltenspflicht des Wertpapierdienstleisters, die Interessen des Kapitalanlegers bei seiner Tätigkeit zu berücksichtigen. Entgegen einer im Schrifttum vertretenen Ansicht[176] konkretisiert § 32 I Nr. 1 WpHG die den Wertpapierdienstleister tref-

172 Beschlußempfehlung und Bericht des Finanzausschusses des Deutschen Bundestages, BT-Drucksache 12/7918, S. 1

173 Kümpel in Kümpel/Ott 065, S. 113; ders. WM 1995, 689 (690).

174 Weber, NJW 1994, 2849 (2857); Kümpel in Kümpel/Ott 065, S. 117; ders. Rdnr. 8.278 ff.

175 So auch Koller in Assmann/Schneider § 32 Rdnr. 3; Kümpel in Kümpel/Ott 065, S. 111.

176 Koller in Assmann/Schneider § 32 Rdnr. 1.

fenden Verhaltenspflichten aber auch darüber hinaus und benennt mehr als nur einen Mindeststandard von Verhaltenspflichten, die der Wertpapierdienstleister bereits nach den §§ 31 I, II WpHG zu beachten hat. Nach § 32 I Nr. 1 WpHG ist es dem Wertpapierdienstleister ausnahmslos verboten, Kapitalanlegern Anlagemöglichkeiten zu empfehlen, die mit den Interessen der Kapitalanleger nicht im Einklang steht. Der Wertpapierdienstleister, der eine Empfehlung ausspricht, darf sich nicht darauf berufen, im Hinblick auf Art und Umfang des beabsichtigten Geschäfts sei eine an den individuellen Interessen des Kapitalanlegers ausgerichtete Empfehlung nicht erforderlich gewesen.

Bei der Empfehlung einer Kapitalanlage im Sinne des § 32 Nr. 1 WpHG hat der Wertpapierdienstleister sich stets allein an den Interessen des Kapitalanlegers zu orientieren.

*bbb) Empfehlung für Eigengeschäfte, § 32 I Nr. 2 WpHG*

Nach § 32 I Nr. 2 WpHG ist es einem Wertpapierdienstleister verboten, den Ankauf von Wertpapieren oder Derivaten zu dem Zweck zu empfehlen, für Eigengeschäfte die Preise in eine bestimmte Richtung zu lenken.

§ 32 I Nr. 2 WpHG knüpft an die Regelung des § 32 I Nr. 1 WpHG an, in dem eine Konstellation benannt wird, in der die Empfehlung eines Wertpapiers in keinem Fall von den Interessen des Kapitalanlegers gedeckt sein kann[177].

Gleichwohl berücksichtigt § 32 I Nr. 2 WpHG die Interessen der Kapitalanleger nur mittelbar.

Unmittelbarer Zweck des § 32 I Nr. 2 WpHG ist der Schutz der Integrität des inländischen Kapitalmarkts[178]. Die in § 32 I Nr. 2 WpHG genannte Empfehlung könnte durchaus im Interesse des einzelnen Kapitalanlegers liegen, nämlich dann wenn der Kapitalanleger an der künstlichen Marktentwicklung der empfohlenen Anlagemöglichkeit erfolgreich partizipiert. Eine entsprechende Empfehlung durch den Wertpapierdienstleister zu dem Zweck der künstlichen Kurserhöhung würde aber die Integrität des inländischen Kapitalmarktes und damit das Interesse der überindividuellen Kapitalanleger verletzen.

Der Wertpapierdienstleister darf Kapitalanlegern also dann den Erwerb bestimmter Anlagemöglichkeiten nicht empfehlen, wenn der Zweck der Empfehlung in einer künstlichen Preisveränderung der in Frage stehenden Anlagemöglichkeit

177 Beschlußempfehlung und Bericht des Finanzausschusses des Deutschen Bundestages, BT-Drucksache 12/7918, S. 104.
178 Vgl. Koller in Assmann/Schneider § 32 Rdnr. 10.

liegt, selbst wenn die Empfehlung im Interesse des einzelnen Kapitalanlegers liegen sollte.

*ccc) Eigengeschäfte des Wertpapierdienstleisters, § 32 I Nr. 3 WpHG*

Nach § 32 I Nr. 3 WpHG ist es dem Wertpapierdienstleister schließlich verboten, Eigengeschäfte aufgrund der Kenntnis von einem Auftrag des Kunden zum Ankauf oder Verkauf von Wertpapieren oder Derivaten abzuschließen.

§ 32 I Nr. 3 WpHG betrifft nicht die Verhaltenspflichten des Wertpapierdienstleisters gegenüber dem Kapitalanleger, sondern dient dem Schutz des ordnungsgemäßen Funktionieren des Kapitalmarkts[179]. Aus § 32 I Nr. 3 WpHG ergeben sich daher keine bestimmten Verhaltenspflichten, die der Wertpapierdienstleister gegenüber dem Kapitalanleger zu beachten hat.

ff) Zusammenfassung

Der Wertpapierdienstleister ist gemäß § 31 WpHG unter Beachtung der Wertpapierdienstleistungsrichtlinie und des mit § 31 WpHG verfolgten Regelungszwecks verpflichtet, den Kapitalanlegern alle zweckdienlichen Informationen mitzuteilen, die im Interesse der Kapitalanlegers und unter Beachtung der Art und des Umfangs des in Frage stehenden Geschäfts erforderlich sind. Wann die Mitteilung der Information erforderlich ist, führt das WpHG nicht aus. Eine Konkretisierung bleibt der Rechtsprechung und dem Schrifttum überlassen[180].

Weitergehende Verhaltenspflichten treffen den Wertpapierdienstleister bei der Empfehlung bestimmter Anlagemöglichkeiten. Die Empfehlung der Anlagemöglichkeit hat sich grundsätzlich an dem Interesse des einzelnen Kapitalanlegers zu orientieren. Ausnahmsweise ist eine im Interesse des einzelnen liegende Empfehlung unzulässig, wenn die Empfehlung der künstliche Preisveränderung des zugrundeliegenden Handelskurses dient. Auch hier bleibt eine weitere Konkretisierung der Verhaltenspflichten der Rechtsprechung und dem Schrifttum überlassen.

**b) Organisationspflichten des Wertpapierdienstleisters**

Organisationspflichten, die der Wertpapierdienstleister bei der Erbringung der Wertpapierdienstleistung zu beachten hat, sind in § 33 WpHG benannt.

179 Vgl. Kümpel Rdnr. 8.278, der als Adressat der Vorschrift auf die Geschäftsleistung und die Angestellten des Wertpapierdienstleisters abstellt und die Vorschrift als eine Ergänzung der Insidervorschriften ansieht.

180 Schödermeier, WM 1995, 2053 (2056).

Gemäß § 33 Nr. 1 WpHG ist der Wertpapierdienstleister verpflichtet, die für eine ordnungsgemäße Durchführung der Dienstleistung notwendigen Mittel vorzuhalten und wirksam einzusetzen. § 33 Nr. 1 WpHG umschreibt die Organisationsform, die erforderlich ist, damit der Wertpapierdienstleister den Kapitalanleger den Anforderungen der §§ 31, 32 WpHG entsprechend aufklären kann.

Gemäß § 33 Nr. 2 WpHG hat der Wertpapierdienstleister seine Tätigkeit weiterhin so zu organisieren, daß Interessenkonflikte zwischen dem Wertpapierdienstleister und dem Kunden oder Interessenkonflikte zwischen verschiedenen Kunden bei der Erbringung der Wertpapierdienstleistung möglichst vermieden werden. § 33 Nr. 2 WpHG benennt die organisatorischen Voraussetzungen dafür, daß der Wertpapierdienstleister sich im Sinne des § 31 I Nr. 2 WpHG bestmöglich um die Vermeidung von Interessenkonflikten bemühen kann.

§ 33 Nr. 3 WpHG schließlich schreibt angemessene interne Kontrollverfahren vor, über die der Wertpapierdienstleister zu verfügen hat und die geeignet sind, Verstößen gegen Verpflichtungen nach dem WpHG entgegenzuwirken. § 33 Nr. 3 WpHG verschließt dem Wertpapierdienstleister die Möglichkeit, sich von den ihn treffenden Verhaltenspflichten durch die Unkenntnis von dem Fehlverhalten eines seiner Angestellten exkulpieren zu können. § 33 Nr. 3 WpHG stellt zudem klar, daß der Wertpapierdienstleister die ihn treffenden Verhaltenspflichten fortwährend einzuhalten und für die Einhaltung der Vorschriften durch seine interne Organisationsstruktur Sorge zu tragen hat[181].

§ 33 WpHG knüpft an die den Wertpapierdienstleister nach den §§ 31, 32 WpHG treffenden Verhaltenspflichten an[182]. § 33 WpHG normiert, daß die Verhaltenspflichten der §§ 31, 32 WpHG den Wertpapierdienstleister auch dann treffen, wenn der Wertpapierdienstleister die Verhaltenspflichten aufgrund fehlender personeller oder finanzieller Ressourcen nicht beachten konnte[183]. Auch § 33 WpHG dient somit dem Schutz der Kapitalanleger vor Risiken, die aus der Inanspruchnahme der Tätigkeit von Wertpapierdienstleistern drohen[184]. Wertpapierdienstleister haben ihre Tätigkeiten so zu organisieren, daß eine Schädigung der Kapitalanleger nach Möglichkeit ausgeschlossen ist[185]. Inhalt und Umfang der den Wertpapierdienstleister gegenüber dem Kapitalanleger treffenden Aufklärungspflichten sind durch § 33 WpHG jedoch nicht berührt.

---

181 Beschlußempfehlung und Bericht des Finanzausschusses des Deutschen Bundestages, BT-Drucksache 12/7918, S. 105.

182 Koller in Assmann/Schneider § 33 Rdnr. 1.

183 Koller in Assmann/Schneider § 33 Rdnr. 4.

184 Beschlußempfehlung und Bericht des Finanzausschusses des Deutschen Bundestages, BT-Drucksache 12/7918, S. 105.

185 Beschlußempfehlung und Bericht des Finanzausschusses des Deutschen Bundestages, BT-Drucksache 12/7918, S. 105; vgl. auch Kümpel Rdnr. 8.285.

### c) Aufzeichnungs- und Aufbewahrungspflichten des Wertpapierdienstleisters

§ 34 WpHG enthält Aufzeichnungs- und Aufbewahrungspflichten, die der Wertpapierdienstleister zu beachten hat, wenn er eine Wertpapierdienstleistungen erbringt.
Nach § 34 I Nr. 1 WpHG hat der Wertpapierdienstleister den Auftrag und die hierzu erteilte Anweisung des Kunden sowie die Ausführung des Auftrags aufzuzeichnen. Nach § 34 I Nr. 2 WpHG hat der Wertpapierdienstleister ferner den Namen des Angestellten, der den Auftrag des Kunden angenommen hat, sowie die Uhrzeit der Erteilung und der Ausführung des Auftrags aufzuzeichnen.

Der Inhalt und Umfang der erbrachten Aufklärungstätigkeit selber ist von dem Regelungsbereich des § 34 I WpHG nicht umfaßt. Der Wertpapierdienstleister ist nach § 34 I WpHG insbesondere nicht verpflichtet, den Inhalt eines etwaig stattgefundenen Aufklärungs- oder Beratungsgesprächs aufzuzeichnen[186].
Gemäß § 34 II WpHG kann das Bundesministerium der Finanzen nach Anhörung des Bundestages die Wertpapierdienstleister zu weiteren Aufzeichnungen verpflichten, soweit dieses zur Überwachung der Verpflichtungen der Wertpapierdienstleister durch das Bundesaufsichtsamt für den Wertpapierhandel erforderlich ist. Hiervon hat das Bundesministerium der Finanzen bisher keinen Gebrauch gemacht.

Das Bundesaufsichtsamt für den Wertpapierhandel selber hat zusätzliche Aufzeichnungs- und Aufbewahrungspflichten des Wertpapierdienstleisters in den Regelungen der Nr. 4. 6 der Richtlinie gemäß § 35 Abs. 2 zur Konkretisierung der §§ 31 und 32 WpHG[187] festgelegt. Auch die in der Richtlinie ausgeführten Dokumentationspflichten betreffen die Aufzeichnung der Auftragsmodalitäten, nicht aber den Inhalt und Umfang der tatsächlich zuteil gewordenen Aufklärung des Kapitalanlegers.

## II. Konkretisierung der Aufklärungspflichten durch Richtlinien des Bundesaufsichtsamt für den Wertpapierhandel

Das Bundesaufsichtsamt für den Wertpapierhandel ist nach § 35 II WpHG ermächtigt, Richtlinien aufzustellen, nach denen für den Regelfall beurteilt wird, ob Wertpapierdienstleister die Verhaltenspflichten der §§ 31 bis 33 WpHG erfüllen. Das Bundesaufsichtsamt ist dieser Ermächtigung zwischenzeitlich nachgekommen[188].

---

186 Eine solche Pflicht aber erwähnt das OLG Hamm WM 1996, 1814; Köndgen NJW 1996, 558 (569) sieht sie unzutreffend als durch das WpHG normiert.
187 Fundstelle: Bundesanzeiger Nr. 98 vom 3. Juni 1997; Internet: http://www.baw.de.
188 Bundesanzeiger Nr. 98 vom 3. Juni 1997.

Die Richtlinie dient dem Zweck, Wertpapierdienstleister im Interesse einer einheitlichen Auslegung und Anwendung der Wohlverhaltenspflichten des WpHG darüber zu informieren, wie das Bundesaufsichtsamt für den Wertpapierhandel von seinem Beurteilungsermessen in typischen Fallkonstellationen oder bei Fallbesonderheiten Gebrauch machen wird[189]. Mit Hilfe der Richtlinien soll für den Regelfall beurteilt werden, unter welchen Voraussetzungen ein Wertpapierdienstleister die Verhaltensregeln der §§ 31 bis 34 WpHG verletzt[190].

Der Richtlinie könnte haftungsrechtliche Bedeutung für die Konkretisierung der den Wertpapierdienstleister treffenden Aufklärungspflichten zukommen.

Nach den Gesetzesmaterialien handelt es sich bei der auf § 35 II WpHG beruhenden Richtlinie weder um eine Rechtsnorm noch um einen Verwaltungsakt, so daß an deren Nichtbeachtung keine unmittelbaren Rechtsfolgen geknüpft werden könnten[191]. Allerdings bestehe bei einem Verstoß gegen die Richtlinie die Vermutung, daß der Wertpapierdienstleister die betreffende Verhaltensregel verletzt hat und damit ein Mißstand im Sinne von § 4 I WpHG vorliegt[192]. Gemäß § 4 I S. 2 WpHG sei das Bundesaufsichtsamt für den Wertpapierhandel gegebenenfalls berechtigt, Anordnungen zu treffen, die geeignet sind, den Mißstand zu beseitigen.

Das Schrifttum verneint überwiegend eine die Gerichte bindende Wirkung der nach § 35 II WpHG erlassenen Richtlinie[193]. Bei der Richtlinie handele es sich um eine Verwaltungsrichtlinie, die den Beurteilungsspielraum des Bundesaufsichtsamts für den Wertpapierhandel begrenze, aber keine Rechtsfolgen im Außenverhältnis begründe[194]. Die Richtlinien entfalte weder gegenüber dem Wertpapierdienstleister noch gegenüber Gerichten bindende Wirkung[195]. Gerade weil die Richtlinie weder Rechtsnorm noch Verwaltungsakt sei, dürfe ein Verstoß gegen die Richtlinie auch über § 4 I WpHG nicht dazu führen, daß das Bundesaufsichtsamt für den Wertpapierhandel Anordnungen trifft, denen im Außenverhältnis rechtsverbindlicher Charakter zukommt[196].

---

189 Weber NJW 1994, 2849 (2855).

190 Beschlußempfehlung und Bericht des Finanzausschusses des Deutschen Bundestages, BT-Drucksache 12/7918, S. 106.

191 Beschlußempfehlung und Bericht des Finanzausschusses des Deutschen Bundestages, BT-Drucksache 12/7918, S. 105; ebenso Kümpel in Kümpel/Ott 065, S. 123.

192 Beschlußempfehlung und Bericht des Finanzausschusses des Deutschen Bundestages, BT-Drucksache 12/7918, S. 106; Kümpel in Kümpel/Ott 065, S. 123.

193 Koller in Assmann/Schneider, § 35 Rdnr. 2; von Rosen, Die Bank 1995, 9 (13); Weber NJW 1994, 2849 (2855); im Ergebnis auch Köndgen ZBB 1996, 361.

194 Von Rosen, Die Bank 1995, 9 (13); Weber NJW 1994, 2849 (2855); Koller in Assmann/Schneider, § 35 Rdnr. 2.

195 Koller in Assmann/Schneider, § 35 Rdnr. 2.

196 Koller in Assmann/Schneider, § 35 Rdnr. 2.

Verwaltungsrichtlinien sind Rechtssätze, die innerhalb der Verwaltung Bindungswirkung entfalten, denen im Außenverhältnis aber keine unmittelbare Bindungswirkung zukommt[197]. Insbesondere besitzen Verwaltungsrichtlinien keine Gesetzesqualität im materiellen Sinn[198]. Aufgrund der fehlenden gesetzlichen Ermächtigung können Verwaltungsrichtlinien auch nicht wie Gesetze im materiellen Sinn durch Gerichte angewandt werden[199], sondern dienen allein als Indiz für eine bestehende Verwaltungspraxis[200]. Als Wiedergabe der Meinung der Exekutiven hat die Rechtsprechung Verwaltungsrichtlinien ähnlich wissenschaftlichen Anmerkungen im Schrifttum als ein Element der Überzeugungsbildung zu berücksichtigen[201].

In diesem Sinn können auch nach § 4 I S. 2 WpHG ergangene Weisungen des Bundesaufsichtsamts für den Wertpapierhandel gegenüber dem Wertpapierdienstleister die Rechtsprechung nicht binden.

Das Bundesaufsichtsamt für den Wertpapierhandel ist aufgrund der fehlenden gesetzlichen Grundlage daher nicht berechtigt, eine Verletzung der getroffenen Anordnungen durch Kreditinstitute durch eigene Anordnungen zu sanktionieren. Der zu erlassenden Richtlinie kommt mithin keine unmittelbare Wirkung in Bezug auf die einen Wertpapierdienstleister treffenden Aufklärungspflichten zu.

## III. Haftungsrechtliche Relevanz einer Verletzung der Wohlverhaltenspflichten

Das WpHG enthält keine Regelungen über die zivilrechtlichen Folgen einer Verletzung der Wohlverhaltenspflichten durch den Wertpapierdienstleister[202]. Die im sechsten Abschnitt des WpHG enthaltenen Straf- und Bußgeldvorschriften beziehen sich ebenfalls nicht auf die Verletzung der Wohlverhaltenspflichten durch den Wertpapierdienstleister.

### 1. Gesetzlicher Rahmen für die Haftung aus pVV und c.i.c.

Den Wohlverhaltenspflichten kommt insoweit rechtliche Bedeutung zu, als der 6. Abschnitt des WpHG den in Rechtsprechung und Schrifttum entwickelten Kriteri-

---

197 BVerfGE 78, 214; Maurer, § 24 Rdnr. 17.
198 Ramsauer Rdnr. 35.34.
199 Ramsauer Rdnr. 35.40.
200 BVerwGE 86, 55.
201 BVerfG DVBl 1989, 94; Ramsauer Rdnr. 35.43.
202 Kritisch zu dieser Tatsache von Rosen, Die Bank 1995, 9 (13), der eine Ergänzung im Zusammenhang mit dem geplanten Dritten Finanzmarktförderungsgesetz anregt.

en zur Haftung eines Kreditinstituts bei der Verletzung von Aufklärungspflichten nach den Grundsätzen der pVV und der c.i.c. einen gesetzlichen Rahmen gibt[203].

Hierfür spricht der mit den Wohlverhaltenspflichten verfolgte Zweck des nationalen Gesetzgebers. Der Gesetzgeber hat die §§ 31, 32 WpHG bewußt als Generalklauseln ausgestaltet, um der Rechtsprechung, Lehre und Praxis die Möglichkeit zu lassen, sie inhaltlich zu konkretisieren. Die Konkretisierung der Generalklauseln hat unter Beachtung der zuvor in Rechtsprechung und Schrifttum entwickelten Kriterien zur Haftung des Wertpapierdienstleisters bei der Anlagevermittlung und der Anlageberatung zu erfolgen[204].

Die Wohlverhaltenspflichten des WpHG dienen also auch dazu, die bisherige Diskussion über die Verhaltenspflichten des Wertpapierdienstleisters auf gesetzliche Grundlage zu stellen, ohne die in der bisherigen Rechtsprechung entwickelten Kriterien auszuweiten oder gesetzlich zu beschränken[205].

Das entspricht auch dem Zweck der EG - Wertpapierdienstleistungsrichtlinie, der in einer gesetzlichen Harmonisierung der grundsätzlich einen Wertpapierdienstleisters treffenden Wohlverhaltenspflichten besteht, ohne die nähere Konkretisierung dem nationalen Gesetzgeber abnehmen zu wollen[206].

Daß der mit den §§ 31, 32 WpHG verfolgte Zweck nicht in einer konträren Normierung der zuvor in Rechtsprechung und Schrifttum entwickelten Haftungsvoraussetzungen besteht, zeigt sich schließlich auch daran, daß der nationale Gesetzgeber in den Gesetzesmaterialien ausdrücklich auf die in der Rechtsprechung, insbesondere in der Bond-Entscheidung, entwickelten Verhaltenspflichten des Wertpapierdienstleisters bei der Anlagevermittlung und der Anlageberatung abstellt. Ziel der Beratung soll nach den Gesetzesmaterialien sein, daß der Kapitalanleger sowohl anlage- als auch anlegergerecht aufgeklärt wird[207].

Die bisherige Diskussion über die Verhaltenspflichten des Wertpapierdienstleisters bei der Anlagevermittlung und der Anlageberatung hat durch die Wohlverhaltenspflichten des WpHG ein dogmatisches Dach erhalten. Bei der Auslegung der Generalklauseln des WpHG ist auf die in Rechtsprechung und Schrifttum im

203 Waldeck in Cramer/Rudolph S. 650, S. 654; van Look ZBB 1995, (310).

204 Schäfer, Haftung bei der Anlageberatung S. 19.

205 Schäfer Haftung bei der Anlageberatung S. 19; Schödermeier WM 1995, 2053 (2055); Waldeck in Cramer/Rudolph S. 652.

206 Begründung der Richtlinie über Wertpapierdienstleistungen, abgedruckt bei Kümpel/Ott, Nr. 925, S. 1.

207 Beschlußempfehlung und Bericht des Finanzausschusses des Deutschen Bundestages, BT-Drucksache 12/7918, S. 104; vgl. dazu BGH NJW 1993, 2433.

Zusammenhang mit der Haftung von Kreditinstituten bei der Anlagevermittlung und Anlageberatung entwickelten Kriterien zurückzugreifen[208].

Die in den §§ 31, 32 WpHG enthaltenen Grundsätze sind ihrerseits von der Rechtsprechung bei der Begründung vertraglicher oder quasivertraglicher Schadensersatzansprüche des Kapitalanlegers als gesetzlicher Rahmen der allgemeinen Haftungsvoraussetzungen aus pVV bzw. c.i.c. zu berücksichtigen.

Die dem Kapitalanleger nach Rechtsprechung und Schrifttum zustehenden Schadensersatzansprüche aus pVV bzw. c.i.c. gegenüber dem Wertpapierdienstleister stehen in echter Anspruchskonkurrenz zu womöglich ebenfalls bestehenden deliktischen Ansprüchen gegen-über dem Wertpapierdienstleister bei Verletzung der Wohlverhaltenspflichten des WpHG.

## 2. Deliktische Haftung bei Verletzung der Wohlverhaltenspflichten

Die rechtliche Bedeutung der Wohlverhaltenspflichten des WpHG erschöpft sich nicht in einer gesetzlichen Konkretisierung der den Wertpapierdienstleister nach den Grundsätzen der pVV und der c.i.c. treffenden Aufklärungspflichten.

In Betracht kommt auch ein Schadensersatzanspruch nach § 823 II BGB. Voraussetzung ist, daß es sich bei den §§ 31, 32 WpHG um Schutzgesetze im Sinne dieser Anspruchsnorm handelt und der eingetretene Schaden von ihrem Schutzzweck umfaßt ist.

### a) Schutzgesetzcharakter der §§ 31, 32 WpHG

Im Schrifttum wird vereinzelt die Ansicht vertreten, den §§ 31, 32 WpHG komme kein Schutzgesetzcharakter zu[209]. Zweck der Wohlverhaltenspflichten des WpHG sei es, etwaige Ansprüche des Kapitalanlegers gegenüber dem Wertpapierdienstleister aus c.i.c. oder pVV zu konkretisieren. Regelungen, die allein dem Zweck dienten, vertragliche Verhaltenspflichten zu konkretisieren, seien keine Schutzgesetze im Sinne des § 823 II BGB[210]. Es sei grundsätzlich nicht Aufgabe des Deliktsrechts, vertraglich begründete Vermögensschutzansprüche auf eine weitere Anspruchsgrundlage zu stellen, soweit kein Anspruchsinhaber außer den Vertragspartnern selbst in Betracht kommt[211].

---

208 Etwa Kümpel in Kümpel/Ott 065, S. 113; Schödermeier, WM 1995, 2053 (insb. 2054 f.); van Look WuB I G 1. - 8/95 ; Drygala ZHR 159 (1995); 715 f.

209 Von Rosen, Die Bank 1995, S. 9; Waldeck in Cramer/Rudolph S. 652.

210 Waldeck in Cramer/Rudolph S. 652.

211 Waldeck in Cramer/Rudolph S. 652.

Dem ist zu widersprechen. An der Schutzgesetzeigenschaft einer Norm fehlt es nach weitgehend einhelliger Ansicht, wenn die individuell zu schützenden Interessen des Geschädigten bereits durch anderweitige normative Regelungen ausreichend berücksichtigt sind[212]. Ein ausreichend anderweitiger normativer Schutz besteht regelmäßig nicht bereits dann, wenn die in Frage stehende Regelung der Konkretisierung vertraglicher Verhaltenspflichten dient. Die Haftung aus Delikt und die Haftung aus Vertrag oder vorvertraglichem Vertrauensverhältnis stehen infolgedessen nach inzwischen weitgehend unbestrittener Auffassung in echter Anspruchskonkurrenz zueinander[213]. Nur ausnahmsweise verdrängt der vertragliche oder vorvertragliche Anspruch einen deliktischen Anspruch, dann, wenn die Verantwortlichkeit für die Übertretung des in Frage stehenden Gesetzes vertraglich oder vorvertraglich bereits so erschöpfend geregelt ist, daß ein Rückgriff auf § 823 II BGB die durch das Vertragsrecht gesetzten Begrenzungen aushöhlen würde[214].

Eine Aushöhlung des vertraglichen oder vorvertraglichen Anspruchs eines Kapitalanlegers gegen den Wertpapierdienstleister droht bei einem Rückgriff auf einen deliktischen Anspruch des Kapitalanlegers aus § 823 II BGB in Verbindung mit den §§ 31, 32 WpHG nicht. Selbst wenn die §§ 31, 32 WpHG die Voraussetzungen der vertraglichen Haftung aus pVV oder c.i.c. konkretisieren[215], stehen die §§ 31, 32 WpHG doch in einem rechtlich unabhängigen Verhältnis zu den Ansprüchen aus c.i.c. und pVV[216]. Der Anwendungsbereich des §§ 31, 32 WpHG ist gerade nicht notwendig deckungsgleich mit den Voraussetzungen des Anspruchs aus c.i.c. oder pVV. Daher ist der Regelungsgegenstand der §§ 31, 32 WpHG vertraglich oder vorvertraglich auch nicht so erschöpfend geregelt, daß es der Hinzuziehung einer deliktischen Anspruchsgrundlage nicht mehr bedarf.

Im Schrifttum wird zum Teil auch die Ansicht vertreten, an einer Schutzgesetzeigenschaft der §§ 31, 32 WpHG fehle es, weil die Regelungen primär nicht dem Schutz der individuellen Interessen der Kapitalanleger dienen[217]. Das zeige sich unter anderem daran, daß die Aufsicht über die Einhaltung der Wohlverhaltenspflichten durch das Bundesaufsichtsamt für den Wertpapierhandel nach § 35 WpHG im öffentlichen Interesse und nicht im Interesse der individuellen Kapitalanleger erfolgt[218].

---

212 BGH NJW 1980, 1792 f.; Medicus BürgerlR Rdnr. 621.

213 Siehe nur BGH Z 24, 288 (192); Schiemann in Erman Vor § 823 Rdnr. 25; Zeuner in Soergel, Vor § 823 Rdnr. 28; ebenso auch Schödermeier WM 1995, 2053 (2055).

214 Mertens in MüKo § 823 Rdnr. 143; Schiemann in Erman, vor § 823 Rdnr. 26; Schödermeier WM 1995, 2053 (2055).

215 Dazu gleich Abschnitt 1 - B III.

216 Waldeck in Cramer/Rudolph, S. 650.

217 Von Rosen Die Bank 1995, S. 9.

218 Vgl. von Rosen Die Bank 1995, S. 9, der eben dieses an anderer Stelle (S. 13) kritisiert und den Gesetzgeber zur Nachbesserung auffordert.

Auch dem ist zu widersprechen. Nach ständiger Rechtsprechung und der überwiegenden Ansicht im Schrifttum ist Voraussetzung für den Schutzgesetzcharakter einer Norm, daß die Vorschrift dazu dient, den Einzelnen oder einzelne Personenkreise vor der Verletzung bestimmter Rechtsgüter oder Interessen zu bewahren[219]. Dabei genügt, daß der Schutz eines individualisierten Personenkreises von der in Frage stehenden Norm zumindest mitbezweckt ist. Unerheblich ist, ob in den Schutzbereich auch die Allgemeinheit einbezogen ist[220].

Die §§ 31, 32 WpHG dienen unter Berücksichtigung des Regelungsgehalt der Wertpapierdienstleistungsrichtlinie und unter Beachtung des mit den Vorschriften vom nationalen Gesetzgeber verfolgten Zwecks nicht allein dem Schutz des Kapitalmarktes in seiner Gesamtheit, sondern auch den Interessen des individuellen Kapitalanlegers[221] Dieses kommt insbesondere dadurch zum Ausdruck, daß § 31 WpHG ausdrücklich auf die Professionalität des einzelnen Kapitalanlegers abstellt und insoweit auch den Beurteilungsmaßstab für die Verbotstatbestände des § 32 WpHG vorgibt. Die §§ 31, 32 WpHG dienen zudem dazu, den individuellen Kapitalanleger in die Lage zu versetzen, die Tragweite und Risiken der von ihm zu treffenden Anlageentscheidung eigenverantwortlich und zutreffend einschätzen zu können[222].

Für den Schutzgesetzcharakter der §§ 31, 32 WpHG spricht schließlich auch die Systematik des WpHG[223]. Während § 15 V WpHG ausdrücklich regelt, daß ein Verstoß gegen § 15 I bis § 15 IV WpHG in Verbindung mit § 823 II BGB nicht zu einer Schadensersatzpflicht des Wertpapierdienstleisters führt, fehlt eine vergleichbare Vorschrift in den §§ 31 f. WpHG. Hätte der Gesetzgeber individuelle Schadensersatzansprüche des Kapitalanlegers im Zusammenhang mit den §§ 31, 32 WpHG verhindern wollen, hätte er in den §§ 31 f. WpHG eine entsprechende Regelung aufgenommen[224].

---

219 RG Z 128, 298 (300); BGH Z 12, 146 (148); BGH Z 22, 293 (297); Schiemann in Erman § 823 Rdnr. 157; Zeuner in Soergel § 823 Rdnr. 252; Thomas in Palandt § 823 Rdnr. 141.

220 BGH NJW 1992, 241 (242).

221 Abschnitt 1 - B I. 1.a), cc); siehe auch Beschlußempfehlung und Bericht des Finanzausschusses des Deutschen Bundestages, BT-Drucksache 12/7918, S. 97; Koller in Assmann/Schneider vor §§ 31 Rdnr. 17; Kümpel in Kümpel/Ott 065, S. 18; Arendts, Bankenhaftung S. 2; Schödermeier WM 1995, 2053; Arendts WPrax 4/95, S. 69; Hopt ZHR 159 (1995), 135 (159) ist der Auffassung, daß sich die Zwecke des Kapitalmarkt- und des Anlegerschutzes voneinander nicht trennen lassen, sondern zwei Seiten einer Medaille seien.

222 Beschlußempfehlung und Bericht des Finanzausschusses des Deutschen Bundestages, BT-Drucksache 12/7918, S. 103.

223 Koller in Assmann/Schneider vor §§ 31 Rdnr. 17.

224 Koller in Assmann/Schneider vor §§ 31 Rdnr. 17

### b) Schaden und Schutzzweck der Norm

Der einem Kapitalanleger drohende Schaden bei einer Verletzung der Wohlverhaltenspflichten durch den Wertpapierdienstleister ist grundsätzlich auch von dem Schutzzweck der §§ 31, 32 WpHG umfaßt[225]. Der Schaden und der Eintritt des Schadens fallen in den persönlichen und sachlichen Schutzbereich der verletzten Norm[226].

Der Schutzzweck der § 31, 32 WpHG besteht darin, den aufgrund seiner schwächeren Vertragsposition schutzwürdigen Kapitalanleger vor Schäden zu bewahren, die der Kapitalanleger dadurch erleidet, daß er sich zur Vermittlung einer Kapitalanlage an einen Wertpapierdienstleister wenden muß[227].

Fraglich allerdings ist, ob der Schutzzweck der §§ 31, 32 WpHG auch den Ersatz solcher Schäden umfaßt, die in der oben genannten Konstellation entstehen, daß der Kapitalanleger sich an den Wertpapierdienstleister zum Zweck der Anlageberatung wendet, von diesem auch beraten wird, sich dann aber von dem Wertpapierdienstleister keine Anlagemöglichkeit vermitteln läßt[228].

Hiergegen spricht, daß die §§ 31, 32 WpHG dem Schutz des Kapitalanlegers bei der Wertpapierdienstleistung dienen, die Beratung ohne Vermittlung aber keine Wertpapierdienstleistung im Sinne des WpHG ist. Der Begriff der Wertpapierdienstleistung ist in § 2 III WpHG definiert als die Vermittlung von Geschäften über die Anschaffung und die Veräußerung von Wertpapieren oder Derivaten.

Hiergegen spricht auch, daß der Schutzzweck des WpHG durch die unterlegene Vertragsposition des Kapitalanlegers begründet ist, die daraus folgt, daß der Kapitalanleger gezwungen ist, die Tätigkeit des Wertpapierdienstleister in Anspruch zu nehmen, um Wertpapiere erhalten zu können[229]. Die Inanspruchnahme eines Wertpapierdienstleisters, um beraten zu werden, begründet eine entsprechende Schutzwürdigkeit des Kapitalanlegers nicht. Für eine Beratung über bestimmte Kapitalanlagemöglichkeiten ist der Kapitalanleger nicht auf die Inanspruchnahme eines Wertpapierdienstleister angewiesen.

---

225 Schäfer Haftung für fehlerhafte Anlageberatung S. 13.

226 Vgl. zu den Voraussetzungen BGH Z 19, 114 (125); BGH Z 28, 359 (365 f.); Zeuner in Soergel § 823 Rdnr. 254; Schäfer in Staudinger § 823 Rdnr. 594

227 Beschlußempfehlung und Bericht des Finanzausschusses des Deutschen Bundestages, BT-Drucksache 12/7918, S. 97.

228 Abschnitt 1 - A IV. 2.

229 Beschlußempfehlung und Bericht des Finanzausschusses des Deutschen Bundestages, BT-Drucksache 12/7918, S. 97 und oben Abschnitt 1 - B I. 1., b).

Ein dem Kapitalanleger aufgrund einer Verletzung der Wohlverhaltenspflichten entstehender Schaden ist demnach ausnahmsweise dann nicht von dem Schutzzweck der §§ 31, 32 WpHG umfaßt, wenn der Wertpapierdienstleister bei der Beratung des Kapitalanlegers zwar die Wohlverhaltenspflichten der §§ 31, 32 verletzt, dem Kapitalanleger aber tatsächlich keine Kapitalanlage vermittelt hat.

## 2. Abschnitt: Bewegliches System von Aufklärungspflichten

Nach den §§ 31, 32 WpHG trifft den Wertpapierdienstleister eine Aufklärungspflicht, die nach Art und Umfang nicht einheitlich für alle Fälle unabhängig von den Umständen des Einzelfalls und der Person des Kapitalanlegers bestimmt werden kann.

Gemäß § 31 II Nr. 1 WpHG hat der Wertpapierdienstleister die individuellen Kenntnisse des jeweiligen Kapitalanlegers zu beachten. Der Regelungsgehalt des § 31 II Nr. 1 WpHG liegt darin, die den Wertpapierdienstleister treffenden Aufklärungspflichten von der Professionalität des jeweiligen Kapitalanlegers abhängig zu machen[230].

Auch ist in ständiger Rechtsprechung[231] entschieden, daß der Wertpapierdienstleister den Kapitalanleger anleger- und objektgerecht, also abhängig von den Umständen des Einzelfalls aufzuklären hat.

Gleichwohl wird in Rechtsprechung[232] und Schrifttum[233] vereinzelt die Ansicht vertreten, den Wertpapierdienstleister solle ausnahmsweise eine allgemeine, von der
Person des Kapitalanlegers unabhängige Aufklärungspflicht treffen, wenn das mit dem in Frage stehenden Geschäft verbundene Verlustrisiko nahezu unumgänglich sei[234] oder der Wertpapierdienstleister durch sein Verhalten einen besonderen Vertrauenstatbestand geschaffen habe, etwa indem er aus eigenem wirtschaftlichen Interesse heraus eine bestimmte Anlagemöglichkeit empfohlen oder deren Vermittlung gefördert hat[235]. Den Wertpapierdienstleister würde auch dann eine allgemeine Aufklärungspflicht treffen, wenn er hochspekulative Kapitalanlagemöglichkeiten vermittelt. Unerheblich sei dann, ob der Kapitalanleger über einschlägige Erfahrungen verfügt oder nicht[236].

In anderen Entscheidungen wird eine allgemeine von der Person des Kapitalanlegers unabhängige Aufklärungspflicht des Wertpapierdienstleister nicht expressis verbis benannt. Die Gründe der Entscheidung legen die Annahme einer solchen Aufklärungspflicht aber nahe. So blieb ein Wertpapierdienstleister mit seinem Vortrag ungehört, der Kapitalanleger sei nicht aufklärungsbedürftig gewesen, da

---

230 Abschnitt 1 - B I. 2., a), cc).
231 Seit der „Bond-Entscheidung“ des BGH, BGH NJW 1993, 2433.
232 AG München WM 1993, 210.
233 Werner/Machunsky DB 1982, 2229.
234 Werner/Machunsky DB 1982, 2229 (2231).
235 Werner/Machunsky DB 1982, 2229 (2231).
236 AG München WM 1993, 210 (211).

er anlageerfahren gewesen sei[237]. In den Entscheidungsgründen führte das Gericht aus, auf den Vortrag des Wertpapierdienstleisters sei es nicht angekommen, da der Wertpapierdienstleister seine Aufklärungspflichten bereits dadurch verletzt habe, daß die durch ihn an den Kapitalanleger überreichte Anlagebroschüre nicht den Anforderungen genügte, die an eine ordnungsgemäße Aufklärung des Kapitalanlegers zu stellen sind[238].

## A - Zur Notwendigkeit eines beweglichen Systems von Aufklärungspflichten

Eine allgemeine den Wertpapierdienstleister unabhängig von der Person des jeweiligen Kapitalanlegers treffende Pflicht zur Aufklärung im Zusammenhang mit der Vermittlung von und der Beratung über Kapitalanlagen ist - auch in den genannten Sonderkonstellationen - abzulehnen. Nur ein bewegliches System von Aufklärungspflichten ist geeignet, die einen Wertpapierdienstleister treffenden Aufklärungspflichten näher zu konkretisieren.

### I. Interessenwiderstreit der Parteien

Eine allgemeine Aufklärungspflicht vor Vertragsschluß oder als Nebenpflicht eines bereits geschlossenen Vertrags darf schon wegen des natürlichen Interessenwiderstreits der Parteien nicht bestehen[239]. Eine Aufklärungspflicht ist nur ausnahmsweise zu bejahen, wenn der andere nach Treu und Glauben unter Berücksichtigung der Verkehrsanschauung redlicherweise Aufklärung erwarten darf[240]. Wesentliche Kriterien sind das in Frage stehende Geschäft und die Schutzbedürftigkeit des individuellen Vertragspartners, mit anderen Worten, die Umstände des Einzelfalls. Aufklärungspflichten sind um so eher zu bejahen, je wichtiger der in Frage stehende Umstand für die Interessen des anderen ist und je ausgeprägter das Informationsgefälle ist[241]. Abzustellen ist auf die soziale und individuelle Schutzbedürftigkeit des Aufzuklärenden[242].

Keine Aufklärungspflichten bestehen, wenn die aufzuklärende Person bereits Kenntnis von den in Frage stehenden Informationen hat[243]. Auch über allgemein bekannte Tatsachen ist der Vertragspartner nicht aufzuklären[244].

---

237 LG Düsseldorf, WM 1995, 483 ff.

238 LG Düsseldorf, WM 1995, 483 (488).

239 Ständige Rechtsprechung, etwa BGH NJW 1970, 654; BGH NJW 1983, 2493.

240 BGH NJW 1989, 1794; Roth in MüKo § 242, Rdnr. 215; Heinrichs in Palandt § 242, Rdnr. 35.

241 Roth in MüKo § 242, Rdnr. 218; Teichmann in Soergel § 242 Rdnr. 140..

242 Teichmann in Soergel § 242, Rdnr. 140.

243 BGH NJW 1985, 1151 (1152); Wiedemann in Soergel Vor § 275 Rdnr. 467; Heinrichs in Palandt § 276 Rdnr. 118.

244 Wiedemann in Soergel Vor § 275 Rdnr. 467.

## II. Erfordernis der Effizienz

Eine allgemeine den Wertpapierdienstleister treffende Aufklärungspflicht kommt ferner deswegen nicht in Betracht, weil sie zu ökonomisch ineffizienten Ergebnissen führt.

Aus Sicht der ökonomischen Analyse des Rechts[245] besteht die Funktion von Aufklärungspflichten darin, den Aufwand von Informationsbeschaffung und Informationsvermittlung so zu steuern, daß eine gesamtgesellschaftlich effiziente Ressourcenverteilung erreicht wird[246]. Durch die Senkung von Transaktionskosten ist die Markt- und Allokationseffizienz zu erhöhen. Eine Fehlallokation von Ressourcen führt dazu, daß der gesamtgesellschaftlich höchstmögliche Gewinn nicht erzielt und das Prinzip der Gewinnmaximierung nicht erreicht wird[247].

Die Statuierung von Aufklärungspflichten darf aus Sicht der ökonomischen Analyse des Rechts nicht dazu führen, daß in die Vertragsautonomie der Parteien eingegriffen wird, solange die Voraussetzungen des ökonomischen Vertragsparadigmas vorliegen[248]. Die Voraussetzungen des ökonomischen Vertragsparadigma liegen vor, wenn zwischen den Parteien ein vollständiger Vertrag geschlossen worden ist.
Der vollständige Vertrag ist ein ökonomisches Modell, bei dem die ökonomische Funktion der Wohlfahrtssteigerung erfüllt ist, weil der Nutzen beider Parteien durch den Vertragsschluß gefördert wird[249]. Die Voraussetzungen des vollständigen Vertrags liegen vor, wenn die Parteien sich zum Zeitpunkt des Vertragsschlusses rational verhalten, über alle für den Vertrag wesentlichen Umstände informiert sind, sich in den Vertragsverhandlungen über alle vertragsrelevanten Punkte einigen und den Vertrag unter fairen Bedingungen schließen, Täuschung, Drohung oder der Einfluß von Machtmonopolen also ausgeschlossen sind[250].

Das ökonomische Modell des vollständigen Vertrags beruht auf dem Selbstbestimmungsprinzip der Parteien. Jede Vertragspartei hat nach der Modellvorstellung das Recht, ihre mit dem Vertrag verfolgten Präferenzen selbst zu bestimmen. Ist eine Partei über die wesentlichen Umstände des in Frage stehenden Vertrags nicht ausreichend informiert, also nicht in der Lage zu erkennen, welcher individuelle Nutzen mit dem in Frage stehenden Geschäft verbunden ist und welche

245 Zur Funktion der ökonomischen Analyse des Rechts in diesem Bereich Hopt in FS für Gernhuber S. 171; Adams AcP 186 (1986), 453.
246 Ott in Ökonomische Probleme des Zivilrechts S. 142; Schäfer in Ökonomische Probleme des Zivilrechts S. 117.
247 Rollinger, S. 24; Assmann, Prospekthaftung S. 22 ff.; Lehmann NJW 1981, 1233 (1234 f.).
248 Schäfer/Ott Lehrbuch, S. 342.
249 Schäfer/Ott Lehrbuch, S. 342.
250 Schäfer/Ott Lehrbuch, S. 342.

Risiken dem gegenüber stehen, vermag die Partei keine eigenverantwortliche Entscheidung zu treffen. Ein ökonomischer Schaden droht[251].

Ob der drohende Schaden zu vermeiden ist, bestimmt sich nach der sogenannten Learned-Hand-Formel. Nach dieser ist ein drohender Schaden zu vermeiden, wenn der Vermeidungsaufwand aus ex-ante Sicht betrachtet einen geringeren Einsatz von Ressourcen erfordert als die Wahrscheinlichkeit des Schadenseintritts summiert mit der Schadenshöhe droht[252].

Die Statuierung einer Aufklärungspflicht bei Fehlen der Voraussetzungen des vollständigen Vertrags ist demnach effizient, wenn die durch die Aufklärung verursachten Transaktionskosten geringer sind als gesamtgesellschaftlich ein Schaden für den Fall droht, daß die Informationen nicht vermittelt werden. Der gesamtgesellschaftlich drohende Schaden setzt sich aus der Wahrscheinlichkeit des Schadenseintritts und der Höhe des erwarteten Schadens zusammen[253].

Die Annahme einer allgemeinen den Wertpapierdienstleister unabhängig von den Umständen des Einzelfalls treffenden Aufklärungspflicht gegenüber den Kapitalanlegern wäre aus Sicht der ökonomischen Analyse des Rechts daher nur zu befürworten, wenn die Voraussetzungen des vollständigen Vertrags im Verhältnis zwischen Kapitalanleger und Wertpapierdienstleister nicht vorliegen oder die allgemeinen Aufklärungspflichten geringere Kosten verursachen.

Eine allgemeine den Wertpapierdienstleister unabhängig von den Umständen des Einzelfalls treffende Aufklärungspflicht verursacht erhebliche Transaktionskosten. Der Wertpapierdienstleister hat den Kapitalanlegern sämtliche in Frage stehenden Informationen mitzuteilen[254] und einen beträchtlichen Organisationsaufwand zu betreiben. Der Wertpapierdienstleister müßte zusätzliche Angestellte beschäftigen, um jeden Kapitalanleger unabhängig von seiner Person fachkundig über die wesentlichen Umstände des in Frage stehenden Geschäfts aufzuklären. Die Kapitalanleger ihrerseits hätten erhebliche Zeit für Aufklärungsgespräche aufzuwenden[255].

Die Annahme einer allgemeinen, den Wertpapierdienstleister unabhängig von den Umständen des Einzelfalls treffenden Aufklärungspflicht setzt aus Sicht der ökonomischen Analyse des Rechts zudem voraus, daß die Voraussetzungen des vollständigen Vertrags im Verhältnis aller Kapitalanleger zu allen Wertpapierdienst-

---

251 Zur Voraussetzung genügender Informationen, um eine rationale Entscheidung treffen zu können: Rollinger, S. 24; Lehmann, Vertragsanbahnung S. 307 f.; ders. NJW 1981, 1233 (1239 ff.); Köndgen AG 1983, 89.

252 Schäfer in Ökonomische Probleme des Zivilrechts S. 122.

253 Vgl. Schäfer/Ott, Lehrbuch S. 128.

254 Hopt in Festschrift für Gernhuber, S. 171.

255 Zu Zeit als Kostenaufwand vgl. Kübler ZHR 145 (1981), 204 (206).

leistern nicht erfüllt sind. Erforderlich ist also, daß (allgemein) kein Kapitalanleger über die wesentlichen Umstände einer bestimmten Anlagemöglichkeit informiert ist. Dies trifft jedoch offensichtlich nicht zu:

Das Angebot an Kapitalanlagemöglichkeiten für den privaten Kapitalanleger hat sich in neuerer Zeit stetig fortentwickelt. § 53 II BörsG eröffnete 1989[256] auch dem privaten Kapitalanleger die Möglichkeit, Börsentermingeschäftsfähigkeit zu erlangen und sodann sein Geld in den von § 53 BörsG umfaßten Termingeschäften anzulegen[257].

Das Zweite Finanzmarktförderungsgesetz[258] weitete die Möglichkeiten des Erwerbs spekulativer Kapitalanlagen durch den privaten Kapitalanleger weiter aus. Im Rahmen einer Änderung des Gesetzes über Kapitalanlagegesellschaften[259] (KAAG) wurden erstmals sogenannte Geldmarktfonds zugelassen, die es privaten Kapitalanlegern erlauben, sich mittelbar über die Kapitalanlagegesellschaft am Terminmarkt zu engagieren. Kapitalanlagegesellschaften ist es nunmehr grundsätzlich möglich, Optionsrechte zum Erwerb oder zum Verkauf von Finanzterminkontrakten und Wertpapierindex-Optionen zu erwerben, § 8 f Abs. 2 KAGG. Kapitalanlagegesellschaften ist es auch erlaubt, unter bestimmten Voraussetzungen Finanzterminkontrakte abzuschließen, § 8 f Abs. 3 KAGG.

Aufgrund der zunehmenden Komplexität der für den privaten Kapitalanleger in Betracht kommenden Anlagemöglichkeiten droht zwar einerseits die Gefahr, daß Teile des Anlegerpublikums über die wesentlichen Umstände des jeweiligen Geschäfts nicht ausreichend informiert sind. Andererseits ist aber auch zu beobachten, daß einhergehend mit der Entwicklung neuer Kapitalanlagemöglichkeiten das Bewußtsein über die wirtschaftliche Funktion von Kapitalanlagen, deren Nutzen und den mit ihr verbundenen Risiken bei einem Teil der Kapitalanleger wächst[260]. Weitläufig als spekulativ bezeichnete Anlageprodukte werden zunehmend genutzt, um die durchschnittliche Rendite des privaten Depots merklich zu erhöhen. Risiken von Kapitalanlagemöglichkeiten werden zielgerichtet in Kauf genommen[261].

256 Durch Gesetz zur Änderung des BörsenG vom 11.7.1989, BGBl I S. 1412 f.
257 Ausführlich oben Abschnitt 1 - B I. 1., a), cc), bbb).
258 Vom 26.7.1994, BGBl I S. 1749.
259 Artikel 3 des Zweiten Finanzmarktförderungsgesetzes, BGBl 1994, 1770 f.
260 Waldeck in Cramer/Rudolph S. 648.
261 In Form des Hedging, Schäfer, Haftung bei fehlerhafter Anlageberatung, S. 95; Dahmann in Cramer/Rudolph S. 181 ff.

### III. Zusammenfassung

Die Konkretisierung der rechtsdogmatisch vorgegebenen Haftungsvoraussetzungen hat in einem beweglichen System von Aufklärungspflichten zu erfolgen, bei dem der Inhalt und Umfang der den Wertpapierdienstleister treffenden Aufklärungspflichten von der Person des Kapitalanlegers, der Art der in Frage stehenden Anlagemöglichkeit und den zwischen Kapitalanleger und Wertpapierdienstleister vereinbarten Pflichtenkreis abhängig ist[262]. Auch im Zusammenhang mit spekulativen Anlagegeschäften - etwa der Vermittlung von Devisengeschäften[263] - trifft den Wertpapierdienstleister keine von der Person des Kapitalanlegers unabhängige Aufklärungspflicht[264].

## B - Allgemeine Pflichten des Wertpapierdienstleisters bei Aufklärung des Kapitalanlegers

Innerhalb des beweglichen Systems von Aufklärungspflichten hat der Wertpapierdienstleister bestimmte Verhaltensweisen stets zu beachten.

### I. Pflicht zur Wahrheit der Information

Der Wertpapierdienstleister hat dem Kapitalanleger nur wahre Informationen mitzuteilen[265]. Das Schrifttum bezeichnet die Wahrheitspflicht als zentrale Verhaltenspflicht bei der Aufklärungstätigkeit schlechthin[266]. Nur die Mitteilung wahrer Informationen erfüllt den Zweck der den Wertpapierdienstleister treffenden Aufklärungspflichten, den Kapitalanleger in die Lage zu versetzen, eine eigenverantwortliche Anlageentscheidung treffen zu können.

---

262 Vgl. ebenso BGH NJW 1993, 2433; OLG Schleswig WM 1996, 1487Kümpel Rdnr. 8.247 ff.; Heinsius ZBB 1994, 47 (50); Vortmann WuB I G 4. - 4.94; Arendts WM 1993, 229 (232); Heymann HGB Anhang zu § 372 Rdnr. 74; Bertschinger, S. 97; Roth in FS für Kleiner, S. 19, S. 24; Hartung EWiR § 276, 10/94; Drygala WM 1992, 1213 (1221); Krimphove, Anlageberatung S. 46.

263 Dazu BGH WM 1987, 531; LG Gießen WM 1992, 1025.

264 BGH WM 1987, 531; OLG Frankfurt a. M. WM 1995, 245 (247); LG Osnabrück WM 1995, 483 (485 f.).

265 So BGH NJW RR 1993, 2433; BGH NJW-RR 1992, 1074; OLG Frankfurt WM 1994, 542 (543); Schwark, BörsG § 53 Rdnr. 29; Roth in FS für Kleiner, S. 13; Hopt Beiträge zum Schweizer Bankrecht S. 153; Heinsius ZHR 145, 177 (188); Baumbach/Duden/Hopt § 347 Anm. 4 A; Heymann HGB § 347 Rdnr. 51; Schäfer Haftung für fehlerhafte Anlageberatung S. 76.

266 Hopt, Beiträge zum Schweizer Bankrecht S. 153.

## II. Pflicht zur Vollständigkeit der Information

Der Wertpapierdienstleister hat die in Frage stehenden Informationen auch vollständig mitzuteilen[267]. Unvollständige Informationen genügen nicht, dem Kapitalanleger eine eigenverantwortliche Anlageentscheidung unter Abwägung aller wesentlichen Umstände des Geschäfts zu ermöglichen.

## III. Pflicht zur Klarheit der Information

Der Wertpapierdienstleister ist schließlich verpflichtet, den aufklärungsbedürftigen Kapitalanleger individuell verständlich aufzuklären[268].

Nach einhelliger Ansicht erfüllen Aufklärungspflichten nur dann ihren Zweck, wenn der jeweilig Aufzuklärende die mitgeteilten Informationen auch versteht.

Unklar aber ist, in welcher Form und auf welche Weise ein Wertpapierdienstleister den Kapitalanleger aufzuklären hat, damit der Kapitalanleger die in Frage stehenden Informationen versteht, dem Erfordernis der Klarheit also genügt wird.

### 1. Schriftliche und mündliche Form der Aufklärung

#### a) Mündliche Aufklärung

Grundsätzlich ist eine mündliche Aufklärung geeignet, dem Aufzuklärenden die in Frage stehenden Informationen verständlich zu vermitteln[269].

Die Verständlichkeit der mündlichen Aufklärung nimmt jedoch in dem Verhältnis zu Umfang und Schwierigkeit der in Frage stehenden Informationen ab. Je weniger offensichtlich und je vielschichtiger die mitzuteilenden Informationen sind, um so weniger genügt die mündliche Aufklärung, den Kapitalanleger verständlich zu informieren.

---

267 BGH NJW 1993, 2433; OLG Frankfurt WM 1994, 542 (543) a. M.; Arendts Bankenhaftung S. 12, 13; Schwark, BörsG § 53 Rdnr. 29; Schäfer Haftung für fehlerhafte Anlageberatung S. 76; Heinsius ZHR 145, 177 (188); Baumbach/Duden/Hopt § 347 Anm. 4 A.

268 OLG Frankfurt a. M. WM 1994, 542 (543); OLG Karlsruhe MDR 1990, 819; Schwark, BörsG § 53 Rdnr. 29; Hopt Beiträge zum Schweizer Bankrecht S. 153; Schäfer EWiR § 276 BGB 4/94; Heinsius ZHR 145, 177 (188); Hopt Kapitalanlegerschutz S. 431 ff.; Arendts WM 1993, 229 (233); Heymann HGB § 347 Rdnr. 51

269 De Lousanoff ZHR 159 (1995) 229 (242); Schäfer, Haftung für fehlerhafte Anlageberatung und Anlagevermittlung, S. 61.

Schwierige wirtschaftliche Zusammenhänge sind regelmäßig mündlich nicht mehr verständlich darzustellen[270], komplexe Informationen nur durch schriftliche Stilmittel wie Graphiken und Tabellen deutlich zu vermitteln[271].

Auch eine Vielzahl von Informationen über das in Frage stehende Geschäft sind dem Kapitalanleger in ihrer Gesamtheit durch mündliche Aufklärung regelmäßig nicht verständlich zu machen. Die Aufnahmefähigkeit des Menschen für mündlich mitgeteilte Informationen ist von Natur aus begrenzt. Je größer die Menge der mitgeteilten Informationen ist, desto weniger versteht der Kapitalanleger die ihm nur mündlich übermittelten Informationen. Die Gefahr, anfangs mitgeteilte Informationen außer Acht zu lassen, ist um so ausgeprägter, je umfangreicher die mitgeteilten Informationen sind[272].

Die ausschließlich mündliche Aufklärung des Kapitalanlegers genügt daher dann nicht den Anforderungen, die an die Klarheit der Aufklärung zu stellen sind, wenn die mitzuteilenden Informationen aufgrund ihrer Schwierigkeit oder Vielzahl dem durchschnittlichen Kapitalanleger mündlich nicht verständlich zu vermitteln sind.

**b) Schriftliche Aufklärung**

Mittels schriftlicher Aufklärung können dem Kapitalanleger grundsätzlich die Informationen verständlich mitgeteilt werden, die er bei einer ausschließlich mündlichen Aufklärung in ihrer Gesamtheit nicht zu erfassen vermag. Komplexe Informationen, insbesondere schwierige wirtschaftliche Zusammenhänge, können dem Kapitalanleger schriftlich dadurch verständlich gemacht werden, daß sie ihm mit Graphiken und Tabellen angereichert komprimiert aufgezeigt und systematisch erklärt werden[273]. Er wird in die Lage versetzt, sein Augenmerk auf ihm unklar gebliebene Einzelfragen zu richten und insoweit ergänzende Erkundigungen einzuholen.

Auch sind dem Kapitalanleger eine Vielzahl von Informationen schriftlich deshalb verständlicher mitzuteilen, weil ihm mehr Zeit bleibt, die in Frage stehenden Informationen zu erfassen. Bei einer mündlichen Aufklärung wird das Tempo der Informationsübermittlung nicht durch ihn, sondern durch die Gesprächsführung des Aufklärenden bestimmt.

Allerdings genügt auch eine ausschließlich schriftliche Mitteilung der in Frage stehenden Informationen regelmäßig nicht, um den individuellen Kapitalanleger

---

270 So auch Drygala ZHR 159, 686 (731).
271 BGH WM 1991, 667; OLG Düsseldorf WM 1992, 776.
272 LG Düsseldorf WM 1995, 333 (334).
273 Allgemein zur Eignung BGH WM 1991, 667.

ausreichend über die wesentlichen Umstände des in Frage stehenden komplexen Anlagegeschäfts zu informieren[274].

Wertpapiergeschäfte weisen eine solche Vielzahl von aktuellen Informationen auf, die dem Kapitalanleger grundsätzlich mitzuteilen sind, daß eine zeitnahe Wiedergabe aller Informationen in einer Broschüre nicht möglich ist. Dies liegt daran, daß Informationsbroschüren über konkrete Anlagemöglichkeiten immer unvollständig sind, weil sie objekt- und marktbedingte Faktoren, wie den aktuellen Kurswert, die Bewertungsfaktoren und Ausstattungsmerkmale nicht berücksichtigen können. Sie müßten in jedem Einzelfall unmittelbar nach Änderung und vor Vermittlung des Geschäfts noch einmal schriftlich aktualisiert und dem Kapitalanleger per Telefax zugesandt werden[275].

Darüber hinaus genügt eine ausschließlich standardisierte Aufklärung des Kapitalanlegers den Anforderungen an die Verständlichkeit regelmäßig insoweit nicht, als sie dem individuellen Informationsbedürfnis des Einzelnen nicht gerecht werden kann[276].

Eine schriftliche Aufklärung hat notwendig durch eine an dem Kenntnisstand des durchschnittlichen Kapitalanlegers orientierte standardisierte Informationsbroschüre zu erfolgen. Der Wertpapierdienstleister ist organisatorisch nicht in der Lage, die dem Kapitalanleger schriftlich mitzuteilenden Informationen dem individuellen Kenntnisstand des Kapitalanlegers und dessen Verständnisfähigkeit anzupassen[277]. Die standardisierte Aufklärungsbroschüre kann auch nicht dadurch den Interessen des Einzelnen genügen, daß sie sich an dem Kenntnisstand des Kapitalanlegers orientiert, der über keinerlei Vorkenntnisse verfügt und dessen Verständnisfähigkeit im Vergleich zu anderen Kapitalanlegern wenig ausgeprägt ist. Denn die Aufklärungsbroschüre würde einen quantitativen Umfang annehmen, der für den Aufzuklärenden nicht zu erfassen ist[278]. Die Kapitalanleger wären einer nicht zu bewältigenden Flut schriftlicher Informationen ausgesetzt, aus denen sie sich im Einzelfall gerade die herauszusuchen hätten, die ihnen persönlich unbekannt sind[279].

---

274 Vgl. BGH WM 1997, 811 (/812); OLG Düsseldorf WM 1997, 562 (564); Kümpel WM 1995, 689 (693).

275 Drygala ZHR 159, 686 (730).

276 OLG Frankfurt a. M. WM 1994, 542, 544; vgl. auch BGH WM 1997, 811 (812); Kümpel WM 1995, 689 (693).

277 BGH WM 1997, 811 (812); Drygala ZHR 159, 686 (730).

278 Vgl. BGH WM 1996, 1214, wo der BGH zu Recht bemängelt, der fünfzigseitige einzeilig beschriebene Schreibmaschinentext über die wesentlichen Umstände des Börsentermingeschäfts sei für den unkundigen Kapitalanleger nicht mehr verständlich.

279 Vortmann WuB I G 4. - 4. 94.

### c) Zweistufige Aufklärung

Komplexe Informationen und eine Vielzahl von Informationen sind dem Kapitalanleger daher zweistufig mitzuteilen. Der Kapitalanleger ist soweit möglich mündlich und ergänzend schriftlich aufzuklären[280]. Schriftliche und mündliche Aufklärung ergänzen sich, um zusammen den mit der Aufklärungspflicht zu erreichenden Zweck zu verwirklichen[281]. Der Wertpapierdienstleister hat die in der standardisierten auf die Person des durchschnittlichen Kapitalanlegers ausgerichteten Aufklärungsbroschüre enthaltenen Informationen durch ergänzende mündliche Aufklärung den individuellen Bedürfnissen des einzelnen Kapitalanlegers anzupassen, also den Inhalt der Broschüre unter Berücksichtigung des individuellen Kenntnisstands und der Verständnisfähigkeit des einzelnen Kapitalanlegers zu erläutern.

## 2. Inhaltliche Anforderungen an Verständlichkeit

Aus dem Umstand, daß der Kapitalanleger bei komplexen Informationen grundsätzlich sowohl mündlich als auch ergänzend schriftlich zu informieren ist, folgt noch nicht, welche konkreten Anforderungen hinsichtlich der Verständlichkeit an die mündliche und schriftliche Aufklärungstätigkeit zu stellen sind.

### a) Anforderungen an mündliche Aufklärung

In Rechtsprechung und Schrifttum werden verschiedene Kriterien genannt, nach denen sich im Einzelfall bestimmt, wann die mündliche Aufklärung durch den Wertpapierdienstleister für den Kapitalanleger ausreichend verständlich ist.

Die Verständlichkeit der in Frage stehenden Informationen hänge von der individuellen Person des Kapitalanlegers ab[282]. Der Wertpapierdienstleister habe den Kapitalanleger unmißverständlich zu informieren. Das gelte insbesondere dann, wenn der Kapitalanleger offenkundig über geringe Sachkenntnisse verfüge[283]. Die mitgeteilten Informationen müßten gedanklich geordnet sein[284]. Der Wertpapierdienstleister habe soweit wie möglich Fachbegriffe zu vermeiden, sofern diese die Verständnisfähigkeit des individuellen Kapitalanlegers übersteigen. Das gleiche gelte für Fremdwörter. Etwaige englische Fachbegriffe müßten übersetzt und dem Kapitalanleger verständlich erläutert werden[285]. Der Inhalt der Aufklärung dürfe nicht nur für den Fachkenner verständlich sein. Es genüge nicht, wenn die we-

---

280 Vgl. Kümpel WM 1995, 689 (693).
281 Vgl. Kümpel WM 1995, 689 (693).
282 Hopt Beiträge zum Schweizerischen Bankrecht S. 154.
283 Escher-Weingart JZ 1994, 104 (105).
284 BGH WM 1992, 770 (772); Raeschke-Kessler WM 1993, 1830 (1835).
285 BGH WM 1992, 770 (772); Raeschke-Kessler WM 1993, 1830 (1835).

sentlichen Informationen nur von einem Nachdenklichen aus den vom Wertpapierdienstleister mitgeteilten Umständen hergeleitet werden können[286]. Es genüge auch nicht, wenn die wesentlichen Informationen vom Kapitalanleger bei einiger geistiger Anstrengung hätten erkannt werden können[287].

Der Wertpapierdienstleister hat den Kapitalanleger mündlich so verständlich aufzuklären, daß der individuelle Kapitalanleger seinen Vorkenntnissen entsprechend über die wesentlichen Umstände der in Frage stehenden Produktgruppe ausreichend informiert wird. Ein unerfahrener, mit der in Frage stehenden Produktgruppe und Anlagegeschäften im allgemeinen nicht vertrauter Kapitalanleger, ist entsprechend seinem Vorwissen besonders verständlich und umfassend aufzuklären. Der in Anlagegeschäften erfahrene Kapitalanleger hingegen kann auch und gerade unter Verwendung ihm bekannter Fachworte verständlich aufgeklärt werden.

Die in der Rechtsprechung genannten Anforderungen stellen sicher, daß die Aufklärungstätigkeit dem entspricht.

**b) Anforderungen an schriftliche Aufklärung**

Die Anforderungen, die an die Verständlichkeit der schriftlichen Aufklärungsbroschüre zu stellen sind, ergeben sich aus dem Zweck der schriftlichen Aufklärung als Grundaufklärung über die mündlich nicht verständlich zu vermittelnden Informationen.

Wesentlich für die inhaltliche Gestaltung ist, daß die schriftliche Aufklärung sich an dem durchschnittlichen Kapitalanleger orientiert[288] und durch eine auf die Person des Einzelnen bezogene zusätzliche mündliche Aufklärungstätigkeit zu ergänzen ist. Wesentlich ist auch, daß die schriftliche Aufklärungspflicht sich inhaltlich auf die Informationen beschränkt, die dem Kapitalanleger durch eine mündliche Aufklärung verständlich nicht mitgeteilt werden können.

In diesem Sinn ist den in Rechtsprechung gestellten Anforderungen an die inhaltliche Gestaltung der Aufklärungsbroschüre zuzustimmen, die auf die Verständnisfähigkeit der Broschüre für den durchschnittlichen Kapitalanleger abstellen[289]:

Die Aufklärungsbroschüre muß so gestaltet sein, daß auch ein flüchtiger Leser deren Inhalt vollständig erfassen kann[290]. Der Kapitalanleger, der mit der in Frage

286 Raeschke-Kessler WM 1993, 1830 (1835).
287 Raeschke-Kessler WM 1993, 1830 (1835); zu letzem auch BGH WM 1991, 127 (129).
288 Vgl. BGH BB 1994, 305 (306).
289 BGH BB 1994, 305 (306).

stehenden Anlagemöglichkeit nicht vertraut ist, muß durch die Aufklärungsbroschüre ausreichend über die wesentlichen Umstände des in Frage stehenden Geschäfts informiert werden[291]. Bei einer umfangreichen Aufklärungsbroschüre muß der wesentliche Inhalt auf der ersten Seite angekündigt werden. Die Formulierungen in der Aufklärungsbroschüre müssen so gewählt sein, daß dem Kapitalanleger die mitzuteilenden Informationen sofort einsichtig sind, ohne daß er die Broschüre zweimal zu lesen braucht[292]. Die Darstellung muß gedanklich geordnet und auch von der Gestaltung her geeignet sein, einem unbefangenen, mit derartigen Geschäften nicht vertrauten Leser einen realistischen Eindruck von den Eigenarten und Risiken der in Frage stehenden Produktgruppe zu vermitteln[293].

## C - Besondere Aufklärungspflichten bei spekulativen Anlagegeschäften

In dem Bereich besonders spekulativer Anlagegeschäfte, den Börsentermingeschäften, sieht das Gesetz ein Schriftformerfordernis bei der Aufklärung des Kapitalanlegers vor.

### I. Schriftliches Formblatt gemäß § 53 II BörsG

Nach § 53 II BörsG kann der Kapitalanleger ein Börsentermingeschäft nur dann verbindlich abschließen, wenn er Börsentermingeschäftsfähigkeit besitzt. Börsentermingeschäftsfähigkeit besitzt der Kapitalanleger, dem der Wertpapierdienstleister ein schriftliches Formblatt über die wesentlichen Umstände von Börsentermingeschäften ausgehändigt hat. Den notwendigen Inhalt des Formblattes benennt § 53 II BörsG enumerativ. Das von Spitzenverbänden des Kreditgewerbes zu diesem Zweck entwickelte allgemeine Informationsblatt über die Verlustrisiken bei Börsentermingeschäften[294] ist vom BGH als den Anforderungen des § 53 II BörsG genügend bewertet worden[295].

### II. Zusätzliche Aufklärungspflichten

Die inzwischen ganz herrschende Ansicht sieht die schriftliche Aufklärungsbroschüre zur Herstellung der Börsentermingeschäftsfähigkeit gemäß § 53 II BörsG grundsätzlich als ungeeignet an, die Informationsbedürfnisse des individuellen

290 BGH WM 1996, 1214 (1215); BGH WM 1994, 492; BGH NJW 1994, 997; OLG Düsseldorf, WM 1995, 1488 (1492); Wittkowski EWiR 1994, § 276 3/94.

291 BGH WM 1996, 1214 (1215); BGH NJW 1992, 1879 (1880); Raeschke-Kessler WM 1993, 1830 (1835).

292 Wittkowski EWiR § 276 3/94.

293 BGH NJW 1992, 1879 (1880); OLG Frankfurt a. M. WM 1996, 253 (254); OLG Düsseldorf WM 1995, 1488 (1492).

294 Abgedruckt bei Vortmann Anhang II.

295 BGH WM 1997, 811 (812); BGH ZIP 1995, 553 (554); dazu Schoch WM 1996, 1565 (1566).

Kapitalanlegers abschließend zu befriedigen[296]. Umstritten ist, ob die neben § 53 II BörsG fortbestehende Pflicht zur Aufklärung, die sich mit der schriftlichen Informationsbroschüre zu einem zweistufigen Schutzsystem zugunsten des Kapitalanlegers ergänzt[297], schriftlich oder mündlich zu erfolgen hat.

## 1. Schriftliche Form

Ein Teil der Rechtsprechung und des Schrifttums verlangt, der Wertpapierdienstleister habe den Kapitalanleger, dem er spekulative Anlagemöglichkeiten vermittelt, über § 53 II BörsG hinausgehend schriftlich über die wesentlichen Umstände des in Frage stehenden Geschäfts zu informieren[298]. Nur bei einer schriftlichen Aufklärung des Kapitalanlegers sei sicher gestellt, daß der Kapitalanleger die in Frage stehenden Informationen auch versteht[299].

Ähnlich entscheidet der BGH im Zusammenhang mit der Vermittlung spekulativer Anlagemöglichkeiten durch gewerbliche Vermittler von Termindirektgeschäften[300]. Der Zweck der den Wertpapierdienstleister treffenden Aufklärungspflichten sei bei der Vermittlung von Termingeschäften nur durch eine schriftliche Aufklärung des Kapitalanlegers zu erreichen[301]. Bei einer mündlichen Aufklärung des Kapitalanlegers drohe, daß der Anlagevermittler die wesentlichen Umstände des in Frage stehenden Geschäfts beschönigt[302]. Die schriftliche Aufklärung des Kapitalanlegers hingegen erlaube, dem Kapitalanleger die wesentlichen Umstände des in Frage stehenden Geschäfts besonders eindringlich zu verdeutlichen. Zudem seien die schwierigen wirtschaftlichen Zusammenhänge der in Frage stehenden Anlagemöglichkeit dem Kapitalanleger regelmäßig nur mittels einer schriftlichen Aufklärungsbroschüre zu vermitteln[303].

Ebenso entschied die Rechtsprechung im Zusammenhang mit der Vermittlung von penny-stocks[304] und Warentermingeschäften[305].

---

296 BGH WM 1997, 811 (812); BGH WM 1995, 658; BGH ZIP 1995, 1812 (1813); OLG Düsseldorf WM 1997, 562 (564); Drygala ZHR 159 (1995), 686 (709, 719); Vortmann Rdnr. 324; Krimphove S. 32; a. A. wohl Häuser/Welter in Assmann § 16, Rdnr. 271. .

297 BGH WM 1997, 811 (812).

298 Etwa LG Berlin WM 1992, 93; LG Düsseldorf WM 1995, 333 (334); Schoch WM 1996, 1565 (1566); Hartung EWiR § 276, 10/94.

299 LG Düsseldorf WM 1995, 333 (334); vgl. auch OLG Düsseldorf NJW 1995, 404.

300 BGH Z 105, 108.

301 BGH WM 1996, 1214; BGH Z 105, 108 (110 f.).

302 BGH Z 105, 108 (110).

303 BGH WM 1991, 667; OLG Düsseldorf WM 1992, 776.

304 BGH WM 1991, 315; OLG Frankfurt a. M. RIW 1991, 685 (687), auch später OLG Frankfurt a. M. WM 1996, 253 (254).

305 Etwa BGH ZIP 1994, 1102 (1103); BGH NJW 1994, 997; BGH NJW 1992, 1879 (1880); OLG Frankfurt a. M. WM 1996, 253 (254); OLG Düsseldorf WM 1995,

## 2. Ausnahmen von der schriftlichen Form

In neueren Entscheidungen beurteilt die Rechtsprechung die Pflicht von Kreditinstituten zur schriftlichen Aufklärung der Kapitalanleger im Zusammenhang mit der Vermittlung spekulativer Anlagemöglichkeiten differenzierter[306]. Der Kapitalanleger sei durch einen Wertpapierdienstleister nur dann schriftlich aufzuklären, wenn mündliche Hinweise und Erklärungen nicht genügten, um dem Kapitalanleger ein ausreichendes Bild von dem in Frage stehenden Geschäft zu verschaffen und ihn dadurch in die Lage zu versetzen, sachgerechte Entschlüsse zu fassen[307]. Die den Wertpapierdienstleister treffenden und über § 53 II BörsG hinausgehenden Aufklärungspflichten haben sich auf die individuellen Umstände in der Person des Kapitalanlegers zu beziehen[308].

Weite Teile der Literatur befürworten dies[309]. Gegen eine den Wertpapierdienstleister treffende Pflicht, den Kapitalanleger über die wesentlichen Umstände spekulativer Geschäfte stets schriftlich aufzuklären, spreche, daß eine schriftliche Aufklärung nicht notwendig im Interesse der Kapitalanleger liegt[310]. Die schriftliche Aufklärung des Kapitalanlegers sei nicht geeignet, den Kapitalanleger individuell über die wesentlichen Umstände des in Frage stehenden Geschäfts zu informieren[311].

Gegen eine stets schriftliche Aufklärungspflicht des Wertpapierdienstleisters bei der Vermittlung spekulativer Anlagegeschäfte spreche auch, daß hiermit ein Kostenaufwand verbunden sei, der in keinem Verhältnis zu dem zu erwartenden Nutzen der schriftlichen Aufklärungstätigkeit steht[312]. Im Ergebnis würde die Annahme einer schriftlich individuellen Aufklärungspflicht bei der Vermittlung spekulativer Anlagemöglichkeiten zu einer allgemeinen Prospektpflicht des Wertpapierdienstleisters bei der Vermittlung innovativer Finanzprodukte führen[313].

---

1488 (1492); OLG Düsseldorf NJW 1995, 404; Schwark, BörsG § 53 Rdnr. 29; van Look WuB I G 1. - 8.95.

306 BGH ZIP 1995, 553 (554); BGH ZIP 1994, 1924 (1925); OLG Köln WM 1995, 697 (699).

307 BGH ZIP 1994, 1924 (1925).

308 BGH WM 1997, 811; BGH ZIP 1995, 553 (554).

309 Schäfer, Haftung für fehlerhafte Anlageberatung und Anlagevermittlung, S. 62; Drygala ZHR 159 (1995), 686 (729 f.); ders. WM 1992, 1213 ff; auch Grün, NJW 1994, 1330 (1332); de Lousanoff ZHR 159 (1995) 229 (241); Wandt WuB I G 4. - 6.88.

310 Drygala ZHR 159 (1995), 686 (730, 731).

311 Drygala ZHR 159 (1995), 686 (731).

312 Drygala ZHR 159 (1995), 686 (730).

313 Drygala ZHR 159 (1995), 686 (730); ders. ZIP 1995, 1255 (1256).

### 3. Stellungnahme

Unter Beachtung der Zielsetzung der Wertpapierdienstleistungsrichtlinie und der Vorschriften des WpHG ist eine stets schriftliche Aufklärungspflicht bei spekulativen Anlagegeschäften abzulehnen[314].

Die Fähigkeit, mündlich mitgeteilte Informationen zu verstehen, wird durch die Auffassungsfähigkeit des Einzelnen bestimmt. Der Wertpapierdienstleister hat den Inhalt der Aufklärungstätigkeit danach auszurichten.

Auch umfangreiche und schwierige Informationen im Zusammenhang mit Börsentermingeschäften, die dem durchschnittlichen Kapitalanleger üblicherweise nur bei schriftlicher Aufklärung verständlich sind, können vom einzelnen Kapitalanleger aufgrund seiner Auffassungsgabe oder seines Vorwissen ausnahmsweise bei einer mündlichen Aufklärung vollständig erfaßt werden[315].

---

314 Vgl. BGH ZIP 1994, 1924 (1926); de Lousanoff ZHR 159 (1995) 229 (242).
315 Vgl. Sachverhalt bei BGH ZIP 1994, 1924 (1926).

### 3. Abschnitt: Anlageberatung und Anlagevermittlung

### A - Einführung

Kapitalanleger treten mit unterschiedlichen Interessen an den Wertpapierdienstleister heran[316]. Während sich einige Kapitalanleger aufgrund fehlender eigener wirtschaftlicher Kenntnisse in der Erwartung an den Wertpapierdienstleister wenden, umfassend und fachkundig über die wirtschaftlichen Zusammenhänge und die für sie in Betracht kommenden Kapitalanlagemöglichkeiten beraten zu werden[317] (Anlageberatung), wenden sich andere Kapitalanleger nur deswegen an den Wertpapierdienstleister, um eine bestimmte Anlagemöglichkeit vermittelt zu erhalten (Anlagevermittlung) und erteilen dem Wertpapierdienstleister entsprechend gezielt Aufträge zum Kauf oder Verkauf bestimmter Wertpapiere[318].

Der Kapitalanleger hat sich grundsätzlich auch dann an einen Wertpapierdienstleister zu wenden, wenn er bereits konkrete Vorstellungen über die zu vermittelnden Anlagemöglichkeiten hat. Denn selber kann er nur unter engen Voraussetzungen am Börsenhandel teilnehmen. Gemäß § 7 I BörsG erfordert die Teilnahme am Börsenhandel eine Zulassung durch die Geschäftsführung der Börse. Die Zulassung wird nur an denjenigen erteilt, dessen Gewerbebetrieb nach Art und Umfang einen in kaufmännischer Weise eingerichteten Geschäftsbetrieb erfordert, § 7 II BörsG.

Entsprechend der unterschiedlichen Erwartungen der Kapitalanleger könnten den Wertpapierdienstleister unterschiedliche Aufklärungspflichten treffen, wenn er sich den Erwartungen des Kapitalanlegers entsprechend verhält und entweder allein die Aufgabe der Vermittlung einer Kapitalanlage übernimmt oder darüber hinaus den Kapitalanleger über die für ihn in Betracht kommenden Anlagemöglichkeiten berät. Die den Anlagevermittler treffenden Aufklärungspflichten könnten im Vergleich zu den einen Anlageberater treffenden Aufklärungspflichten insoweit beschränkt sein, als der Anlagevermittler dem Kapitalanleger allein objektive Informationen mitzuteilen hat, die sich auf das Anlageobjekt beziehen, während der Anlageberater die in Frage stehenden Informationen zusätzlich in Hinblick auf die individuellen Interessen des Kapitalanlegers zu bewerten hat.

---

316 Vgl. BGH Z 74, 103 (106); BGH NJW 1982, 1095 (1096).

317 Etwa die Konstellationen bei BGH WM 1997, 662; BGH Z 123, (Bond); OLG Düsseldorf WM 1996, 1082; OLG Hamm WM 1996, 1812

318 Etwa Konstellationen bei BGH WM 1997, 309; BGH NJW 1996, 2932 (LS) = WM 1996, 1214; BGH WM 1996, 906; BGH WM 1996, 664.

**B - Höchstrichterliche Unterscheidung der Anlageberatung und der Anlagevermittlung**

In der früheren Rechtsprechung wurde streng zwischen den Verhaltenspflichten eines Wertpapierdienstleisters bei der Anlagevermittlung und der Anlageberatung unterschieden[319]. In der neueren Rechtsprechung wird hingegen zum Teil nicht mehr ausdrücklich zwischen der Haftung des Wertpapierdienstleisters bei der Anlagevermittlung und der Anlageberatung unterschieden[320] oder eine Unterscheidung sogar ausdrücklich abgelehnt[321].

Teile des Schrifttums folgern aus der neueren Rechtsprechung, eine Unterscheidung der Verhaltenspflichten des Wertpapierdienstleister bei der Anlagevermittlung und der Anlageberatung sei infolge der Bond - Entscheidung des BGH aufgegeben worden[322].

Der BGH hat jedoch eine Unterscheidung der Verhaltenspflichten des Wertpapierdienstleister bei der Anlagevermittlung und der Anlageberatung bis heute auch nicht aufgegeben.

Der Bond-Entscheidung des BGH[323] lag eine Sachverhaltskonstellation zugrunde, bei der der Kapitalanleger durch den Wertpapierdienstleister über eine Neuanlage von DM 20.000,- beraten wurde. Der BGH stellte ausdrücklich hierauf ab und betonte, daß zwischen den Parteien ein Beratungsvertrag zustande gekommen sei[324]. Auf die Frage, ob sich die Haftung eines Kreditinstituts bei einer bloßen Anlagevermittlung nach den gleichen Grundsätzen zu richten habe, ist der BGH dabei gerade nicht eingegangen. Dagegen hat er in einer kurz zuvor ergangenen Entscheidung noch ausdrücklich hervorgehoben, daß bei der Frage der einen Wertpapierdienstleister treffenden Aufklärungspflichten zwischen seinen Verhaltenspflichten bei der Anlagevermittlung und denen bei der Anlageberatung zu unterscheiden sei[325]. Auch in einem neueren Beschluß vom 12. März 1996 führt der BGH aus, von dem Abschuß eines Beratungsvertrags könne keine Rede sein,

---

319 BGH NJW 1982, 1095 (1096); OLG Oldenburg WM 1987, 169.

320 OLG Frankfurt a. M. WM 1994, 542; LG Bielefeld WM 1995, 662.

321 LG Traunstein WM 1993, 207 (208).

322 Vortmann ÖBA 1994, 579 (580); Raeschke-Kessler WM 1993, 1830 (1832); bereits vor der Bond-Entscheidung sprach Köndgen JZ 1987, 720 (724) davon, daß die Unterscheidung zwischen Berater und bloßem Vermittler hinsichtlich der geforderten Aufklärungsintensität keine wesentliche Rolle mehr spiele, ebenso ders. NJW 1992, 2263 (2272).

323 BGH NJW 1993, 2433.

324 BGH NJW 1993, 2433.

325 BGH NJW-RR 1993, 1114.

wenn der Kapitalanleger gezielte Aufträge zum Kauf bestimmter Wertpapiere gibt, die ihm von Dritter Seite empfohlen wurden[326].

## C - Unterscheidung im Schrifttum

Im Schrifttum wird überwiegend die Ansicht vertreten, es sei zwischen der Haftung eines Wertpapierdienstleister bei der Anlagevermittlung und der Anlageberatung zu unterscheiden[327]. Anlageberatung und Aufklärung seien als Rechtsbegriffe zu verstehen, die verschiedenartige Pflichten begründen[328]. Einer Unterscheidung der Haftung des Wertpapierdienstleisters bei der Anlagevermittlung und der Anlageberatung bedürfe es im Interesse des Kapitalanlegers, der auf eine umfangreiche Beratungstätigkeit des Wertpapierdienstleisters verzichtet, weil er zum Erwerb einer bestimmten Anlagemöglichkeit fest entschlossen ist[329].

## D - Unterscheidung durch das Bundesaufsichtsamt für den Wertpapierhandel

Auch die Richtlinie des Bundesaufsichtsamts für den Wertpapierhandel zu den §§ 31, 32 WpHG unterscheidet ausdrücklich zwischen den Verhaltenspflichten, die ein Wertpapierdienstleister bei der Anlagevermittlung und bei der Anlageberatung zu beachten hat.

Nr. 3 Absatz 1 der Richtlinie enthält eine Legaldefinition des Begriffs der „Aufklärung“: Der Wertpapierdienstleister muß dem Kunden, soweit erforderlich, spätestens vor der Erteilung eines Auftrags alle zweckdienlichen Informationen über die beabsichtigten Geschäftsarten mitteilen. Nr. 3 Absatz 2 der Richtlinie definiert den Begriff der Anlageberatung: „Soweit das Wertpapierdienstleistungsunternehmen Aufträge lediglich ausführt („Execution-Only“), ..., das heißt auf die Aufklärung keine die persönlichen Verhältnisse des Kunden berücksichtigende Anlageempfehlung folgt, ...“.

---

326 BGH WM 1996, 906.

327 Kümpel in Kümpel/Ott 065, S. 110 f.; Drygala, ZHR 159 (1995), 686 (715); de Lousanoff ZHR 159 (1995), 229 (241); Roth in FS für Kleiner S. 19; Kümpel Rdnr. 8.253; Schwark ZHR 151 (1987), 334; Schäfer, Haftung für fehlerhafte Anlageberatung S. 2 f.; Lang WM 1988, Beilage 9 S. 17/18; Hoegen in FS für Stimpel, 247 (250, 251); Heymann HGB § 347 Rdnr. 75; Vortmann WuB I G 1. - 7.95; ders. ÖBA 1994, 579 (581); ders. Aufklärungs- und Beratungspflichten Rdnr. 284 f.; Krimphove, Anlageberatung S. 33, 37; v. Heymann in Assmann § 5 Rdnr. 2 f.; Kübler ZHR 145, 204 (212); vgl. auch OLG Köln WM 1995, 381.

328 Kümpel in Kümpel/Ott 065, S. 110.

329 Drygala ZHR 159 (1995), 686 (715).

Die Differenzierung der den Wertpapierdienstleister treffenden Verhaltenspflichten bei der Anlagevermittlung und der ihn treffenden Verhaltenspflichten bei der Anlageberatung stellt auch Nr. 3. 6. der Richtlinie klar:

Der Wertpapierdienstleister, der ausschließlich die Ausführung von Aufträgen anbietet, hat den Kunden spätestens vor Auftragsannahme darauf hinzuweisen[330].

Soweit ein Wertpapierdienstleister Aufträge lediglich ausführt, ..., hat er den Kunden spätestens vor Auftragsannahme darauf hinzuweisen. Der Wertpapierdienstleister hat den Kunden grundsätzlich nur zu seinen Kenntnissen oder Erfahrungen in Wertpapiergeschäften zu fragen, Nr. 3.6 Satz 3 der Richtlinie. Im Gegensatz zur Anlageberatung sind Mitteilungen über die Anlageziele und finanziellen Verhältnisse des Kunden bei der Anlagevermittlung grundsätzlich entbehrlich.

## E - Eigene Stellungnahme

Zwischen den einen Wertpapierdienstleister bei der Anlagevermittlung und der Anlageberatung treffenden Aufklärungspflichten ist zu unterscheiden.

### I. Unterscheidung der Anlagevermittlung und der Anlageberatung im Sinne des WpHG

Die Vorschriften des WpHG stehen unterschiedlichen Haftungsvoraussetzungen bei der gezielten Vermittlung von Kapitalanlagen durch den Wertpapierdienstleister und bei der zusätzlichen Beratung über die Anlagemöglichkeiten durch den Wertpapierdienstleister nicht entgegen[331]. Insbesondere ergibt sich aus den Wohlverhaltensregeln des WpHG nicht, daß der Wertpapierdienstleister stets verpflichtet ist, den Kapitalanleger über die Mitteilung von Informationen hinaus über die für den Kapitalanleger geeigneten Anlagemöglichkeiten zu beraten.

Vielmehr entspricht es - wie oben ausgeführt - der Systematik des WpHG, den Umfang und Inhalt der einen Wertpapierdienstleister treffenden Aufklärungspflichten danach zu differenzieren, ob der Wertpapierdienstleister die in Frage stehende Anlagemöglichkeiten allein vermittelt oder den Kapitalanleger darüber hinaus zu beraten hat[332]. Im Sinne der Wohlverhaltenspflichten des WpHG kann der Anlagevermittler allein zur Aufklärung über Umstände verpflichtet sein, die das Anlageobjekt betreffen, während der Anlageberater den Kapitalanleger zudem

330 Noch im ersten Entwurf der Richtlinie wurde vom Wertpapierdienstleister verlangt, eine schriftliche Erklärung vom Kunden zu fordern, daß der Kunde vom Ausschluß der Anlageberatung Kenntnis genommen hat.

331 Kümpel in Kümpel/Ott 065, S. 111.

332 Siehe oben Abschnitt 1 - B I 2 a) cc) aaa).

über die für ihn (den Kapitalanleger) individuell geeignete Anlagemöglichkeite unter Berücksichtigung von seinen Interessen zu beraten hat.

Insoweit unzutreffend wird im Schrifttum zum Teil die Ansicht vertreten, eine Unterscheidung der den Wertpapierdienstleister bei der Anlageberatung und der Anlagevermittlung treffenden Aufklärungspflichten hätte sich durch die gesetzlichen Regelungen der Wohlverhaltenspflichten des Wertpapierdienstleisters im WpHG erledigt[333].

## II. Unterscheidung der Anlagevermittlung und der Anlageberatung unter Berücksichtigung des Zwecks von Aufklärungspflichten

Auch der rechtsbegründende Zweck der einen Vertragspartner unter den Voraussetzungen der pVV und c.i.c. treffenden Aufklärungspflichten steht der Unterscheidung der einen Wertpapierdienstleister bei der Anlagevermittlung und der Anlageberatung treffenden Aufklärungspflichten nicht entgegen.

Das Bestehen von Aufklärungspflichten ist ebenso wie deren Umfang im BGB gesetzlich bewußt nicht geregelt, da dem Gesetzgeber deren tatbestandliche Erfassung nicht möglich erschien[334]. Die von der Rechtsprechung und dem Schrifttum entwickelten Kriterien, die zur Bestimmung der Informationspflichten im Einzelfall von wesentlicher Bedeutung sind, sind der Informationsbedarf des Aufzuklärenden, die Möglichkeit der Informationsbeschaffung und der Funktionskreis des Aufklärungspflichtigen[335]. Die Kriterien bilden die Grundlage des beweglichen Systems der einer Partei treffenden Aufklärungspflichten und bestimmen in ihrem Zusammenspiel den Inhalt und Umfang der Aufklärungspflichten im Einzelfall[336].

Die eine Partei treffenden Aufklärungspflichten lassen sich inhaltlich danach differenzieren, ob der Aufklärungspflichtige allein Tatsachen mitzuteilen hat, die sich auf den Aufklärungsgegenstand beziehen oder er diese Tatsachen zusätzlich unter Berücksichtigung der individuellen Interessen des anderen zu bewerten hat[337]. Dabei kann im Einzelfall eine bloße Offenbarungspflicht zu einer entsprechenden Beratungspflicht erstarken, bei der die mitzuteilenden Informationen in Bezug zu den Interessen des anderen zu setzen sind[338].

333 Koller in Assmann/Schneider § 31 Rdnr. 97; Arendts WPrax 4/95, S. 69.
334 Mugdan, Einführungsgesetz und Allgemeiner Teil, S. 467.
335 Vgl. Breidenbach, S. 62 ff.
336 Breidenbach, S. 62.
337 Etwa BGH NJW 1982, 1095 (1096); Emmerich in MüKo Vor § 275 Rdnr. 108.
338 Vgl. etwa BGH NJW 1989, 1667 (1668); OLG Koblenz, CR 1990, 41 (43); Wiedemann in Soergel Vor § 275 Rdnr. 155.

In Konstellationen, in denen die Rechtsprechung das Bestehen einer zur Beratungspflicht erstarkten Offenbarungspflicht angenommen hat, wurde zur Begründung der Beratungspflicht auf das Vertrauen des Aufzuklärenden in die besondere Sachkunde des zur Auskunft Verpflichteten abgestellt[339]. Eine Beratungspflicht wurde angenommen, wenn der zur Aufklärung Verpflichtete an sich selbst die Ziele gesteckt hatte, den anderen zu beraten und diese Ziele dem anderen gegenüber auch kundgetan hat[340].

Die rechtsdogmatische Begründung für die Unterscheidung der eine Partei treffenden Offenbarungspflichten und der eine Partei darüber hinausgehend treffenden Beratungspflichten liegt in dem jeweiligen Funktionskreis, den die zur Aufklärung verpflichtete Partei gegenüber der anderen übernommen hat[341]. Durch die Übernahme einer bestimmten Funktion erzeugt die Partei Vertrauen bei dem Verhandlungspartner, hinsichtlich der vom anderen übernommenen Funktion auf eigene Bemühungen und Informationsbeschaffung verzichten zu können[342].

Der Wertpapierdienstleister übernimmt dem Kapitalanleger gegenüber regelmäßig dadurch die Funktion der individuellen Beratung über Wertpapiergeschäfte, daß er an sich selbst den Anspruch stellt, über ein besonderes Fachwissen zu verfügen, welche Anlagemöglichkeiten für die individuellen Interessen der Kapitalanleger geeignet sind und diesen Anspruch nach außen auch kundtut. Wertpapierdienstleister rufen diesen Anspruch durch Werbeaussagen ebenso hervor und tun ihn kund[343], wie sie ihn durch ihr tatsächliches Verhalten aufrechterhalten, Anlageempfehlungen im Namen des Kreditinstituts auszusprechen und Angestellten des Kreditinstituts zu überlassen, den Kapitalanleger bestimmte Anlagemöglichkeiten zu empfehlen[344].

Wertpapierdienstleister übernehmen daher grundsätzlich eine Beratungsfunktion gegenüber dem Kapitalanleger und haben sich entsprechend an den Voraussetzungen der Anlageberatung messen zu lassen. Voraussetzung ist, daß sie den Kapitalanleger faktisch beraten oder durch ihr Verhalten zu verstehen geben, den Kapitalanleger beraten zu wollen. Denn hierdurch erzeugen sie bei dem Kapitalanlegern einen Vertrauenstatbestand, nicht nur Informationen mitzuteilen, die sich auf das Anlageobjekt beziehen, sondern die Informationen auch individuell unter Berücksichtigung der Interessen des Kapitalanlegers zu bewerten.

---

339 OLG Koblenz CR 1990, 41 (43).

340 Etwa OLG Düsseldorf WM 1996, 1082 (1084).

341 Ausführlich zur Bedeutung des Funktionskreis als Element des beweglichen Systems von Aufklärungspflichten Breidenbach, S. 73 ff.

342 Breidenbach S. 73.

343 Etwa OLG Düsseldorf WM 1996, 1082 (1085).

344 Vgl. Sachverhalt bei BGH Z 74, 103 (106).

Ausnahmsweise übernimmt der Wertpapierdienstleister keine Beratungsfunktion, wenn der Kapitalanleger sich zielgerichtet an den Wertpapierdienstleister wendet, um eine bestimmte Anlagemöglichkeit vermittelt zu erhalten und der Wertpapierdienstleister den Kapitalanleger wohl über die begehrte Anlagemöglichkeit informiert, aber nicht über die individuelle Eignung entsprechend der Interessen des Kapitalanlegers berät[345]. Die Beziehung des Kapitalanlegers zum Wertpapierdienstleister ist in diesem Fall durch die aufgrund von § 7 BörsG notwendige Inanspruchnahme des Wertpapierdienstleister zur Vermittlung geprägt. Die Funktion des Wertpapierdienstleister beschränkt sich nach der beiderseitigen Vertragserwartung auf die Vermittlung der vom Kapitalanleger genannten Anlagemöglichkeit.

An der übernommenen Funktion des Wertpapierdienstleister als Berater über Kapitalanlagen fehlt es ferner ausnahmsweise dann, wenn der Wertpapierdienstleister dem Kapitalanleger gegenüber ausdrücklich erklärt, ausschließlich Anlagemöglichkeiten zu vermitteln, nicht aber über die Eignung der Anlagemöglichkeiten für die Interessen des Kapitalanlegers zu beraten und der Wertpapierdienstleister den Kapitalanleger auch tatsächlich nicht berät.

### III. Unterscheidung der Anlagevermittlung und der Anlageberatung aus Gründen des Verbraucherschutzes

Für eine Differenzierung zwischen den einen Wertpapierdienstleister bei der Anlagevermittlung und der Anlageberatung treffenden Aufklärungspflichten spricht, daß nur eine strenge Unterscheidung der den Wertpapierdienstleister jeweils treffenden Aufklärungspflichten den Interessen aller Kapitalanleger dient und damit dem Schutzzweck der Vorschriften des WpHG und der EG- Wertpapierdienstleistungsrichtlinie entspricht.

Wertpapierdienstleister verlangen von Kapitalanlegern, die über für sie in Betracht kommende Anlagemöglichkeiten beraten werden wollen, regelmäßig das gleiche Entgelt in Form einer einheitlichen Vermittlungsprovision wie von Kapitalanlegern, die mit einer konkreten Vorstellung an den Wertpapierdienstleister herantreten, um gezielt eine bestimmte Anlagemöglichkeit vermittelt zu erhalten[346].

Die Beratung eines Kapitalanlegers, der keine konkreten Vorstellungen über die für ihn in Betracht kommenden Anlagemöglichkeiten hat, verursacht aufgrund der notwendig umfangreichen Beratung jedoch höhere Kosten als die Aufklärung ei-

345 Breidenbach, S. 88.

346 BGH Z 100, 117, 118 f.; Arendts WM 1993, 229 (231); Hopt, Beiträge zum schweizerischen Bankrecht S. 143.

nes Kapitalanlegers, der mit gezielten Vermittlungsaufträgen an den Wertpapierdienstleister herantritt[347].

Die höheren Kosten trägt zunächst der zur Beratung des Kapitalanlegers verpflichtete Wertpapierdienstleister, der kein gesondertes Entgelt für die Beratungstätigkeit erhebt. Mittelbar legt der Wertpapierdienstleister die erhöhten Kosten aber dadurch auf die Gesamtheit aller Kapitalanleger um, daß er unabhängig von seiner konkret erbrachten Leistung von allen Kapitalanlegern die gleiche Vermittlungsprovision verlangt[348].

Im Ergebnis bedeutet das eine Quersubventionierung der durch die Anlageberatung verursachten Kosten, die im Interesse nur einiger Kapitalanleger liegen[349]. Die sogenannten Discount - Broker sind auf eine solche Quersubventionierung nicht angewiesen, weil sie sich auf die Ausführung gezielt erteilter Aufträge beschränken und daher nicht auch die bei der Anlageberatung anfallenden Kosten zu tragen haben. Sie können ihre Leistungen zu erheblich günstigeren Konditionen anbieten als herkömmliche Kreditinstitute.

### 1. Beseitigung der Quersubventionierung durch Differenzierung der Aufklärungspflichten

Eine Quersubventionierung kann dadurch beseitigt werden, daß die Aufklärungspflichten des Wertpapierdienstleisters gegenüber dem Kapitalanleger, der eine umfangreiche Beratung erwartet, streng von den Aufklärungspflichten unterschieden werden, die ihn gegenüber einem Kapitalanleger treffen, der mit einer konkreten Vorstellung über die zu vermittelnde Kapitalanlage an den Wertpapierdienstleister herantritt:

Ein Wertpapierdienstleister wird die höheren Kosten der Anlageberatung nur dann auf den Kapitalanleger umlegen, der die Beratungstätigkeit tatsächlich in Anspruch nimmt, wenn der Wertpapierdienstleister die ihn bei der Anlageberatung zusätzlich treffenden Beratungspflichten von den ihn auch bei der Anlagevermittlung treffenden Aufklärungspflichten zu unterscheiden vermag. Nur eine rechtliche Differenzierung ermöglicht es, die Kosten der jeweiligen Tätigkeit und dadurch auch die vom Kapitalanleger verlangte Gebühr zu unterscheiden.

---

347 Schlotthauer Sparkasse 1994, 434 f.; Scharrenberg, Sparkasse 1995, 108 f.; Heinsius "Guter Rat ist teuer" ZHR 145, 177 (188); Staab WM 1994, 541.

348 Zutreffend Roth in FS für Kleiner S. 11 FN 39: Unentgeltlich, d.h. ohne direkte Gegenleistung im Austausch gegen die Raterteilung.

349 Bertschinger S. 2; Kübler ZHR 145, 204 (206).

## 2. Interesse der Kapitalanleger an Beseitigung der Quersubventionierung

Abzulehnen ist die im Schrifttum vertretene Auffassung, die in differenzierten Gebühren für die Tätigkeit des Wertpapierdienstleister als Anlagevermittler und als Anlageberater eine fragwürdige Geschäftspraxis und zudem die Gefahr sieht, daß Kapitalanleger aus Kostengründen auf eine Beratung verzichten[350]. Tatsächlich liegt der Fortfall der Quersubventionierung und damit eine Differenzierung von Gebühren aus ökonomischer Sicht im Interesse der Kapitalanleger, weil nur dies zu effizienten Ergebnissen führt[351]:

Die mit der Beratungstätigkeit verbundenen Kosten sollte der Wertpapierdienstleister aufwenden, wenn der durch den Aufwand erreichte Nutzengewinn die Summe des Kostenaufwands übersteigt[352]. Der Nutzengewinn wird durch die individuellen Interessen der Kapitalanleger bestimmt. Nur der einzelne Kapitalanleger vermag zu beurteilen, ob für ihn mit der Beratungstätigkeit des Wertpapierdienstleisters ein individueller Nutzengewinn verbunden ist. Nur der individuelle Kapitalanleger vermag zu erkennen, inwieweit er auch ohne Beratung durch den Wertpapierdienstleister eine eigenverantwortliche Anlageentscheidung zu treffen vermag. Solange der Wertpapierdienstleister für die Anlagevermittlungstätigkeit die gleiche Provision verlangt, wie für die kostenintensivere Anlageberatungstätigkeit, besteht für den Kapitalanleger aber kein Anreiz, den individuellen Nutzen der Beratungstätigkeit zu bewerten[353]. Als rational egoistischer Mensch[354] wird der Kapitalanleger die gesamtgesellschaftlich kostenintensive und umfangreichere Beratungstätigkeit des Wertpapierdienstleisters in Anspruch nehmen, wenn diese für ihn als einzelnen Kapitalanleger die gleichen Kosten verursacht wie die Vermittlungstätigkeit. Der Kapitalanleger wird in seine Betrachtung die gesamtgesellschaftlich tatsächlich anfallenden Kosten nicht mit berücksichtigen.

Gesamtgesellschaftlich droht dadurch ein Ressourcenverlust. Der Wertpapierdienstleister hat auch den Kapitalanleger kostenintensiv zu beraten, der aufgrund seines individuellen Kenntnisstands tatsächlich keiner Beratung bedarf. Würde der Wertpapierdienstleister hingegen gezielt die Kosten der Beratungstätigkeit von dem Kapitalanleger ersetzt verlangen, der die Beratungstätigkeit tatsächlich in Anspruch nimmt, wäre für den Kapitalanleger ein ökonomischer Anreiz gesetzt,

---

350 Koller in Assmann/Schneider § 31 Rdnr. 134.

351 Vgl. so auch Schütt, Die Bank 1995, 101 (103).

352 Learnd-Hand-Formel, vgl. Schäfer/Ott Lehrbuch S. 97.

353 Ausgenommen sei der Sonderfall, in dem der Kapitalanleger freiwillig auf eine Beratung verzichtet, weil er die von ihm hierfür aufzuwendende Beratungszeit nicht einzusetzen bereit ist.

354 Zu dem rational egoistischen Menschen (REM) Schäfer/Ott Lehrbuch S. 50 f.

die individuelle Notwendigkeit der Inanspruchnahme der Beratungstätigkeit zu überprüfen[355].

Der direkten Umlegung der Beratungskosten auf denjenigen, der die Beratungstätigkeit des Wertpapierdienstleister auch tatsächlich in Anspruch nimmt, kommt somit eine Steuerungsfunktion zu.

## F - Kriterien zur Unterscheidung der vereinbarten oder erbrachten Tätigkeit im konkreten Fall

Uneinheitlich wird in Rechtsprechung und Schrifttum die Frage beantwortet, wodurch sich im Einzelfall die Vermittlungstätigkeit von der Beratungstätigkeit des Wertpapierdienstleisters unterscheiden läßt.

### I. Objektive Verhaltensweisen der beteiligten Parteien als Kriterium zur Unterscheidung

Zum Teil wird an objektive Verhaltensweisen der Beteiligten angeknüpft, ohne auf den Inhalt der Aufklärungstätigkeit abzustellen.

Von der Übernahme einer Beratungstätigkeit durch den Wertpapierdienstleister sei auszugehen, wenn der Wertpapierdienstleister und der Kapitalanleger ein besonderes Entgelt für die Beratungstätigkeit vereinbart hätten[356]. Bei einer fehlenden Entgeltvereinbarung können auch die Höhe der vom Kapitalanleger investierten Anlagesumme[357] oder das wirtschaftliche Interesse des Kapitalanlegers an dem in Frage stehenden Geschäft[358] Umstände sein, die für eine vereinbarte Beratungstätigkeit sprechen.

Für die Übernahme einer Beratungstätigkeit durch den Wertpapierdienstleister spreche zudem, daß der Kapitalanleger und ein Angestellter des Wertpapierdienstleisters sich außerhalb der üblichen Geschäftszeiten treffen[359]. Das gleiche gelte, wenn der Kapitalanleger die Räume des Wertpapierdienstleisters betrete[360].

Die genannten Kriterien sind jedoch ungeeignet, die Tätigkeit des Anlagevermittlers von der Tätigkeit des Anlageberaters zu unterscheiden. Die Kriterien betreffen allein den äußeren Rahmen der Beziehung des Kapitalanlegers zum Wertpapier-

355 Vgl. auch Steuer WM 1994, 541; Vortmann ÖBA 1994, 579 (586); Staab WM 1994, 541.

356 Etwa BGH NJW 1982, 1095 (1096); Roth in FS für Kleiner S. 12.

357 OLG Braunschweig WM 1994, 59; OLG Oldenburg WM 1987, 169.

358 Roth in FS für Kleiner S. 12.

359 LG Hamburg WM 1993, 196 (199).

360 LG Itzehoe WM 1993, 205 (207).

dienstleister, geben aber keinen Aufschluß über den tatsächlichen Inhalt des Aufklärungsgesprächs.

Die Höhe der in Frage stehenden Anlagesumme etwa ist ein objektiver Umstand, der für sich betrachtet nichts darüber aussagt, ob der Wertpapierdienstleister eine Beratungsfunktion übernommen hat oder nicht[361].

## II. Unterscheidung anhand tatsächlich ausgeübter Funktion des Wertpapierdienstleisters

Ob der Wertpapierdienstleister die Funktion der Anlageberatung gegenüber dem Kapitalanleger übernommen hat oder nicht, entscheidet sich demnach allein nach dem Inhalt der Aufklärungstätigkeit. Der Wertpapierdienstleister hat sich an den Verhaltenspflichten des Anlageberaters messen zu lassen, wenn er dem Kapitalanleger gegenüber nicht nur objektive Informationen mitteilt, sondern diese hinsichtlich ihrer Bedeutung für die Interessen des Kapitalanlegers auch bewertet oder die Bewertung dem Kapitalanleger gegenüber ausdrücklich oder schlüssig anbietet[362].

# G - Exemplarische Betrachtung der praktischen Bedeutung der Unterscheidung

Die praktische Bedeutung der zu befürwortenden Unterscheidung der einen Anlagevermittler und einen Anlageberater treffenden Aufklärungspflichten zeigt sich bei der exemplarischen Betrachtung einer beliebig gewählten Entscheidung eines Instanzgerichts.

Das LG Bielefeld[363] hatte über eine Sachverhaltskonstellation zu entscheiden, in der ein Kapitalanleger sich an einen Wertpapierdienstleister wandte, um Informationen über Aktien des Technocell - Unternehmens mitgeteilt zu erhalten. Der Wertpapierdienstleister überreichte dem Kapitalanleger einen Computerausdruck über den bisherigen Kursverlauf der Technocell - Aktie. Hierauf bat der Kapitalanleger um weitere Informationen. Der Wertpapierdienstleister sandte dem Kapitalanleger daraufhin einen Auszug aus einem allgemeinen Informationsbuch über Aktien zu und erklärte zugleich, keine weiteren Informationen über die Technocell - Aktie zu besitzen, da das Unternehmen für ihn gänzlich unbekannt sei.

Trotzdem entschloß sich der Kapitalanleger, sich die Aktien des Technocell - Unternehmens vermitteln zu lassen. Nach wenigen Monaten wurde das Konkursver-

361 BGH NJW 1982, 1095; Vortmann ÖBA 1994, 579 (581).
362 BGH NJW RR 1993, 1114 (1115); BGH NJW 1982, 1095 (1096); OLG Oldenburg WM 1987, 169.
363 LG Bielefeld WM 1995, 662 (663).

fahren über das Vermögen des Technocell - Unternehmens eröffnet, der Kapitalanleger verlor sein Anlagekapital fast vollständig.

Das Landgericht Bielefeld entschied unzutreffend, zwischen dem Kapitalanleger und dem Wertpapierdienstleister sei ein Beratungsvertrag zustande gekommen. Nach Ansicht des LG Bielefeld habe der Kapitalanleger das besondere Fachwissen des Wertpapierdienstleisters in Anspruch nehmen wollen und der Wertpapierdienstleister habe das Vertragsangebot des Kapitalanlegers angenommen, indem er die genannten Informationen mitteilte[364].

Das LG Bielefeld differenziert nicht ausreichend zwischen den Funktionen des Wertpapierdienstleister als Anlageberater und Anlagevermittler. Die Mitteilung von Informationen ist keine ausdrückliche oder schlüssige Übernahme einer Beratungsfunktion. Durch die Mitteilung von objektiven Umständen gibt der Wertpapierdienstleister nicht zu erkennen, die in Frage stehende Anlagemöglichkeit im Hinblick auf die individuellen Interessen des Kapitalanlegers bewertet zu haben.

In der genannten Entscheidung hat sich der Kapitalanleger an den Wertpapierdienstleister gewandt, um von ihm benannte bestimmte Informationen mitgeteilt zu erhalten. Der Kapitalanleger begehrte keine Beratung. Der Wertpapierdienstleister hat den Erwartungen des Kapitalanlegers entsprochen, indem der Wertpapierdienstleister ihm ausschließlich die erfragten Informationen mitteilte und darüber hinaus kundtat, über keine weiteren Informationen zu verfügen, daher auch nichts zur Bewertung der Technocell - Aktien sagen zu können.

Gleichwohl verneinte das LG Bielefeld im Ergebnis zutreffend einen Schadensersatzanspruch des Kapitalanlegers gegenüber dem Wertpapierdienstleister. Nach Ansicht des LG Bielefeld hatte der Wertpapierdienstleister gegenüber dem Kapitalanleger keine Beratungspflichten verletzt[365]. Der Kapitalanleger habe nicht bewiesen, daß der Wertpapierdienstleister ihm eine Beratung hinsichtlich der Technocell - Aktien zugesagt habe. Der Wertpapierdienstleister und der Kapitalanleger hätten nur vereinbart, daß der Wertpapierdienstleister dem Kapitalanleger den eigenen objektiven Informationsstand über die in Frage stehende Anlagemöglichkeit mitzuteilen habe. Auf vollständige und weitest möglich abgesicherte Informationen habe sich der Kapitalanleger nicht verlassen dürfen. Der Wertpapierdienstleister habe dem Kapitalanleger die Aktie schließlich nicht vorgeschlagen[366].

Die Begründung belegt, daß auch das LG Bielefeld im Ergebnis erkannte, daß der Wertpapierdienstleister keine Beratungsfunktion gegenüber dem Kapitalanleger

---

364 LG Bielefeld WM 1993, 662 (663); das Amtsgericht hatte das Zustandekommen eines Beratungsvertrag im Gegensatz zum LG Bielefeld noch verneint.
365 LG Bielefeld WM 1995, 662 (663)
366 LG Bielefeld WM 1995, 662 (663).

übernommen hatte. Zutreffend prüft das LG Bielefeld nicht, ob der Wertpapierdienstleister die ihn bei der Anlageberatung treffenden Verhaltenspflichten beachtet hat. Das Gericht beschränkt sich auf die Prüfung der den Wertpapierdienstleister bei der Anlagevermittlung treffenden Aufklärungspflichten.

Übernimmt der Wertpapierdienstleister eine Beratungstätigkeit, so hat er sich an den ihn hiernach treffenden Aufklärungspflichten messen zu lassen. Er hat den Kapitalanleger über die Mitteilung von Informationen hinaus über die Eignung des in Frage stehenden Geschäfts für seine persönlichen Interessen wahr, klar und vollständig zu beraten und die mitzuteilenden Informationen individuell zu bewerten[367]. Das LG Bielefeld jedoch prüfte weder die persönlichen Interessen des Kapitalanlegers, noch die Eignung der Technocell - Aktien im Hinblick auf die Interessen des Kapitalanlegers.

Bei der Anlagevermittlung hingegen beschränkt sich die Prüfung auf die Frage, ob der Wertpapierdienstleister dem Kapitalanleger die objektiven Informationen mitgeteilt hat, die der Kapitalanleger im Hinblick auf Art und Umfang des in Frage stehenden Geschäfts erwarten durfte und die im Hinblick auf die Interessen des Kapitalanlegers zweckdienlich gewesen sind[368].

## H - Zusammenfassung

Der Wertpapierdienstleister hat die einen Anlageberater treffenden Aufklärungspflichten zu beachten, wenn er dem Kapitalanleger gegenüber die Funktion der Anlageberatung übernimmt. Die einen Anlageberater treffenden Aufklärungspflichten unterscheiden sich dadurch von den einen Anlagevermittler treffenden Aufklärungspflichten, daß der Anlageberater die in Frage stehenden Anlagemöglichkeiten in Bezug auf die individuellen Interessen des einzelnen Kapitalanlegers zu bewerten hat.

Der Wertpapierdienstleister übernimmt die Funktion eines Anlageberaters, wenn er den Kapitalanleger tatsächlich berät, dem Kapitalanleger gegenüber also ausführt, welche Anlagemöglichkeiten sich für seine individuellen Interessen eignen. Der Wertpapierdienstleister übernimmt ferner dann die Funktion eines Anlageberaters, wenn er durch sein Auftreten gegenüber dem Kapitalanleger den Eindruck hervorruft, neben der Vermittlung von Kapitalanlagen auch beratend tätig zu sein. Diesen Eindruck ruft der Wertpapierdienstleister regelmäßig bereits durch seine Selbstdarstellung in der Werbung und die tatsächliche Beratungstätigkeit seiner Angestellten über Effektengeschäfte im täglichen Kundengeschäft hervor.

---

367 BGH NJW 1993, 2433 (2434).
368 Vgl. BGH NJW 1982, 1095; Hoegen S. 250; Vortmann ÖBA 1994, 579 (581).

Grundsätzlich handelt ein Wertpapierdienstleister im Zusammenhang mit der Vermittlung von Effektengeschäften daher als Anlageberater. Es obliegt dem Wertpapierdienstleister im Einzelfall zu beweisen, ausnahmsweise keine Beratungstätigkeit übernommen zu haben und daher nicht die ihn bei der Anlageberatung, sondern die ihn bei der Anlagevermittlung treffenden Aufklärungspflichten beachten zu müssen[369].

Ausnahmsweise übernimmt der Wertpapierdienstleister im Verhältnis zum Kapitalanleger dann nicht die Funktion des Anlageberaters, wenn der Kapitalanleger sich gezielt an den Wertpapierdienstleister wendet, um eine bestimmte Anlagemöglichkeit vermittelt zu erhalten und der Wertpapierdienstleister dem Kapitalanleger die Anlagemöglichkeit auch vermittelt, ohne ihn tatsächlich zu beraten.

369 Unrichtig entschied insofern das OLG Oldenburg WM 1987, 169 (170), das dem Kapitalanleger die Darlegungslast dafür auferlegte, daß das Kreditinstitut eine Beratungsfunktion übernommen hat.

## 4. Abschnitt : Konkretisierung der Aufklärungspflichten eines Wertpapierdienstleisters bei der Anlagevermittlung

### A - Objektbezogene Konkretisierung der Aufklärungspflichten

Die Zweckdienlichkeit der in Frage stehenden Informationen für die Interessen des Kapitalanlegers im Sinne von § 31 II Nr. 1 WpHG beurteilt sich nach der Art der in Frage stehenden Anlagemöglichkeit. Die Aufklärung hat objektgerecht zu erfolgen[370].

Eine objektgerechte Aufklärungspflicht setzt voraus, daß es sich bei den in Frage stehenden Informationen um solche handelt, die für die vom Kapitalanleger zu treffende Anlageentscheidung bedeutsam und in diesem Sinn für die Interessen des Kapitalanlegers wesentlich sind.

#### I. Wesentliche Informationen des in Frage stehenden Geschäfts

Welche Informationen für die vom Kapitalanleger zu treffende Anlageentscheidung wesentlich sind, bestimmt sich ausschließlich anhand von objektiven Faktoren[371].
Nach einhelliger Ansicht sind wesentliche Informationen solche, die geeignet sind, den vom Aufzuklärenden verfolgten Vertragszweck zu vereiteln[372].

Der vom Kapitalanleger mit dem Erwerb von Kapitalanlagemöglichkeiten verfolgte Vertragszweck liegt in der Erwirtschaftung einer Rendite. Der Vertragszweck droht vereitelt zu werden, wenn bei der in Frage stehenden Anlagemöglichkeit der Eintritt eines Kapitalverlustes droht. Wesentlich für die Interessen des Kapitalanlegers sind daher Informationen, die sich auf das mit der in Frage stehenden Anlagemöglichkeit verbundene Verlustrisiko beziehen[373]. Das mit einer Anlagemöglichkeit verbundene Verlustrisiko läßt sich grundsätzlich danach differenzieren, ob es sich um ein der jeweiligen Anlagegruppe immanentes oder ein der konkreten Anlagemöglichkeit anhaftendes handelt[374].

---

370 BGH NJW 1993, 2433.

371 Vgl. Breidenbach S. 64.

372 Ständige Rechtsprechung des RG des BGH, etwa BGH WM 1971, 1097; BGH Z 60, 223; siehe auch Emmerich in MüKo, § 275 Rdnr. 47; Löwitsch in Staudinger Vorbem. Zu §§ 275 Rdnr. 23.

373 Vgl. etwa BGH ZIP 1994, 1102; OLG Düsseldorf NJW 1995, 404; Vortmann Rdnr. 305; vgl. auch Nr. 3.2 der Richtlinie des Bundesaufsichtsamts für den Wertpapierhandel zu den §§ 31, 32 WpHG.

374 Vgl. BGH NJW 1993, 2433; OLG Düsseldorf WM 1996, 1082 (1085); vgl. auch Nr. 3.2.1 bis 3.2.3 der Richtlinie des Bundesaufsichtsamts für den Wertpapierhandel, in denen exemplarisch wesentliche Umstände von Anlagegeschäften in bestimmten Produktgruppen benannt werden.

Wesentlich für die vom Kapitalanleger zu treffende Anlageentscheidung sind auch solche Informationen, die zwar nicht geeignet sind, den vom Kapitalanleger verfolgten Vertragszweck zu vereiteln, die für die vom Kapitalanleger zu treffende Anlageentscheidung aber in anderer Weise von herausragender Bedeutung sind[375]. Hierzu zählen Informationen über die wesentlichen Grundlagen des in Frage stehenden Geschäfts oder dessen wirtschaftlichen Zusammenhänge[376]. Hierzu zählen auch Informationen über die Möglichkeit, bestehende Anlagerisiken durch geeignete Maßnahmen zu begrenzen, etwa Aufträge zu limitieren[377]. Auch diese Informationen lassen sich allgemein danach differenzieren, ob sie für die jeweilige Anlagegruppe typisch sind oder sich auf die konkret in Frage stehende Anlagemöglichkeit beziehen.

Die abstrakte Bezeichnung der für die Anlageentscheidung des Kapitalanlegers wesentlichen Informationen soll anhand einer exemplarischen Betrachtung einiger typischer Produktgruppen von Anlagemöglichkeiten konkretisiert werden. Angesichts der Komplexität der jeweiligen Produktgruppen von Anlagemöglichkeiten ist eine auch nur annähernd abschließende Aufzählung aller wesentlichen Informationen der jeweiligen Produktgruppe im Rahmen dieser Arbeit ebenso wenig möglich, wie eine vollständige Erfassung der in Betracht kommenden Produktgruppen.

### 1. Festverzinsliche Wertpapiere

#### a) Allgemeine Verlustrisiken

aa) Bonitätsrisiko

Ein Verlustrisiko droht dem Kapitalanleger bei der Vermittlung festverzinslicher Wertpapiere grundsätzlich in Form des Bonitätsrisikos[378].

Die regelmäßig als Inhaberschuldverschreibungen gemäß § 793 BGB ausgestalteten festverzinslichen Wertpapiere[379] berechtigen die Inhaber der Papiere die Leistung nach Maßgabe des Versprechens der Aussteller zu verlangen, § 793 I S. 1 BGB. Konkret ist die Schuldverschreibung in Form des festverzinslichen Wertpapiers inhaltlich derart ausgestaltet, daß der Aussteller verspricht, den Nennwert des Papiers nach einem zuvor bestimmten Zeitraum an den Inhaber des Papiers

375 Vgl. Breidenbach S. 67.
376 Etwa BGH ZIP 1994, 1102; OLG Düsseldorf NJW 1995, 404
377 Nr. 3.2 Abs. I der Richtlinie des Bundesaufsichtsamts für den Wertpapierhandel zu den §§ 31, 32 WpHG.
378 Vgl. Hagenmüller/Diepen, 9. Auflage, S. 521; Gaulke S. 209.
379 Roth in Assmann, § 11 Rdnr. 22.

auszuzahlen und während der Laufzeit des Papiers regelmäßige Zinszahlungen auf den Nennwert zu leisten.

Das Bonitätsrisiko für den Inhaber der Schuldverschreibung ergibt sich daraus, daß der Aussteller während der Laufzeit des Papiers zahlungsunfähig werden kann und das Schuldversprechen deswegen nicht zu erfüllen vermag. Die Bedeutung des Bonitätsrisikos hängt mithin entscheidend von der wirtschaftlichen Situation des Emittenten ab.

*aaa) Inländische Schuldverschreibungen*

Das Bonitätsrisiko bei Schuldverschreibungen des Bundes, der Bundesländer oder der Gemeinden ist praktisch ausgeschlossen, da der Anspruch auf Rückzahlung des Nennwerts durch das gegenwärtige und zukünftige Vermögen sowie die Steuerkraft des Staates gesichert ist[380]. Das gleiche gilt für Sparkassenobligationen[381].

Auch Schuldverschreibungen von Banken in Form von Kommunalobligationen, Pfandbriefen und Schiffspfandbriefen weisen ein praktisch zu vernachlässigendes Bonitätsrisiko auf[382]. Gesetzliche Regelungen sichern die Wertbeständigkeit der Anlagemöglichkeit. Herausragende Bedeutung für die Bonitätssicherung kommt den §§ 7 und 41 HypBankG zu, in denen eine Umlaufgrenze für entsprechende Schuldverschreibungen normiert ist. Durch die in § 7 I S. 1 HypBankG genannte Umlaufgrenze ist der zulässige Gesamtbetrag der von Hypothekenbanken in Umlauf gesetzten Schuldverschreibungen von der vorhandenen Eigenkapitaldeckung abhängig. Der Gesamtbetrag der im Umlauf befindlichen Hypothekenpfandbriefe und Kommunalschuldverschreibungen einer Hypothekenbank darf den sechzigfachen Betrag des haftenden Eigenkapitals nicht übersteigen.

Sonstige Bankschuldverschreibungen werden emittiert, ohne daß ihre Emission spezialgesetzlichen Regelungen unterliegt. Für die Rückzahlung und Verzinsung haftet das Vermögen, also alle Aktivwerte des emittierenden Unternehmens. Das Bonitätsrisiko ist hier nicht ausgeschlossen, da das Aktivvermögen sich während der Gesamtlaufzeit der Schuldverschreibung von regelmäßig fünf bis fünfzehn Jahren[383] verringern kann und dem Emittenten zumindest theoretisch die Zahlungsunfähigkeit droht.

Schuldverschreibungen werden zum Teil auch von inländischen Industrieunternehmen in Form sogenannter Industrieobligationen emittiert. Da am deutschen Kapitalmarkt Industrieobligationen nur solcher Unternehmen zugelassen werden,

380 Claussen, § 9 Rdnr. 146; Gabler II, S. 1159.
381 Hagenmüller/Diepen, S. 521.
382 Vgl. Claussen § 9, Rdnr. 148.
383 Vgl. Claussen, § 9 Rdnr. 140.

die eine erstklassige Bonität mit ihrem Bekanntheitsgrad verbinden und das Marktsegment der sogenannten „Junk Bonds“ in Deutschland nicht besetzt ist[384], ist das Bonitätsrisiko für den Kapitalanleger auch hier nicht stark ausgeprägt. Gleichwohl gilt ebenfalls, daß aufgrund fehlender gesetzlicher Sondervorschriften die Bonität allein durch das Vermögen des Emittenten gesichert ist und daher ein nicht unbeachtlich zu lassendes Ausfallrisiko für den Kapitalanleger besteht.

Für die Frage der wesentlichen Umstände des in Frage stehenden Geschäfts folgt aus alledem, daß das Bonitätsrisiko für die vom Kapitalanleger zu treffende Anlageentscheidung dann von wesentlicher Bedeutung ist, wenn es sich bei der in Frage stehenden Anlagemöglichkeit um eine inländische Industrieobligationen oder Bankschuldverschreibung, nicht aber um einen Pfandbrief oder eine Kommunalschuldverschreibung handelt. Auch im Zusammenhang mit der Vermittlung inländischer öffentlicher Schuldverschreibungen hat das Bonitätsrisiko für die Interessen des Kapitalanlegers keine wesentliche Bedeutung.

*bbb) Ausländische Schuldverschreibungen*

Besonders ausgeprägt ist das Bonitätsrisiko regelmäßig bei ausländischen Schuldverschreibungen[385].

Ausländische Staatsanleihen sind überwiegend ebenso wie inländische durch das gegenwärtige und zukünftige Vermögen und die Steuerkraft des emittierenden Staates gesichert. Doch kann das Vermögen und die Steuerkraft der emittierenden Staaten aufgrund angespannter Staatshaushalte oder der politischen Situation je nach Emissionsland hohen Ausfallrisiken ausgesetzt sein[386].

Auch Schuldverschreibungen ausländischer Banken[387] und Wirtschaftsunternehmen[388], die am inländischen Markt gehandelt werden, können erhöhten Ausfallrisiken ausgesetzt sein. Das Bonitätsrisiko der Anleihen wird durch das gegenwärtige und zukünftige Vermögen des Emittenten sowie den gegebenen Sicherheiten bestimmt.

Für den Kapitalanleger ist das Ausfallrisiko ausländischer Schuldverschreibungen im Vergleich zu inländischen Schuldverschreibungen dadurch erhöht, daß die Bo-

384 Claussen § 9, Rdnr. 151.

385 Vgl. auch Roth in Assmann, § 12 Rdnr. 33.

386 Besonders hohe Renditen versprechen etwa Staatsanleihen mit ein bis dreijähriger Restlaufzeit der ehemaligen UdSSR (9.28 %), Brasiliens (7.36 %) oder Venezuelas (7.79 %), im Vergleich dazu durchschnittliche Rendite inländischer Staatsanleihen mit ähnlicher Restlaufzeit: 3.66 bis 4.25 %; Stand: 15.12.1995.

387 Z.B.: Ungarische Nationalbank.

388 Z.B.: Unilever, Uniroyal.

nität des ausländischen Emittenten von dem inländischen Vermittler der Anlagemöglichkeit ungleich schwerer beurteilt werden kann als die Bonität eines inländischer Emittenten[389]. Das Bonitätsrisiko ist auch dadurch erhöht, daß der Emittent ausländischer Schuldverschreibungen, die am inländischen Kapitalmarkt gehandelt werden, nicht dem Anwendungsbereich inländischer Gesetze unterfällt. Keine inländische Behörde hat die Emission der Schuldverschreibung zu genehmigen oder ist befugt, die Erlaubnis zu versagen. Die Wahrung des Anlegerschutzes liegt allein in den Händen der Konsortialbank, die die Plazierung der Anlage vornimmt[390].

Etwas anderes ergibt sich auch nicht daraus, daß DM-Auslandsanleihen zum amtlichen Handel an der Börse gemäß den Vorschriften der §§ 36 ff. BörsG zuzulassen sind. Denn die im Rahmen der Zulassung zum amtlichen Handel erfolgende Prüfung beschränkt sich gemäß § 36 III BörsG in Verbindung mit § 38 BörsG auf den Inhalt und die formale Vollständigkeit der Unterlagen des Emittenten, sowie auf solche Umstände, die der Zulassungsstelle als den Angaben entgegenstehend zur Kenntnis gekommen sind. Die im Rahmen der Zulassung erfolgende Prüfung des Emittenten ist keine Bonitätsprüfung[391].

Eine wesentliche Information für die Interessen des Kapitalanlegers, der den Erwerb einer ausländischen Schuldverschreibungen bedenkt, ist daher das allgemeine, im Vergleich zu inländischen Schuldverschreibungen grundsätzlich erhöhte Bonitätsrisiko. Wesentlich ist auch, warum das Bonitätsrisiko bei ausländischen Schuldverschreibungen besonders ausgeprägt ist.

*ccc) Tatsächliche Bedeutung*

Die praktische Relevanz des Bonitätsrisikos im Zusammenhang mit der Emission von ausländischen Schuldverschreibungen zeigte sich Anfang der 90iger Jahre, als gleich mehrere Emittenten zahlungsunfähig wurden. Bis zu diesem Zeitpunkt galten ausländische in D-Mark notierte Schuldverschreibungen als "Witwen- und Waisenpapiere"[392]. Es war zu keinem Ausfall einer börsennotierten ausländischen Schuldverschreibung gekommen.

Am 5. September 1990 setzte die inländische Börsenaufsicht die Notierung zweier 7,5 % Anleihen des australischen Unternehmers Alan Bond aus. Der Kurswert der Papiere war auf DM 26,- bei einem Nennwert von DM 100,- gefallen. Aufgrund eingetretener Zahlungsunfähigkeit des Unternehmers Alan Bond konnte der

389 Vgl. Sachverhalt bei BGH NJW 1993, 2433 (2434).
390 Claussen, § 9 Rdnr. 156.
391 Vgl. BGH NJW 1993, 2433 (2434).
392 Gaulke, S. 208.

Nennwert der Anleihen weder zum Ende der Laufzeit noch später an die Kapitalanleger ausgezahlt werden[393].

Nur wenige Monate später setzte die inländische Börsenaufsicht die Notierung der britischen Polly-Peck Anleihe aus[394]. Das Polly-Peck Unternehmen handelte als Mischbetrieb mit Früchten und Elektronikartikeln. Es wurde 1988 zum Börsenhandel in der Bundesrepublik zugelassen. Die wirtschaftliche Situation des Unternehmens wurde vom Kapitalmarkt zunächst sehr positiv bewertet[395]. Ende 1990 aber wurde auch das Polly-Peck Unternehmen zahlungsunfähig, so daß der Nennwert der Schuldverschreibung bis heute nicht an die Kapitalanleger ausgezahlt werden konnte[396].

bb) Kursschwankungen durch Zinsrisiko

Die Schuldverschreibungen des Bundes, der Bahn und der Post werden an allen Börsenplätzen zur amtlichen Notierung eingeführt. Länderanleihen werden an den Börsenplätzen der betreffenden Region plaziert. Auch Pfandbriefe und Kommunalobligationen sind börsenfähig. Bankschuldverschreibungen und Industrieobligationen werden zumindest zum Teil an einer oder mehreren Börsen zur Notierung eingeführt[397].

Mit der Börsennotierung sind die Papiere dem Risiko von Kursschwankungen unterworfen. Ursache für Kursschwankungen sind insbesondere Änderungen des allgemeinen Zinsniveaus am Kapitalmarkt[398]. Der Wert der Anleihe mit dem vom Emittenten zum Ausgabezeitpunkt festgesetzte Zinssatz ist von dem am variablen Kapitalmarkt gezahlten Zinsen abhängig. Zinssteigerungen am Kapitalmarkt im Vergleich zum üblichen Zinssatz zum Emissionszeitpunkt führen zu Kursverlusten. Ursache für Kursschwankungen sind auch sich ändernde Einschätzungen der wirtschaftlichen Bonität des Emittenten der jeweiligen Anleihe.

Gleichwohl begründet das Risiko von Kursschwankungen kein über das Bonitätsrisiko hinausgehendes Verlustrisiko für den Kapitalanleger. Denn der Emittent des Papiers hat den Nennwert zum versprochenen Fälligkeitstermin zurückzuzahlen. Der Kapitalanleger, der das Wertpapier zum Zeitpunkt der Ausgabe erwirbt und

393 Aus der Vielzahl der hierzu ergangenen Entscheidungen: BGH NJW 1993, 2433.
394 Aus den hierzu ergangenen Entscheidungen: OLG Braunschweig WM 1996, 1484 (1486); OLG Braunschweig WM 1994, 59; OLG Frankfurt a. M. WM 1994, 2106; LG Frankfurt a. M. WM 1992, 2138.
395 Rössner WuB I G 1. - 4.95 (400).
396 Zum Sachverhalt siehe OLG Düsseldorf WM 1994, 1468.
397 Claussen, § 9 Rdnr. 150, 151.
398 Vgl. Claussen § 9 Rdnr. 140.

bis zum Ende der Laufzeit behält, ist keinem Verlustrisiko durch Kursschwankungen ausgesetzt.

Für die Interessen des Kapitalanlegers ist die Kenntnis von dem Risiko von Kursschwankungen also dann nicht wesentlich, wenn er die Schuldverschreibung deren Laufzeit über zu behalten gedenkt[399].

**b) Sonstige allgemein wesentliche Informationen**

Wesentlich für die Interessen des Kapitalanlegers ist das sich aus dem Erwerb der Papiere ergebende Liquiditätsrisiko.

Die Laufzeit festverzinslicher Wertpapiere liegt zwischen fünf und fünfzehn Jahren[400]. Festverzinsliche Wertpapiere sind regelmäßig so ausgestaltet, daß sie während ihrer Laufzeit für die Gläubiger unkündbar sind[401]. Vereinbart wird regelmäßig eine mittelfristige Endfälligkeit für die gesamte Emission. Ist das Papier während der Laufzeit zeitweiligen Kursverlusten ausgesetzt, kann der Inhaber das Papier einerseits aufgrund der regelmäßig vereinbarten Bedingungen nicht kündigen, um den Nennwert vorzeitig ausbezahlt zu erhalten. Der Inhaber kann das Papier andererseits aber auch nicht ohne Kursverluste veräußern. Das von dem Kapitalanleger eingesetzte Kapital, also dessen Liquidität, ist gebunden, bis der Kurs des Papiers wieder auf dessen Nennwert steigt, längstenfalls also bis zu seiner Gesamtfälligkeit.

**c) Konkret wesentliche Umstände**

Wesentliche Informationen in Bezug auf die konkret in Frage stehende Anlagemöglichkeit sind solche, die der Konkretisierung der eben ausgeführten wesentlichen Informationen in Bezug auf die in Frage stehende Produktgruppe dienen.

Wesentlich für die vom Kapitalanleger zu treffende Anlageentscheidung sind insbesondere Informationen, die Rückschlüsse auf die Bonität des Emittenten erlauben.

Informationen aus wirtschaftlichen Fachkreisen, die sich auf die Bonität oder Seriosität eines Emittenten beziehen und Zweifel an dieser begründen, sind für den Kapitalanleger, der Schuldverschreibungen des Emittenten zu erwerben gedenkt, von herausragender Bedeutung. Um solche Informationen handelt es sich bei-

---

399 Vgl. Roth in FS für Kleiner S. 35; wesentlich kann die Information jedoch hinsichtlich eines sich daraus ergebenden Liquiditätsrisikos sein, dazu sogleich.

400 Claussen, § 9 Rdnr. 140; Hagenmüller/Diepen, S. 520.

401 Vgl. Claussen, § 9 Rdnr. 140.

spielsweise dann, wenn wirtschaftliche Fachkreise einen Emittenten als "stark angeschlagen" bezeichnen[402].

Andererseits sind solche Informationen für die Interessen des Kapitalanlegers nicht wesentlich, die auf keiner fachlichen Bewertung des in Frage stehenden Unternehmens beruhen, sondern sich in sonstiger Weise mit der in Frage stehenden Anlagemöglichkeit beschäftigen. Beispielsweise ist die Information, daß der führende Kopf des Emittenten einer Schuldverschreibung für ein einziges Gemälde von van Gogh 30 Mio. Pfund geboten und den Zuschlag erhalten hat, für die Beurteilung der Bonität des Emittenten nicht relevant[403]. Die Information erlaubt dem Kapitalanleger keine begründeten Rückschlüsse auf die zu treffende Anlageentscheidung.

Wesentlich für die vom Kapitalanleger zu treffende Anlageentscheidung sind die Veröffentlichungen sogenannter Rating-Agenturen, sofern die Veröffentlichungen Zweifel an der Bonität des untersuchten Unternehmens begründen.

Die Veröffentlichungen von Rating-Agenturen dienen dazu, das in Frage stehende Wertpapier in seiner Qualität zu bewerten[404]. Rating-Agenturen beurteilen anhand einer objektiven Betrachtung aller relevanten Umstände die Qualität einer konkreten Anlagemöglichkeit. Die Bewertung der Anlagemöglichkeit erfolgt auf Antrag[405] oder auch ohne Antrag des Emittenten[406]. Zur Bewertung verwendet die Rating-Agentur Symbole[407]. Papiere höchster Qualität werden als Aaa[408] oder AAA eingestuft[409]. Schlechte Papiere werden mit C[410] oder D[411] gekennzeichnet. Die Bewertung des Papiers erfolgt durch ein von der Rating-Agentur eingesetztes unabhängiges Analyseteam[412], das auf umfassende Datensätze und aktuell veröffentliche Informationen über den Emittenten zurückzugreifen vermag[413].

Die Veröffentlichungen begründen Zweifel an der Bonität des Unternehmens, wenn das Rating in Bezug auf den Emittenten der konkret in Frage stehenden

402 Vgl. insoweit zum Sachverhalt bei der Bond-Anleihe LG Hannover WM 1993, 201 (204).
403 A. A.: LG Frankfurt a. M. WM 1993, 194 (195).
404 Serfling/Pries Die Bank, 1990, 381; Ebenroth/Daum WM 1992, Sonderbeilage 5, S. 3.
405 Arendts, WM 1993, 229 (230).
406 Ebenroth/Daum WM 1992, Sonderbeilage 5, S. 3.
407 Arendts WM 1993, 229 (230).
408 So bei Moody's Investor's Service, siehe Ebenroth/Daum WM 1992, 2 (3).
409 So bei Standart & Poor's; Ebenroth/Daum WM Sonderbeilage 5, S. 3.
410 Moody's Investor's Service.
411 Standart & Poor's.
412 Arendts WM 1993, 229 (235).
413 Ebenroth/Daum WM 1992, Sonderbeilage 5, S. 3.

Schuldverschreibung negativ ausfällt. Auf Grundlage eines Beobachtungszeitraumes von 14 Jahren hat sich herausgestellt, daß es bei einem Rating von „AAA" bei 1,86 %, bei einem Rating von „BBB" bei 5, 8 % und bei einem Rating von „CCC" bei 49,8 % der betrachteten Fälle zu einer tatsächlichen Verwirklichung des Ausfallrisikos gekommen ist[414].

Allerdings ist die Veröffentlichung der Rating-Agentur für den Kapitalanleger nur dann von Bedeutung, wenn das veröffentlichte Rating auf einer zuverlässigen und aktuellen Überprüfung des Emittenten beruht. Veröffentlichungen regional tätiger Rating-Agenturen, deren Zuverlässigkeit in Frage steht, sind für die vom Kapitalanleger zu treffende Anlageentscheidung nicht von wesentlicher Bedeutung, da es sich um Meinungsäußerungen handelt, die keine verläßliche Grundlage für die zu treffende Entscheidung bilden können[415].

## 2. Aktien

### a) Allgemeine Verlustrisiken

aa) Bonitätsrisiko

Das den Erwerber von festverzinslichen Wertpapieren treffende Bonitätsrisiko trifft grundsätzlich auch den Erwerber von Aktien.

Das Ausfallrisiko inländischer börsennotierter Aktiengesellschaften wird dadurch begrenzt, daß die Notierung inländischer Aktien an der Börse deren Zulassung durch die Zulassungsstelle der Börse voraussetzt, § 37 I BörsG.

Die Zulassung zur Börse kann nur mit Hilfe eines Konsortiums von Börsenmitgliedern beantragt werden, die für die Seriosität des Antragstellers eintreten. Das Konsortium setzt sich aus Kreditinstituten zusammen, die an der Börse zugelassen sind. Die emittierende Aktiengesellschaft hat zudem einen Zulassungsprospekt vorzulegen, der detaillierte Angaben über die wirtschaftlichen und finanziellen Verhältnisse des Unternehmens zu enthalten hat, § 38 I Nr. 2 BörsG in Verbindung mit den §§ 13 bis 42 BörsZulVO. Die Zulassung erfolgt nach Prüfung der Unterlagen durch eine als Zulassungsstelle bezeichnete, an der Börse tätige Kommission auf inhaltliche Richtigkeit und Vollständigkeit des Prospekts, §§ 36 f. BörsG.

---

414 Wenzel WM 1996, 1608 (1611).

415 Vgl. Assmann WuB I G 4. - 6.93: "Da es keinem Meinungsmacher gestattet werden sollte, mit seinen Meinungsäußerungen mögliche zukünftige Anlegerprozesse zu beeinflussen, sollte man auch damit vorsichtig sein, generell für die Berücksichtigung von Rating - Veröffentlichungen zu plädieren."; andere Ansicht Arendts WM 1993, 229 (235).

In dem Zulassungsprospekt anzugeben sind unter anderem der Gegenstand des das Wertpapier emittierenden Unternehmens, § 18 Nr. 4 BörsZulVO. Zu benennen sind auch die jüngste Geschäftsentwicklung und die künftigen Geschäftsaussicht des Emittenten, § 29 I und § 29 II BörsZulVO.

Diese Umstände sind gewöhnlich geeignet, erste Aussagen über die Bonität des Emittenten zuzulassen. Das Zulassungsverfahren verhindert, daß unseriöse Anbieter oder rechtlich gar nicht existierende Aktien in den Börsenhandel gelangen und die mit solchen Papieren verbundenen Bonitätsrisiken den Kapitalanleger betreffen[416].

Allerdings sind die in dem Zulassungsprospekt zu veröffentlichenden und inhaltlich zu überprüfenden Informationen nicht geeignet, Bonitätsrisiken des emittierenden Unternehmens gänzlich auszuschließen[417]. Es ist weder Aufgabe noch Motivation der Börse, durch ihre Zulassungsstelle in eine materielle Beurteilung der wirtschaftlichen Situation der Gesellschaft einzutreten, deren Aktien zugelassen werden sollen[418]. Bei der sachlichen Beurteilung des Inhalts des Zulassungsprospekts berücksichtigt die Zulassungsstelle allein die vom Emittenten vorgebrachten Tatsachen. Die objektive Bonität des Unternehmens wird nicht geprüft[419].

Auch ist der Börsenzulassungsprospekt nicht geeignet, die wirtschaftliche Situation des Emittenten aktuell zu beurteilen[420]. Der Börsenzulassungsprospekt wird gemäß § 36 III Nr. 2 BörsG zum Zeitpunkt der Emission des Wertpapiers veröffentlicht. Die gemäß § 44 I Nr. 3 BörsG in Verbindung mit den §§ 53 f. BörsZulVO bestehende Pflicht zur periodischen Aktualisierung des Inhalts des Zulassungsprospekts durch Zwischenberichte des Wertpapierdienstleisters genügt nicht, um den Anforderungen einer zeitnahen und aktuellen Information über die Bonität des Unternehmens zu genügen. Auch die gemäß den §§ 63 ff. BörsZulVO bestehende Pflicht des Emittenten, fortlaufend Mitteilungspflichten zu erfüllen, ist nicht geeignet, die für die Anlageentscheidung des Kapitalanlegers wesentlichen Informationen zu beschaffen. Die Veröffentlichungspflichten beziehen sich allein auf unternehmerische Verwaltungsfragen, die für die vom Kapitalanleger zu treffende Anlageentscheidung von untergeordneter Bedeutung sind.

Das Bonitätsrisiko inländischer Aktiengesellschaften wird also durch das notwendige Zulassungsverfahren zur Notierung an der inländischen Börse begrenzt, nicht aber ausgeschlossen.

---

416 Zahn ZGR 1981, 101 (109).

417 Vgl. Raiser, § 9, Rdnr. 20.

418 Zahn ZGR 1981, 101 (109).

419 Vgl. OLG Celle WM 1993, 191 (193); Heinsius ZBB 1994, 47 (54).

420 Heinsius ZBB 1994, 47 (54); Schwark WuB I G 4. - 9.93; Escher-Weingart JZ 1994 104, (106).

Das Bonitätsrisiko börsennotierter Aktien wird weiterhin dadurch begrenzt, daß § 2 I S. 1 BörsZulVO eine Eigenkapitalausstattung von grundsätzlich zwei Millionen fünfhunderttausend Deutsche Mark vorschreibt. Ferner muß der Emittent der zuzulassenden Aktie grundsätzlich mindestens drei Jahre als Unternehmen bestanden haben, § 3 I BörsZulVO.

Aber auch die Eigenkapitalausstattung und die notwendige Bestandsdauer des Unternehmens des Emittenten schließen ein Bonitätsrisiko praktisch nicht aus, so daß das Bonitätsrisiko eine für den Erwerber von Aktien wesentliche Information bleibt[421]. Beispiele aus aktueller Zeit verdeutlichen, daß auch größere Unternehmen vor der Zahlungsunfähigkeit nicht bewahrt sind[422].

bb) Kursschwankungen

Den Erwerber von Aktien trifft weiterhin ein Verlustrisiko in Form von Kursschwankungen[423]. Die Ursachen für Kursschwankungen sind vielfältig und hängen sowohl von den allgemeinen Marktverhältnissen, nämlich der Konjunkturentwicklung und der Richtung der Wirtschaftspolitik als auch der konkret in Frage stehenden Anlagemöglichkeit, nämlich den Ertragsaussichten des Unternehmens, ab[424]. Generell gilt, daß eine sichere Kursprognose nicht möglich ist. Für den Kapitalanleger ist die Information wesentlich, daß ein Spekulationsrisiko nicht auszuschließen, sondern vielmehr der Anlage in Aktien immanent ist[425].

**b) Sonstige allgemein wesentliche Informationen**

Zeitweise zu verzeichnende Kursverluste aufgrund einer allgemeinen Marktschwäche können dazu führen, daß das vom Kapitalanleger eingesetzte Kapital nicht liquide ist, ohne daß Verluste verwirklicht werden müßten. Den Erwerber von Aktien kann daher auch ein Liquiditätsrisiko treffen[426].

---

421 Vgl. auch Nr. 3.2.2 Abs. I der Richtlinie des Bundesaufsichtsamts für den Wertpapierhandel zu den §§ 31, 32 WpHG.

422 Siehe etwa die Entwicklung bei Metallgesellschaft, KHD, Bremer Vulkan oder Escom, um nur einige zu nennen.

423 Vgl. etwa v. Heymann in Assmann, § 5 Rdnr. 96.

424 Vgl. Passow in Cramer/Rudolph S. 684.

425 Vgl. Nr. 3.2.2 Abs. I der Richtlinie des Bundesaufsichtsamts für den Wertpapierhandel.

426 Auch wenn der theoretische Zweck der Aktienbeteiligung in der Möglichkeit liegt, sich an einem Unternehmen zu beteiligen und gleichwohl liquide hinsichtlich der Investitionssumme zu bleiben, Claussen, § 9 Rdnr. 128.

Wesentlich ist auch die Information, daß Risiken durch Kursschwankungen zum Kauf- der Verkaufszeitpunkt durch die Möglichkeit von Preislimits zu begrenzen sind[427].

**c) Konkret wesentliche Umstände**

Wesentliche Umstände in Bezug auf die in Frage stehenden Aktien sind entsprechend der allgemeinen Risiken solche Umstände, die Rückschlüsse auf die Bonität des Emittenten zulassen und die im Hinblick auf Kursschwankungen eine Prognose der künftigen wirtschaftlichen Entwicklung der konkret in Frage stehenden Anlagemöglichkeit erlauben.

Wesentliche Informationen sind in diesem Sinn negative Tatsachen über das in Frage stehende Unternehmen, die sich auf die künftige Kursentwicklung auswirken können oder gar die Bonität der Aktiengesellschaft zweifelhaft erscheinen lassen[428]. Beispielsweise ist es für die Anlageentscheidung des Kapitalanlegers wesentlich, Kenntnis von dem Umstand zu haben, daß kurz zuvor ein Wassereinbruch in das Bergwerk der Aktiengesellschaft stattgefunden hat[429].

Wesentlich für die vom Kapitalanleger zu treffende Anlageentscheidung sind ferner sämtliche Informationen, die Zweifel an der Solidität und Ertragslage des jeweiligen Unternehmens begründen[430]. Auffällige, ungewöhnliche Kursentwicklungen in der Vergangenheit können darauf hindeuten[431].

Wesentliche Bedeutung für den Kapitalanleger haben weiterhin Informationen über den letzten, den gegenwärtigen oder den voraussichtlichen Kurs des Papiers[432]. Wesentlich ist auch die Ertragskraft des Unternehmens, die maßgeblichen Einfluß auf die künftige Kursentwicklung und damit die Rendite des Papiers nimmt[433]. Als Indikator zur Bewertung von Aktien eignet sich das Verhältnis des Gewinns je Aktie zum Börsenkurs (KGV)[434].

Besonders ausgeprägt ist das Kursrisiko bei Aktien, hinsichtlich derer Notierung eine Marktenge besteht. Kauf- und Verkaufsorder wirken sich hier schneller und unmittelbarer auf den Börsenkurs der Aktie aus. Eine verhältnismäßig kleine Gruppe von Kapitalanlegern kann den Börsenkurs durch gleichgerichtete Trans-

---

427 Roth in Assmann, § 12, Rdnr. 30.
428 Vgl. Werner/Machunsky S. 36.
429 So der Sachverhalt bei RG v. 03.02.1904, JW 1904, 167.
430 Vgl. Sachverhalt bei OLG Karlsruhe, WM 1989, 1380.
431 Vgl. Roth in Assmann § 12 Rdnr. 30.
432 Roth in Assmann § 12 Rdnr. 30.
433 Roth in Assmann § 12 Rdnr. 31
434 Henn Rdnr. 1593.

aktionen erheblich beeinflussen. Das Risiko der Kursmanipulation ist beträchtlich erhöht. Auch kann als Folge der Marktenge die praktische Möglichkeit der Veräußerlichkeit des Papiers beschränkt[435] und die Liquidität des investierten Kapitals weiter gefährdet werden.

### 3. Optionsscheine und Optionen

#### a) Allgemeine Verlustrisiken

aa) Ausfallrisiko wegen Laufzeit des Optionsscheins

Ein wesentliches Ausfallrisiko bei dem Geschäft mit Optionsscheinen ergibt sich für den Kapitalanleger aus den wirtschaftlichen und rechtlichen Eigenarten von Optionsscheingeschäften[436].

Der Inhaber des Optionsscheins hat die Möglichkeit (Option), innerhalb einer bestimmten Frist (Optionsfrist) zu einem vorher bestimmten Preis (Optionspreis) ein bestimmtes Basisgut zu erwerben[437]. Übt der Optionsscheininhaber das Optionsrecht innerhalb der bestimmten Frist nicht aus, verfällt der Optionsschein gemäß der üblichen Anlagebedingungen wertlos[438]. Nach Erwerb des Optionsscheins erfolgt kein Hinweis auf den Fälligkeitstermin durch den Emittenten oder einen Dritten. Die Kenntnis des Laufzeitrisiko ist für die Anlageentscheidung des Kapitalanlegers damit wesentlich.

bb) Leverage - Effekt

Ein besonderes Verlustrisiko droht dem Kapitalanleger beim Optionsscheingeschäft ferner durch den sogenannten Leverage - Effekt oder die Hebelwirkung des Optionsscheingeschäfts[439], die zu einem vollständigen Wertverlust des Optionsscheins noch während dessen Laufzeit führen kann[440]. Der Leverage - Effekt ist daher ebenfalls eine für die Anlageentscheidung des Kapitalanlegers wesentliche Information.

---

435 Roth in Assmann § 12 Rdnr. 33.

436 Wegner Optionsscheine als Anlagealternative 1985, S. 11 ff.; Kramer ZfK 1984, 890.

437 Vgl. BGH Z 92, 317 ff.; OLG Köln WM 1995, 697 (699); OLG Köln WM 1995, 381 (384).

438 Vgl. Jäger S. 226.

439 Vgl. dazu etwa OLG Frankfurt a. M. WM 1994, 543 (544); Schäfer Haftung für fehlerhafte Anlageberatung S. 93; Henssler S. 687; siehe auch Nr. 3.2.4 Abs. I der Richtlinie des Bundesaufsichtsamts für den Wertpapierhandel zu den §§ 31, 32 WpHG.

440 Vgl. OLG Frankfurt a. M. WM 1994, 543 (544).

Die Wirkung des Leverage - Effekts zeigt sich an folgendem Beispiel, wobei die zugrunde gelegten Zahlen beliebig austauschbar sind[441]:

Eine Aktie ist an der Börse für DM 200,- notiert. Das emittierende Unternehmen gibt einen Optionsschein heraus, der den Inhaber des Optionsscheins für die nächsten zwei Jahre die Möglichkeit gibt, die Aktie zum Kurs von DM 200,- zu kaufen. Der Preis des Optionsscheins beträgt DM 15,-. Optionsscheine werden regelmäßig in Kontrakten gehandelt, wobei ein Kontrakt 50 Scheinen entspricht. Im Beispiel kaufte S somit 100 Optionsscheine, die zum bevorrechtigten Kauf von 100 Aktien berechtigen. Zwei Optionskontrakte kosten mithin DM 1.500,-. Der Kurswert der Aktie entwickelt sich in der Folgezeit derart, daß die Aktie mit DM 220,- notiert wird. Der Kapitalanleger, der den Optionsschein zu diesem Zeitpunkt ausübt, erwirbt die Aktie weiterhin zum Kurs von DM 200,-, erhält hundert Aktien also zum Preis von DM 20.000,-. Da der tatsächliche Kurswert von hundert Aktien aber zwischenzeitlich bei 100 * 220 = 22.000,- liegt, ist der Optionsscheinkontrakt wenigstens DM 2.000,- wert. Für seine ursprünglich eingesetzten DM 1.500,-, erhielte der Kapitalanleger nunmehr bei Ausübung des Optionsscheins DM 2.000,-. Der Kapitalanleger erzielte also einen Gewinn von DM 500,-, was einer Rendite von 33 % entspricht. Der Kapitalanleger, der sein Geld statt in den Optionsscheinen unmittelbar in dem Basiswert, also den Aktien, angelegt hätte, hätte für den gleichen Betrag acht Aktien zum Kurswert von DM 200,- erhalten. Hätte er diese bei einem Kurswert von DM 220,- wieder verkauft, hätte er einen Gewinn von 8 * 20 = DM 160,- erzielt, was einer Rendite von 10 % entspricht. Der Kursausschlag des Optionsscheingeschäfts wäre dreimal höher als der Kursausschlag des Basiswerts. Der Leverage - Effekt beträgt daher drei.

So wie der Leverage - Effekt zu überproportionalen Kursgewinnen führt, kann er auch zu überproportionalen Verlusten führen, wenn der Basiswert während der Laufzeit des Optionsscheins fällt. Der Optionsschein verliert vollständig seinen Wert, wenn der Kurs des Basiswerts unter den Kurswert fällt, zu dem der Optionsschein zum Erwerb berechtigt.

Abstrakt berechnet sich der Leverage - Effekt aus dem Verhältnis des Aktienkurses und der Zahl der zu beziehenden Aktien zum Kurs des Optionsscheins. Das läßt sich in folgender Formel darstellen:

Leverage Faktor = Aktienkurs * Zahl der zu beziehenden Aktien / Kurs des Optionsscheins[442]

441 Zu diesem Beispiel Henssler S. 589; Gaulke S. 231.
442 Gaulke S. 234.

Je höher der Leverage - Faktor, desto größer ist der Hebeleffekt. Je größer der Hebeleffekt, desto höher sind die Gewinnchancen, aber auch die Verlustrisiken für den Kapitalanleger.

Im vorliegenden Beispiel hätte der Optionsschein konkret dann keinen Wert mehr, wenn der Basiswert bei DM 190,- notiert ist und eine künftige Kurssteigerung des Basiswerts nicht zu erwarten ist. Niemand wäre bereit, etwas für die Möglichkeit zu zahlen, Aktien für DM 200,- zu erwerben.

cc) Sinkender Zeitwert des Optionsscheins

Wesentlich, da ein Ausfallrisiko begründend, ist weiter die Information über das bei Optionsscheingeschäften allgemein drohende Risiko des sinkenden Zeitwerts des Optionsscheins[443]. Der gehandelte Marktwert des Optionsscheins setzt sich aus dessen inneren und seinem Zeitwert in Form des sogenannten Aufgelds zusammen[444]. Das Risiko des sinkenden Zeitwerts ist eine Folge des Aufgelds. Das Aufgeld drückt die Erwartung des Kapitalmarkts bezüglich der weiteren Kursentwicklung der dem Optionsschein zugrundeliegenden Aktien aus. Der Zeitwert des Optionsscheins sinkt, je kürzer der Zeitraum bis zum Verfallstag ist[445]. Mit abnehmender Restlaufzeit des Optionsscheins nimmt auch die Wahrscheinlichkeit ab, daß sich der Basiswert zugunsten des Optionsscheins positiv verändert. Kurz vor Fälligkeit des Optionsscheins weist der Optionsschein nur noch seinen inneren Wert auf, der Zeitwert des Optionsscheins ist null[446].

Der Zeitwert des Optionsscheins kann sogar einige Zeit vor Fälligkeit gegen Null tendieren, wenn der Kapitalmarkt nämlich mit einer Kurssteigerung des Basiswertes innerhalb des verbleibenden Fälligkeitszeit nicht rechnet[447].

**b) Sonstige allgemein wesentliche Informationen**

Wesentlich für die vom Kapitalanleger zu treffende Entscheidung, sich Optionsscheine vermitteln zu lassen, ist die Kenntnis von dem Umstand der mangelnde Transparenz des Marktes für Optionsscheine. Die mangelnde Transparenz des Marktes bedingt die Erhöhung des Risikos für den Kapitalanleger, eigenverant-

---

443 Vgl. dazu BGH BB 1995, 66; OLG Frankfurt a. M. WM 1994, 544; Drygala ZHR 159 (1995); 686 (716); Hellner/Steuer 7/355; Schäfer Haftung für fehlerhafte Anlageberatung S. 93; Nr. 3.2.3 Abs. I der Richtlinie des Bundesaufsichtsamts für den Wertpapierhandel.

444 Vgl. Schäfer Haftung für fehlerhafte Anlageberatung S. 93; Wach Rdnr. 109, 110.

445 Vgl. etwa Wach S. 58; Jäger, S. 216.

446 Potthoff WM 1993, 1319, 1322

447 So der Sachverhalt bei OLG Köln WM 1995, 382 (384); OLG Frankfurt a. M. WM 1993, 685 (686).

wortlich den für seine Interessen geeigneten Optionsschein nicht erkennen zu können.

Die mangelnde Transparenz des Optionsscheinmarktes ist die Folge der neueren Entwicklung der wirtschaftlichen Bedeutung von Optionsscheinen. Während der Optionsschein früher kombiniert mit einer Industrieanleihe emittiert wurde, um schwach verzinste Anleihen für den Kapitalanleger attraktiv zu gestalten, hat sich der Optionsschein in den achtziger Jahren weg von einem Instrument der Kapitalbeschaffung hin zu einem Spekulationsobjekt entwickelt. Optionsscheine werden zum Teil selbständig in Form von „naked-“ oder „covered-warrants“ ausgegeben, ohne daß ein Bezug zur Emission von Anleihen besteht[448].

Basis heutiger Optionsscheine sind darüberhinaus nicht mehr allein Anleihen oder Aktien. Basisgüter von Optionsscheinen sind verschiedenste Werte wie Währungen, Zinsinstrumente und Indizes[449]. Auf dem Markt sind Optionsscheine erhältlich, deren Ausübung und Wertentwicklung an verschiedenste Bedingungen geknüpft ist[450]. Der Erwerber von Optionen sieht sich einer immer breiter werdenden Palette von Ausübungspreisen und Verfallszeitpunkten ausgesetzt[451]. Im Verhältnis der Zunahme verschieden gehandelter Optionen und Optionsscheinen nimmt die Transparenz des Marktes für den Kapitalanleger ab. Das klassische Optionsscheingeschäft gibt es nicht mehr[452].

Wesentlich ist auch das im Zusammenhang mit Optionsscheinen ausgeprägte Liquiditätsrisiko[453]. Aufgrund der Vielzahl gehandelter Optionsscheine ist die Möglichkeit zum Handel der Optionsscheine am Markt zum Teil erheblich eingeschränkt.

---

448 Dazu Drygala ZHR 195 (1995), 687 (688, 689); Arendts Bank Magazin 3/95, 67; Schäfer Haftung bei der Anlageberatung und Anlagevermittlung S. 92.

449 Dazu Hartung EWiR § 276, 2/94; Niemann WM 1993, 777 (779); Potthoff WM 1993, 1319; umfassend zu den verschiedenen Formen angebotener Optionscheine, Arendts Bank Magazin 3/95 S. 67 f.

450 Ausführlich dazu Drygala ZHR 159 (1995); 686 (691).

451 Bertschinger S. 109 FN 488.

452 Drygala ZHR 159 (1995), 686 (687); Niemann WM 1993, 777 (779); Arendts Bank Magazin 3/95 S. 67 geht von 3.000 verschiedenen Formen von in DM gehandelten Optionsscheinen aus; Henssler S. 588.

453 Potthoff WM 1993, 1319 (1322); namentlich handelt es sich um sogenannte "naked warrants", van Look WuB I G 1. - 8.95 (610).

### c) Konkret wesentliche Umstände

aa) In Bezug auf das Laufzeitrisiko

Wesentlich für die vom Kapitalanleger zu treffende Anlageentscheidung sind solche Informationen, die das mit Optionsscheinen verbundene Laufzeitrisiko konkretisieren. Notwendig für den Kapitalanleger ist die Kenntnis des Fälligkeitstermins des konkret in Frage stehenden Optionsscheins.

Besonders ausgeprägt ist das Laufzeitrisiko im Zusammenhang mit bestimmten Optionsgeschäften, nach deren Bedingungen eine besonders kurze Laufzeit der Optionen gilt[454]. Der Zeitwert der Option kann hier innerhalb kürzester Zeit beträchtlich sinken. Erhebliche Kursschwankungen der Option innerhalb eines Tages sind keine Ausnahme. An die Prognosefähigkeit des Kapitalanlegers für zukünftige Marktentwicklungen werden entsprechend hohe Anforderungen gestellt[455]. Der Kapitalanleger, der solche Optionen hält, hat den Markt ständig und intensiv zu beobachten[456]. Seine Investitions- oder Verkaufsentscheidungen hat der Kapitalanleger innerhalb kürzester Zeiträume zu treffen.

bb) in Bezug auf Ausfallrisiko

Um das konkret bestehende Verlustrisiko einschätzen zu können, muß der Kapitalanleger notwendig Kenntnis von der Art der Ausgestaltung des in Frage stehenden Optionsscheins haben[457]. So muß dem Kapitalanleger bekannt sein, auf welcher Basis der Optionsschein gehandelt wird und ob dieser als naked warrant oder im Zusammenhang mit der Ausgabe einer Anleihe emittiert worden ist.

Je nach konkreter Ausgestaltung des in Frage stehenden Optionsscheins kann dieser zusätzliche anbieterspezifische Risiken aufweisen, deren Kenntnis für den Kapitalanleger ebenfalls notwendig ist[458].

Ein anbieterspezifisches Risiko besteht etwa in dem von einigen Optionsvermittlern geforderten Prämienaufschlag auf die vom Kapitalanleger zu zahlende Optionsprämie[459]. Die Optionsprämie entspricht der prognostizierten Kursentwicklung der Option durch den Handel[460]. Jeder Aufschlag auf die Optionsprämie führt also

454 Vgl. etwa Sachverhalt bei OLG Karlsruhe WM 1995, 1994 (1995).
455 Bertschinger S. 109 FN 488.
456 OLG Düsseldorf NJW 1995, 404 (405).
457 Vgl. Potthoff WM 1993, 1319 (1322).
458 Anlegerspezifische Risiken lagen etwa in den Sachverhaltskonstellationen bei BGH BB 1995, 64 (66) und OLG Frankfurt a. M. WM 1993, 685 (686) vor.
459 Vgl. Häuser/Welter in Assmann § 16, Rdnr. 274.
460 Etwa Drygala ZHR 159 (1995); 686 (724).

dazu, daß der Kursausschlag der Option höher ausfallen muß als die Entwicklung vom Kapitalmarkt vorhergesagt wird. Das Verlustrisiko für den Kapitalanleger steigt proportional zu der Höhe des vom Anlagevermittler verlangten Aufschlags. Jeder Aufschlag verschlechtert die Gewinnaussichten des Kapitalanlegers[461].

Wesentlich für die vom Kapitalanleger zu treffende Anlageentscheidung ist zum einen die Kenntnis von der Bedeutung des Prämienaufschlags für das konkret bestehende Ausfallrisiko, andererseits die Höhe des konkret verlangten Prämienaufschlags[462]. Unwesentlich ist die Kenntnis von dem erhobenen Prämienaufschlags für den Kapitalanleger ausnahmsweise nur dann, wenn der Prämienaufschlag so gering ist, daß er das Verlustrisiko im konkreten Fall tatsächlich nicht erhöht.

Zutreffend bewertet der BGH einen Prämienaufschlag von 11 % als nicht so geringfügig, daß er für den Kapitalanleger ohne Bedeutung wäre. Auch ein Prämienaufschlag in Höhe von 5 % erhöht das für den Kapitalanleger bestehende Ausfallrisiko noch beträchtlich, da die konkret in Frage stehende Anlagemöglichkeit zunächst um 5 % an Wert gewinnen muß, ehe der Anleger überhaupt aus dem Verlustbereich gelangt[463]. Selbst ein in der Praxis üblicher Prämienaufschlag von 1 % plus einem Sockelbetrag von DM 100,- kann für den Kapitalanleger im Hinblick auf das ihn treffende Verlustrisiko wesentliche Bedeutung haben, nämlich dann, wenn der Kapitalanleger eine geringe Anlagesumme investiert und die prozentuale Aufschlagprämie sich aufgrund des Sockelbetrags von DM 100,- dadurch unverhältnismäßig erhöht[464]. Investiert ein Kapitalanleger beispielsweise einen Betrag von DM 3.000,- hätte er DM 30,- (1 %) + DM 100,- (Sockelbetrag) = DM 130,- als Prämienaufschlag für jede Transaktion zu zahlen, was einer effektiven Aufschlagprämie von über 4 % entspricht[465].

Nur bei einer hohen Investitionssume, die den Prämienaufschlag aufgrund des Sockelbetrags nur geringfügig erhöht, ist ein banküblicher Prämienaufschlag von 1 % hinsichtlich des Verlustrisikos für den Kapitalanleger nicht wesentlich. Investiert ein Kapitalanleger beispielsweise einen Betrag von DM 100.000,- hätte er DM 1.000,- (1 %) + DM 100,- (Sockelbetrag) = DM 1.100,- als Prämienaufschlag zu zahlen, was einer Aufschlagprämie von 1,1 % entspricht. Ein Prämienaufschlag von um die 1 % ist marktüblich und als solcher bei der Bildung des Optionspreises vom Markt bereits mit berücksichtigt[466].

---

461 Vgl. so auch OLG Düsseldorf WM 1995, 1488 (1491); Drygala ZHR 159 (1995); 686 (724).

462 Vgl. so auch BGH NJW 1991, 1106.

463 So auch Bundschuh WM 1995, 249.

464 Vgl. Drygala ZHR 159 (1995); 686 (727).

465 So die Konstellation bei LG Düsseldorf WM 1995, 333 f.

466 So auch Drygala ZHR 159 (1995); 686 (726).

Wesentlich für die Kapitalanleger zu treffende Anlageentscheidung ist auch, welches konkrete Verlustrisiko sich für den Kapitalanleger ergibt, wenn er eine Vielzahl von Transaktionen unter Einsatz einer geringen Investitionssumme tätigt. Für jedes vermittelte Geschäft wird dem Kapitalanleger eine gesonderte Vermittlungsprovision berechnet. Bei häufigen Umschichtungen des Depots oder einer Vielzahl kleinerer Transaktionen droht eine Aufzehrung des investierten Kapitals allein durch die angefallenen Vermittlungsgebühren und Provisionen, sogenanntes churning[467].

## II. Mitteilungs- und Informationsbeschaffungspflicht

Wesentliche Informationen sind dem Kapitalanleger nur dann mitzuteilen, wenn der Schutzzweck der Vorschriften des WpHG dies erfordert. Ob und wann die Mitteilung der zweckdienlichen Informationen zur Wahrung der Interessen des Kunden und im Hinblick auf Art und Umfang des beabsichtigten Geschäfts bei der Anlagevermittlung erforderlich ist, konkretisiert das WpHG nicht[468]. Innerhalb des verbleibenden Prüfungsrahmens sind die rechtsdogmatischen Grundsätze zu Inhalt und Umfang von Aufklärungspflichten innerhalb eines beweglichen Systems zur näheren Konkretisierung heranzuziehen.

### 1. Tatsächlicher Informationsvorsprung

Innerhalb des beweglichen Systems von Aufklärungspflichten wird die Frage des Bestehens von Aufklärungspflichten durch das Kriterium der Möglichkeit der Aufklärung konkretisiert[469].

Die Möglichkeit zur Aufklärung wird maßgeblich dadurch bestimmt, ob der zur Aufklärung Verpflichtete über die in Frage stehende Information von sich aus verfügt oder ihn die Pflicht trifft, über die Informationen verfügen zu müssen.

Hat der Aufklärungspflichtige von sich aus Kenntnis von der in Frage stehenden Information, hängt die Frage der Aufklärungspflichten nur noch davon ab, ob der andere sich die in Frage stehende Information mit geringerem Aufwand selber verschaffen kann[470].

Das ist im Verhältnis des Wertpapierdienstleister zum Kapitalanleger nicht der Fall. Die Beschaffung jeglicher Informationen verursacht Transaktionskosten[471].

---

467 Vgl. dazu Sachverhalte bei BGH NJW 1994, 997 (998); OLG Düsseldorf WM 1995, 1488 (1493, 1494).

468 Siehe oben Abschnitt 1: B I. 2 a) dd).

469 Dazu Breidenbach S. 62.

470 Vgl. Breidenbach S. 70 f.

471 Arendts, Bankenhaftung S. 5; auch Rollinger S . 24.

Üblicherweise verfügt der Kapitalanleger nicht über die Informationen, die dem Wertpapierdienstleister von sich aus bekannt sind. Auch sind die Informationsbeschaffungskosten für den Kapitalanleger regelmäßig wesentlich höher als die Mitteilung der Informationen vom Wertpapierdienstleister an den Kapitalanleger Kosten verursacht.

Der Wertpapierdienstleister hat dem Kapitalanleger daher die wesentlichen Umstände über die in Frage stehende Anlagemöglichkeit mitzuteilen, die ihm positiv bekannt, dem Kapitalanleger aber unbekannt sind.

## 2. Nicht bekannte Informationen

Hat der Wertpapierdienstleister hingegen keine Kenntnis von den in Frage stehenden Informationen, stellt sich die Frage, ob er sich die für die Interessen des Kapitalanlegers wesentlichen Information durch Nachforschung zu beschaffen hat.

### a) Geringere Informationsbeschaffungskosten

Das hängt zunächst davon ab, ob der Aufklärungspflichtige sich die in Frage stehende Information unter dem Aufwand geringerer Kosten zu verschaffen vermag als der Aufzuklärende. Ist dem nicht so, führt eine den Aufklärungspflichtigen treffende Informationsbeschaffungspflicht zu gesamtgesellschaftlich ineffizienten Ergebnissen. Der zur Aufklärung Verpflichtete müßte höhere Ressourcen in Form von Transaktionskosten aufwenden als zur Informationsbeschaffung tatsächlich benötigt werden.

Grundsätzlich verfügt jede Partei über gleiche Zugriffsmöglichkeiten auf Informationen[472]. Im Zusammenhang mit Effektengeschäften aber sind die Informationsbeschaffungsmöglichkeiten für Wertpapierdienstleister gegenüber Kapitalanleger ausgeprägter[473]. Der Wertpapierdienstleister verfügt über Organisationsmöglichkeiten zur Erfassung und Auswertung von Informationen, die dem Kapitalanleger nicht zugänglich sind. Der Wertpapierdienstleister verfügt zudem regelmäßig über einen Informationsvorsprung im Hinblick auf die Eigenarten von Effektengeschäften, der es ihm erlaubt, wesentliche Informationen schneller und damit kostengünstiger zu beschaffen. Schließlich hat der Wertpapierdienstleister den Beschaffungsaufwand nur einmal zu betreiben und kann die erlangten Informationen gegenüber einer Vielzahl von Kapitalanleger verwenden, während er einzelne Kapitalanleger die Information allein für sich zu beschaffen hat. Der Kapitalanleger würde die Beschaffungskosten jedesmal erneut verursachen, wenn ein anderer Kapitalanleger die in Frage stehende Anlagemöglichkeit von dem Wertpapierdienstleister vermittelt erhalten möchte.

472 Breidenbach S. 71.
473 Vgl. Canaris, BankvertragsR, Rdnr. 1886.

Der Wertpapierdienstleister und nicht der Kapitalanleger ist daher grundsätzlich verpflichtet, die im Zusammenhang mit Effektengeschäften wesentlichen Informationen, die beiden Vertragsparteien unbekannt sind, zu beschaffen.

**b) Zumutbarer Beschaffungsaufwand**

Gleichwohl kann ein Wertpapierdienstleister nach einhelliger Ansicht nicht verpflichtet sein, sämtliche Informationen, die wesentlich, dem Wertpapierdienstleister aber unbekannt sind, zu beschaffen[474]. Der Schutzzweck des § 31 II WpHG besteht auch in dem reibungslosen Funktionieren des Wertpapiermarktes[475]. Das setzt voraus, daß der Wertpapierdienstleister die ihn treffenden Verhaltenspflichten zu erfüllen vermag. Daran fehlt es, wenn den Wertpapierdienstleister Informationsbeschaffungspflichten treffen, die vom Beschaffungsaufwand her unzumutbar sind. Die Beschaffung sämtlicher relevanter Informationen würde Transaktionskosten in erheblicher Höhe verursachen und den gesamtgesellschaftlich mit den Informationen verbundenen Nutzen bei weitem übersteigen.

aa) Funktionskreis des Anlagevermittlers

Unter welchen Voraussetzungen und in welchem Umfang den Wertpapierdienstleister die Pflicht zur Beschaffung von Informationen trifft, ist zunächst von dem Funktionskreis[476] abhängig[477], den der Wertpapierdienstleister gegenüber dem Kapitalanleger übernommen hat.

Der Funktionskreis des Anlagevermittlers ist durch die Notwendigkeit der Inanspruchnahme durch den Kapitalanleger zur Vermittlung von Kapitalanlagen geprägt. Die Funktion des Vermittlers besteht in der Vermittlung der in Frage stehenden Anlagemöglichkeit, nicht aber in der Aufklärung über mit der Anlagemöglichkeit verbundene Risiken[478]. Unter Beachtung allein des Funktionskreises des Anlagevermittlers wäre dieser daher nicht verpflichtet, sich Kenntnis von irgendwelchen Informationen zu verschaffen, über die er nicht verfügt, die für die Anlageentscheidung des Kapitalanlegers aber von wesentlicher Bedeutung sind[479].

bb) Schutzbedürftigkeit des Kapitalanlegers

Jedoch bedeutet ein bewegliches System von Aufklärungspflichten, daß ein Parameter innerhalb des beweglichen Systems das Fehlen von Verhaltenspflichten

474 Vgl. nur BGH WM 1992, 602; Roth in MüKo § 242, Rdnr. 17.
475 Oben Abschnitt 1 - B I. 1.a), cc).
476 Oben Abschnitt 3 - C II.
477 Vgl. Breidenbach S. 88.
478 Vgl. Canaris BankvertragsR, Rdnr. 1887.
479 Im Ergebnis eben so Breidenbach S. 88.

nicht abschließend zu begründen vermag. Erst aus dem Zusammenspiel der innerhalb des beweglichen Systems anzuwendenden Kriterien bestimmt sich im Einzelfall die jeweilige Aufklärungspflicht des Vertragspartners[480].

Im Zusammenhang mit der Vermittlung von Effektengeschäften widerspricht es der gesetzlichen Wertung des WpHG, wenn den Wertpapierdienstleister im Ergebnis keine Aufklärungspflichten gegenüber dem Kapitalanleger trifft, weil der Wertpapierdienstleister sich darauf beruft, über die in Frage stehenden Informationen selber nicht zu verfügen[481]. Die im Rahmen des WpHG zu beachtende Schutzbedürftigkeit des Kapitalanlegers und die effektiveren Zugriffsmöglichkeiten des Wertpapierdienstleisters auf Informationen begründen, warum der Wertpapierdienstleister auch dann verpflichtet ist, sich ein Mindestmaß an Informationen zu verschaffen, wenn er allein die Funktion der Vermittlung gegenüber dem Kapitalanleger übernommen hat[482]. Der Wertpapierdienstleister hat sich Kenntnis von den Informationen zu verschaffen, die es dem Kapitalanleger ermöglichen, eine eigenverantwortliche Anlageentscheidung zu treffen.

*aaa) Kenntnis wesentlicher Umstände der Produktgruppe*

Eine eigenverantwortliche Entscheidung des Kapitalanlegers setzt voraus, daß dem Kapitalanleger die wesentlichen Umstände der jeweiligen Produktgruppe bekannt sind[483]. Nur dann vermag der Kapitalanleger zu erkennen, welche Vor- und Nachteile mit dem Erwerb der Anlagemöglichkeit verbunden sind, die einer bestimmten Produktgruppe zuzuordnen ist.

Der die Funktion der Anlagevermittlung übernehmende Wertpapierdienstleister hat sich daher stets Kenntnis von den wesentlichen Informationen in Bezug auf die von ihm vermittelten Gruppen von Anlagemöglichkeiten zu verschaffen[484]. Praktisch wird der Wertpapierdienstleister bereits von sich aus über die Informationen verfügen, so daß ihn eine Informationsbeschaffungspflicht tatsächlich nicht trifft. Doch ist die Pflicht zur Beschaffung der Informationen im Ergebnis gleichwohl von praktischer Bedeutung. Der Vermittler von Kapitalanlagemöglichkeiten vermag den Maßstab der ihn treffenden Aufklärungspflichten nicht dadurch zu verringern, daß er vorgibt, keine Kenntnis von den wesentlichen Umständen der in Frage stehenden Anlagemöglichkeit gehabt zu haben.

---

480 Breidenbach S. 62.

481 Vgl. Drygala ZHR 159 (1995), 686 (720, 721); van Look ZBB 1995, (310); Jütten, Die Bank 1995, 221 (223); Kümpel Rdnr. 8.275; ders. WM 1995, 689 (692).

482 Vgl. Drygala ZHR 159 (1995), 686 (720); Rellermeyer ZBB 1995, 1981 (1987); Kümpel 8.275.

483 Jütten, Die Bank 1995, 221 (223).

484 Drygala ZHR 159 (1995), 686 (719 f.).

*bbb) Kenntnis wesentlicher Umstände konkreter Anlagemöglichkeit*

Voraussetzung dafür, daß der Kapitalanleger eine eigenverantwortliche Entscheidung über die ihm zu vermittelnde Anlagemöglichkeit zu treffen vermag, ist zudem, daß der Kapitalanleger Kenntnis von den wesentlichen Umständen der konkret in Frage stehenden Anlagemöglichkeit hat. Ohne Kenntnis der wesentlichen Umstände der konkret in Frage stehenden Anlagemöglichkeit vermag der Kapitalanleger nicht einzuschätzen, welche Risiken ihm bei Erwerb der Anlagemöglichkeit konkret drohen.

Entsprechend hat der Wertpapierdienstleister dem Kapitalanleger grundsätzlich auch die wesentlichen Informationen mitzuteilen, die sich auf das konkrete Anlageobjekt beziehen.

Allerdings bleibt die Frage, welchen konkreten Beschaffungsaufwand der Wertpapierdienstleister zu tätigen hat, um Kenntnis von den ihm nicht bekannten Informationen zu erlangen.

cc) Konkrete Anforderungen an Informationsbeschaffungsaufwand

Umfang und Grenzen der konkreten Informationsbeschaffungspflicht hängen entsprechend den Parametern des beweglichen Systems der Aufklärungspflichten von der Wesentlichkeit der zu recherchierenden Information und der Schwierigkeit der Ermittlung ab[485]. Je bedeutsamer die in Frage stehende Information für die Interessen des Kapitalanlegers ist, desto höher sind die Anforderungen an den Aufwand, den der Wertpapierdienstleister zur Beschaffung der Information zu betreiben hat.

Handelt es sich beispielsweise um Informationen, die das Bonitätsrisiko des Emittenten einer ausländischen Schuldverschreibung betreffen, sind die Anforderungen an den zu betreibenden Beschaffungsaufwand höher als wenn es um die Beschaffung von Informationen geht, die Rückschlüsse auf die kurzfristige Entwicklung des Kurses einer bestimmten inländischen Aktie erlauben.

Die Schwierigkeit der Informationsbeschaffung soll im folgenden anhand einiger typischer Informationsquellen exemplarisch untersucht werden. Die Betrachtung dient gleichzeitig der Verdeutlichung der Abhängigkeit der Beschaffungsbedürftigkeit von der Wesentlichkeit der in Frage stehenden Information.

---

485 Breidenbach S. 88.

*aaa) Börsenzulassungsprospekt*

Informationen über die konkret in Frage stehende Anlagemöglichkeit enthält der zugehörige Börsenzulassungsprospekt[486].

*(1) Wesentliche Informationen über konkrete Anlagemöglichkeit*

Bereits aus dem gesetzlich vorgeschriebenen Inhalt des Börsenzulassungsprospekts folgt, daß dieser notwendig Informationen über die zugrundeliegende Anlagemöglichkeit enthält, die für den Kapitalanleger von wesentlicher Bedeutung sind. Der Inhalt des Börsenprospekts bestimmt sich nach § 38 I Nr. 2 BörsG in Verbindung mit den §§ 13 bis 42 BörsZulVO. Danach hat der Börsenzulassungsprospekt Angaben über das zuzulassende Wertpapier (§§ 15 bis 17 BörsZulVO), über den Emittenten (§§ 18 bis 29 BörsZulVO), sowie über die Prüfung der Jahresabschlüsse (§§ 29 bis 32 BörsZulVO) zu enthalten[487].

*(2) Notwendiger Beschaffungsaufwand*

Der Aufwand für den Wertpapierdienstleister, sich Informationen über die in Frage stehende Anlagemöglichkeit aus dem veröffentlichten Börsenzulassungsprospekt zu beschaffen, ist gering.

Kosten fallen nur insoweit an, als sich der Wertpapierdienstleister den Prospekt zu verschaffen, ihn zu lesen und die darin enthaltenen Informationen an die Kapitalanleger weiterzugeben hat.

*(3) Bewertung*

Angesichts des geringen Beschaffungsaufwandes einerseits und der Wesentlichkeit der in dem Börsenzulassungsprospekt enthaltenen Informationen andererseits ist der Wertpapierdienstleister verpflichtet, bei der Vermittlung einer bestimmten Anlagemöglichkeiten jedenfalls die in dem Börsenzulassungsprospekt enthaltenen und für die Interessen des Kapitalanlegers wesentlichen Informationen zu berücksichtigen.

---

486 Siehe oben 4. Abschnitt A I. 2. a) aa); vgl. auch BGH NJW 1993, 2433; OLG Düsseldorf WM 1994, 1468; OLG Celle WM 1993, 191 (193); LG Hannover WM 1993, 201 (204); LG Frankfurt a. M., WM 1993, 196; Heinsius ZBB 1994, 47 (54); Raeschke-Kessler WM 1993, 1830 (1832); die den Börsenzulassungsprospekt als bedeutsame Informationsquelle für wesentliche Informationen über die in Frage stehende Anlagemöglichkeit beurteilen.

487 Im einzelnen oben 4. Abschnitt A I. 2. a) aa).

*bbb) Tagespresse und Fachliteratur*

Informationen über die konkret in Frage stehende Anlagemöglichkeit enthalten auch Veröffentlichungen in der Fachliteratur und der Tagespresse[488].

*(1) Wesentliche Informationen über konkrete Anlagemöglichkeit*

In der Tagespresse und Fachliteratur werden aktuelle Informationen veröffentlicht, die kurzfristig Rückschlüsse auf die Bonität des Emittenten der in Frage stehende Anlagemöglichkeit erlauben.

Im Zusammenhang mit der Bond - Anleihe[489] erschienen beispielsweise Berichte über die hohe Verschuldung der Bond-Unternehmensgruppe in der „Financial Times" vom 20. Oktober 1988 und vom 21. Oktober 1988[490]. Berichtet wurde, daß die Bond Corporation den Verkauf von Vermögensgegenständen zur Verringerung der Verschuldenssituation für erforderlich gehalten hat. Auch das „Handelsblatt" hatte Berichte über die bedenklich hohen Verbindlichkeiten der Bond-Gruppe veröffentlicht[491]. Das „Handelsblatt" führte unter anderem aus, falsche Angaben über Aktienwerte der Firmen der Alan Bond Gruppe hätten zu Ermahnungen durch die Wertpapieraufsichtsbehörden in Hongkong geführt, woraufhin der Aktienkurs des Bond - Unternehmens von 5 HK - Dollar auf 1, 57 HK - Dollar gefallen sei. Die „Frankfurter Allgemeine Zeitung" berichtete am 14. November 1988 über die Bond - Unternehmensgruppe, die große Mehrzahl der australischen Finanzanalysten würde die Finanzierung der Bond - Unternehmensgruppe für fragwürdig halten und vor dem Kauf der Bond - Aktie warnen. Die Analysten betonten, daß die Bond - Gruppe ihre hohe Fremdverschuldung reduzieren sollte.

Entsprechende Informationen sind für jeden Kapitalanleger von herausragender Bedeutung. Er muß wissen, welchen Risiken er bei dem Kauf bestimmter Wertpapiere ausgesetzt ist und erwartet daher auch, daß er darüber aufgeklärt wird, ob und wodurch der von ihm verfolgte Vertragszweck gefährdet werden könnte.

Andererseits sind Informationen aus der Tagespresse und der Fachliteratur für die Interessen des Kapitalanlegers nur dann bedeutsam, wenn die Informationen auf

---

488 Vgl. nur etwa BGH NJW 1993, 2433 (2434);OLG Braunschweig WM 1996, 1484 (1485); OLG Düsseldorf WM 1994, 1468; LG Hamburg WM 1993, 196 (200); LG Hannover WM 1993, 201 (204); wo jeweils in der Fachliteratur und Tagespresse warnende Hinweise über die in Frage stehende Anlagemöglichkeit erschienen waren.

489 Bekannt geworden durch die Bond-Entscheidung des BGH NJW 1993, 2433.

490 Vgl. im einzelnen die ausführliche Sachverhaltsdarstellung des LG Hamburg WM 1993, 196 (197).

491 Handelsblatt vom 24. Oktober 1988 und vom 7. November 1988.

einer fachkundigen und zuverlässigen Berichterstattung und Recherche beruhen. Informationen durch Medien, deren Qualität und Objektivität der Berichterstattung zweifelhaft erscheint, sind für den Kapitalanleger von geringem Interesse, da aus solchen Informationen keine zuverlässigen Rückschlüsse gezogen werden können[492].

Der Wertpapierdienstleister hat daher grundsätzlich nur die Medien zu berücksichtigen, die als objektiv und qualitativ zuverlässig gelten. Hierzu zählen die überregionalen Tageszeitungen mit umfangreichen Wirtschaftsteil[493], insbesondere die Börsenpflichtblätter[494], nicht aber die Boulevardpresse. Entsprechendes gilt für die internationale Presse. Von dem Wertpapierdienstleister sind nur die internationalen Zeitungen zu berücksichtigen, die in ihrer Qualität den Anforderungen an die inländischen Tageszeitungen entsprechen.

Veröffentlichungen in Fachzeitschriften sind zu berücksichtigen, sofern die Fachzeitschrift nicht gezielt bestimmte Interessen verfolgt und dadurch die objektive Zuverlässigkeit der veröffentlichten Informationen fraglich ist. Der Wertpapierdienstleister hat aus dem Grund den „Gerlach-Report“ nicht als Informationsquelle seiner Aufklärungstätigkeit zu berücksichtigen[495].

Die Bedeutung der in Frage stehenden Informationen wird zudem durch die individuellen Anlageinteressen des Kapitalanlegers bestimmt. Der Kapitalanleger etwa, der den Erwerb einer inländischen Industrieobligation erstrebt und diese bis zum Ende ihrer Laufzeit zu behalten gedenkt, benötigt keine Informationen, die ausschließlich in der amerikanischen Ausgabe der Financial Times veröffentlicht sind. Der Anleger hingegen, der den Erwerb einer Industrieanleihe aus Hongkong bedenkt, ist auf Informationen aus der internationalen Fachpresse angewiesen.

*(2) Beschaffungsaufwand*

Zu unterscheiden sind allgemein zugängliche Medien, wie beispielsweise inländische Tageszeitungen[496], mit höherem Aufwand zugängliche Medien, wie beispielsweise die internationale Tagespresse[497] und die nur im Ausland zugänglichen

---

492 Vgl. Assmann WuB I G 4. - 93.

493 Vgl. OLG Braunschweig WM 1996, 1484 (1485); Kümpel WM 1995, 689 (692); Heinsius ZBB 1994, 47 (53); Raeschke-Kessler WM 1993, 1831 (1832); die Wertpapierdienstleister als verpflichtet ansehen, solche zu berücksichtigen.

494 Vgl. Arendts JuS 1994, 915 (917).

495 Vgl. Assmann WuB I G 4 - 93.

496 Vgl. BGH WM 1993, 2433 f., wo die in Frage stehenden Informationen unter anderem im „Handelsblatt“ und der „Frankfurter Allgemeinen Zeitung“ veröffentlicht worden sind.

497 Raeschke-Kessler WM 1993, 1831 (1832); die hieraus gezogene Schlußfolgerung ist insofern verfehlt, als es sich bei dem die Bond-Problematik betreffenden Artikel um

Informationsquellen, wie beispielsweise internationale Regionalausgaben von Tageszeitungen[498].

Der Beschaffungsaufwand für Informationen über in Frage stehende Anlagemöglichkeiten ist gering, wenn der Wertpapierdienstleister allein die inländische Wirtschaftspresse auszuwerten hat. Die Datenerfassung und Vermittlung an die Mitarbeiter des Wertpapierdienstleisters erfordert unter Berücksichtigung der heutigen technischen Möglichkeiten einen geringen Personal- und Zeitaufwand.

Auch die Berücksichtigung der internationalen Tagespresse, die in der Bundesrepublik Deutschland vertrieben wird, ist mit vergleichsweise geringem Beschaffungsaufwand verbunden. Die Kosten der Datenerfassung sind im Vergleich zur inländischen Tagespresse aufgrund der Transportkosten und des damit verbundenen erhöhten Verkaufspreises zwar leicht erhöht. Auch verursacht die Informationserfassung vergleichsweise höhere Kosten, weil die Anforderungen an die Mitarbeiter, die die internationale Presse auswerten, aufgrund der sprachlichen Schwierigkeiten höher sind. Doch weichen die Kosten insgesamt nicht erheblich von den Informationsbeschaffungskosten bei der Berücksichtigung der in inländischen Tageszeitungen veröffentlichten Informationen ab.

Höher ist der Beschaffungsaufwand, wenn internationale Publikationen, die im Inland nicht veröffentlicht werden, zu berücksichtigen sind. Insbesondere die Transportkosten für die nur im Ausland vertriebenen Medien liegen höher, als die Berücksichtigung der im Inland vertriebenen Zeitungen Kosten verursacht.

*(3) Bewertung*

Im Hinblick auf die herausragende Bedeutung des Bonitätsrisikos für die Interessen des Kapitalanlegers und den im Verhältnis hierzu geringen Informationsbeschaffungskosten für den Wertpapierdienstleister, hat dieser sämtliche Informationen zu berücksichtigen, die in der inländischen Wirtschaftspresse zu der in Frage stehenden Anlagemöglichkeit veröffentlicht werden und Rückschlüsse auf die Bonität und damit das Ausfallrisiko der jeweiligen Anlagemöglichkeit erlauben[499]. Besteht bei der in Frage stehenden Anlagemöglichkeit kein Bonitätsrisiko, besteht mangels Wesentlichkeit der zu erlangenden Informationen auch keine Pflicht für den Wertpapierdienstleister, die Wirtschaftspresse insoweit auszuwerten.

---

einen solchen handelt, der allein in der amerikanischen Ausgabe der Financial Times erschien, Schäfer, Haftung S. 73.

498 Vgl. LG Hannover WM 1993, 201 (204), Information war ausschließlich in der amerikanischen Ausgabe der „Financial Times“ abgedruckt.

499 Vgl. auch Heinsius ZBB 1994, 47 (53).

Handelt es sich bei der in Frage stehenden Anlagemöglichkeit um ein ausländisches Papier, hat der Wertpapierdienstleister im Hinblick auf die besondere Bedeutung für die Interessen des Kapitalanlegers zusätzlich auch internationale Publikationen zu beachten, unabhängig davon, ob diese im Inland vertrieben werden oder nicht[500].

In der Rechtsprechung und dem Schrifttum läßt sich in diesem Zusammenhang die Tendenz erkennen, den Umfang der den Wertpapierdienstleister treffenden Informationsbeschaffungspflichten von der Größe und den finanziellen Möglichkeiten des jeweiligen Wertpapierdienstleisters abhängig zu machen[501].

Dem steht jedoch der rechtliche Schutzzweck der den Wertpapierdienstleister treffenden Informationsbeschaffungspflichten entgegen. Der Kapitalanleger muß grundsätzlich auf die Vollständigkeit der ihm mitzuteilenden Informationen vertrauen können, ohne eigene Erkundungen anstellen zu müssen[502].

Ein kleinerer Wertpapierdienstleister, der finanziell und organisatorisch nicht in der Lage ist, sich Informationen aus der internationalen Wirtschaftspresse zu verschaffen, hat die Übernahme der Vermittlungstätigkeit im Hinblick auf solche Anlagemöglichkeiten abzulehnen, über die nur in der internationalen Wirtschaftspresse des Emissionslandes berichtet wird. Der Wertpapierdienstleister, der den mit der Beratungstätigkeit verbundenen hohen Kostenaufwand und die Gefahr der lückenhaften Unterrichtung des Kapitalanlegers scheut, hat Fragen des Kunden nach entsprechenden Anlagemöglichkeiten mit dem Hinweis auf das Risiko der von ihr nicht einzuschätzenden Bonität des Emittenten zu beantworten[503].

*ccc) Rating-Agenturen*

Informationen über die konkret in Frage stehende Anlagemöglichkeit lassen sich auch den Veröffentlichungen der sogenannten Rating-Agenturen entnehmen.

*(1) Wesentliche Informationen über konkrete Anlagemöglichkeit*

Rating - Veröffentlichungen erlauben Rückschlüsse auf die Bonität der von der Rating - Agentur untersuchten Unternehmen und damit auch auf die von diesen

500 Vgl. Kümpel WM 1995, 689 (692); Raeschke-Kessler WM 1993, 1831 (1832); der erste kritische Beitrag über die Bond - Anleihe ist beipsielsweise nicht in einer bundesdeutschen Publikation, sondern in der amerikanischen Ausgabe der Financial Times erschienen, dazu Schäfer, Haftung bei der Anlageberatung und Vermögensverwaltung, S. 73.

501 Vgl. etwa LG Frankfurt a. M. WM 1993, 194 (195); LG Traunstein WM 1993, 207 (209).

502 Vgl. auch Escher-Weingart JZ 1994, 104 (105); OLG Köln NJW 1986, 725 (726).

503 BGH NJW 1993, 2433 (2434).

Unternehmen emittierten Anlagemöglichkeiten[504]. Rating - Veröffentlichungen sind deshalb für die Kapitalanleger, die eine mit einem Bonitätsrisiko behaftete Anlage erwerben wollen, von herausragender Bedeutung.

Die praktische Bedeutung der Veröffentlichungen von Rating-Agenturen im Hinblick auf die für den Kapitalanleger wesentlichen Informationen zeigt sich exemplarisch im Zusammenhang mit der Bond-Anleihe. Die australische Rating-Agentur *Australian Ratings* beurteilte die Bond-Anleihe bereits im Jahr 1988 als BB, also spekulativ. Im Dezember 1988 erfolgte eine weitere Herabstufung auf B und im April eine erneute Herabstufung auf CCC, also hoch spekulativ[505]. Die Kenntnis von der Einordnung der Bond-Anleihe durch eine angesehene Rating-Agentur als hoch spekulativ war für den Erwerber einer Bond-Anleihe von geradezu herausragender Bedeutung.

*(2) Beschaffungsaufwand*

Die Kosten der Beschaffung von Informationen, die durch Rating-Agenturen veröffentlicht werden, hängen von der Organisation der jeweiligen Rating-Agentur ab.

Regelmäßig veröffentlichen Rating-Agentur das Rating über bestimmte Anlagemöglichkeiten in eigenen Publikationen. Rating Veröffentlichungen können im Abonnement bestellt oder einzeln nachgefragt werden. Zunehmend verbreiten Rating-Agenturen ihre aktuellen Mitteilungen auch über elektronische Medien[506].

Wertpapierdienstleister die die Rating-Veröffentlichungen aus finanziellen Gründen nicht im Abonnement beziehen und regelmäßig auswerten wollen, haben die kostengünstigere Möglichkeit, je nach Bedarf gezielt nach dem Rating einer bestimmten Anlagemöglichkeit zu fragen und ihren Kunden danach zu beraten.

Die Kosten einer Berücksichtigung von Ratings über die in Frage stehende Anlagemöglichkeit durch den Wertpapierdienstleister sind im übrigen dadurch begrenzt, daß die Anzahl qualitativ anerkannter Rating - Agenturen beschränkt ist. Marktführer unter den Rating-Agenturen sind die amerikanischen Agenturen *Standard & Poor's* und *Moody's Investor's Service*. Die einzige erfolgreiche europäische Rating-Agentur ist die Londoner *IBCA Ltd.*[507]. Die drei Agenturen teilen den internationalen Rating-Markt praktisch unter sich auf. Weitere Agenturen mit überregionaler Bedeutung bestehen nicht.

---

504 Vgl. Abschnitt 4 - A I 1. c).
505 Zu dieser Entwicklung Arendts WM 1993, 229.
506 Dazu Everling Credit Rating durch internationale Agenturen, 102.
507 Ebenroth/Daum WM 1992 Sonderbeilage 5, S. 2.

Die hierneben vorhandenen ungefähr ein Dutzend Rating-Agenturen, haben nur lokale Bedeutung und bieten Ratings regelmäßig nur für ausgewählte Spezialwerte an[508]. Entsprechend hat der Wertpapierdienstleister die Veröffentlichungen dieser Agenturen nur dann zu berücksichtigen, wenn er in seinem Beratungsprogramm die Vermittlung der entsprechenden Spezialtitel aufgenommen hat.

Zu beobachten ist seit 1991 auch der Trend, daß sich eine Vielzahl kleinerer Rating-Agenturen zu größeren zusammenschließen, so daß die Gesamtzahl der am Markt tätigen Rating-Agenturen stetig abnimmt[509]. Auch hierdurch sinken die Beschaffungskosten für den inländischen Wertpapierdienstleister.

*(3) Bewertung*

Im Hinblick auf die herausragende Bedeutung der in den Veröffentlichungen der Rating - Agenturen enthaltenen Informationen über das Bonitätsrisiko des untersuchten Unternehmens und den im Verhältnis hierzu begrenzten Informationsbeschaffungsaufwand für den Wertpapierdienstleister, hat der Wertpapierdienstleister sämtliche Informationen zu berücksichtigen, die von als zuverlässig anerkannten Rating - Agenturen über die in Frage stehende Anlagemöglichkeit zeitnah veröffentlicht werden[510]. Wertpapierdienstleister, die Kapitalanleger 1989 Bond-Anleihen vermittelt haben, waren beispielsweise verpflichtet, die negativen Veröffentlichungen der *Australian Ratings* bei ihrer Aufklärungstätigkeit zu berücksichtigen[511].

**B - Anlegerbezogene Konkretisierung der Aufklärungspflichten**

Die Zweckdienlichkeit der in Frage stehenden Information für die Interessen des Kapitalanlegers beurteilt sich zudem nach dem Kenntnisstand des Kapitalanlegers (I.) und den von ihm verfolgten Anlagezweck (II.).

508 Vgl. dazu Liste bei Everling Die Bank 1991, 151 (155), in der sich eine Auflistung der nationalen oder internationalen Ausrichtungen von Rating-Agenturen findet.

509 Vgl. die Auflistung aller Rating-Agenturen mit Stand 21.11.1994 im Handelsblatt, in der zwölf Agenturen gezählt werden, während Everling in Die Bank, 1991, 151 (155) noch die doppelte Anzahl zählte.

510 Vgl. etwa BGH WM 1993, 2433; LG Frankfurt a. M. WM 1992, 1768 (1772); Arendts, WM 1993, 229 (230); Ebenroth/Daum WM 1992, Sonderbeilage 5; andere Ansicht Hartung EWiR 1992, 1060; zurückhaltend auch van Look WuB I G 1. - 3.95.

511 LG Itzehoe WM 1993, 205; Scharrenberg Sparkasse 1993, 490 (491); Raeschke-Kessler WM 1993, 1830 (1832).

## I. Individueller Kenntnisstand des Kapitalanlegers

Die objektbezogene Konkretisierung der einen Wertpapierdienstleister treffenden Aufklärungspflichten erfolgte unter der Prämisse, daß die mitzuteilenden Informationen dem aufzuklärenden Kapitalanleger zum Zeitpunkt der Vermittlungstätigkeit unbekannt gewesen sind. Zweckdienlich für die Interessen des einzelnen Kapitalanlegers im Sinne des § 31 II WpHG sind nur solche Informationen, die dem Kapitalanleger bei einer ex ante Betrachtung von sich aus nicht bekannt gewesen sind. Auch eine sich aus den Voraussetzungen der pVV und c.i.c. ergebende Aufklärungspflichten besteht nur dann, wenn der Vertragspartner zum Zeitpunkt der Vermittlungstätigkeit konkret aufklärungsbedürftig gewesen ist[512]. Den Wertpapierdienstleister trifft folglich keine Aufklärungspflicht, wenn dem Kapitalanleger die wesentlichen Umstände des in Frage stehenden Geschäfts bereits bekannt gewesen sind[513].

Fraglich aber ist, wann der Wertpapierdienstleister von einem entsprechenden Kenntnisstand des Kapitalanlegers ausgehen kann, der Aufklärungspflichten des Wertpapierdienstleisters entfallen läßt.

### 1. Kenntnis vom Wissenstand des Kapitalanlegers

Kennt der Wertpapierdienstleister den tatsächlichen Informationsstand des Anlegers, hat er dem Kapitalanleger nur die Informationen mitzuteilen, die dem Kapitalanleger noch unbekannt sind.

Allerdings ist es im Massengeschäft der Anlagevermittlung der Ausnahmefall, daß dem Wertpapierdienstleister der tatsächliche Kenntnisstand des Kapitalanlegers in Bezug auf das Anlageobjekt bekannt ist.

512 Aus der Fülle der Entscheidungen und Stellungnahmen etwa BGH NJW 1993, 2433; BGH NJW 1982, 1095 (1096); OLG Braunschweig WM 1996, 1484 (1485); OLG Schleswig WM 1996, 1487; OLG Köln WM 1995, 697 (698) OLG Frankfurt a. M. WM 1995, 245 (247); OLG Braunschweig WM 1994, 59; OLG Celle WM 1993, 191 (192); OLG Stuttgart WM 1990, 628 (630); Kümpel WM 1995, 689 (692); Vortmann ÖBA 1994, 579 (583); Schäfer Haftung für fehlerhafte Anlageberatung S. 69; Raeschke-Kessler WM 1993, 1830 (1834); Lachmair DA 1994, 183 (184).

513 BGH NJW 1993, 2433 (2434); OLG Köln WM 1995, 381 (384); OLG Frankfurt a. M. WM 1994, 542 (544); LG Osnabrück WM 1995, 483 (486); AG Frankfurt a. M. WM 1995, 700 (701); Raeschke-Kessler WM 1995, 1830 (1833); vgl. auch Nr. 3.1. Abs. 1 S. 3. der Richtlinie des Bundesaufsichtsamts für den Wertpapierhandel zu den §§ 31, 32 WpHG.

### a) Langjährige Geschäftsbeziehung

Kenntnis von dem tatsächlichen Kenntnisstand des Kapitalanlegers kann der Wertpapierdienstleister etwa aus einer langjährigen Geschäftsbeziehung mit dem Kapitalanleger gewonnen haben[514]. Dies gilt jedenfalls dann, wenn der Wertpapierdienstleister den Kapitalanleger in der Vergangenheit bereits einmal mit den wesentlichen Umständen bestimmter Anlagegruppen vertraut gemacht hat.

### b) Objektives Auftreten des Kapitalanlegers

Kenntnis von dem tatsächlichen Kenntnisstand des Kapitalanlegers kann der Wertpapierdienstleister auch durch das objektive Auftreten des Kapitalanlegers erlangen[515]. Voraussetzung hierfür ist, daß sich bei einer objektiven Betrachtung des gesamten Auftretens des Kapitalanlegers ohne Zweifel ergibt, daß der Kapitalanleger ausreichend über die wesentlichen Umstände der in Frage stehenden Produktgruppe informiert ist.

Praktisch ist das nur der Fall, wenn der Kapitalanleger die wesentlichen Umstände der in Frage stehenden Produktgruppe von sich aus benennt oder sich aus der von dem Kapitalanleger verfolgten Anlagestrategie ein solches Wissen ableiten läßt.

Ein Kapitalanleger beispielsweise, der angibt, er wolle mit der von ihm beabsichtigten ausländischen Anlagemöglichkeit die Quellensteuer sparen, hat nicht unbedingt ausreichende Kenntnis von den wesentlichen Umstände der Produktgruppe ausländischer Schuldverschreibungen[516]. Die wesentlichen Umstände der Produktgruppe ausländische Schuldverschreibungen umfassen weit mehr Aspekte als die Möglichkeit der Steuerersparnis[517].

Der Kapitalanleger, der äußert, er beabsichtige aus Sicherheitsgründen den Erwerb einer in DM gehandelten Auslandsanleihe, gibt auch damit noch keinen Hinweis auf seinen tatsächlichen Kenntnisstand in Bezug auf die Produktgruppe ausländi-

---

514 Vgl. BGH NJW 1993, 2433 (2434); OLG Köln WM 1995, 381 (384); OLG Frankfurt a. M. WM 1994, 542 (544); LG Bielefeld WM 1995, 662 (663); LG Osnabrück WM 1995, 483 (486); ebenso Raeschke-Kessler WM 1995, 1830 (1833).

515 Vgl. OLG Köln WM 1995, 697 (698); OLG Frankfurt a. M. WM 1994, 542 (544); OLG Köln WM 1988, 402 (404); LG Traunstein WM 1993, 207 (208); Schödermeier WM 1995, 2053 (2059); Bertschinger S. 52; S. 84; Raeschke-Kessler WM 1993, 1830 (1833); Hopt, Schriftenreihe der bankrechtlichen Vereinigung, S. 4.; Vortmann Rdnr. 30; Hopt, Aufklärungs- Warn- und Beratungspflichten S. 188; Arendts JuS 1994, 915 (917).

516 Zutreffend OLG Braunschweig WM 1994, 59 (60); zumindest als Indiz für eine Anlageerfahrung wertet diese Aussage aber das LG Itzehoe WM 1993, 205.

517 Abschnitt 4 - A I. 1.

sche Schuldverschreibungen[518]. Er offenbart im Gegenteil, einen wesentlichen Umstand des Geschäfts mit ausländischen Schuldverschreibungen nicht zu kennen, nämlich das Bonitätsrisiko.

Der Kapitalanleger, der dem Wertpapierdienstleister in der Weise gegenüber tritt, daß er detailliert seinen in sich schlüssigen Anlageplan schildert und darüber hinaus selbständig eine konkrete Anlagemöglichkeit vorschlägt, die den von ihn geäußerten Anlagevorstellungen entspricht[519], hat hingegen tatsächlich Kenntnis von den wesentlichen Umständen der in Frage stehenden Anlagemöglichkeit.

Auch der Kapitalanleger, der dem Wertpapierdienstleister gegenüber erklärt, Aktien erwerben zu wollen und angibt, über die Möglichkeit informiert zu sein, das Einstandrisiko durch die Bestimmung eines Limits einzugrenzen[520], verfügt tatsächlich über die Kenntnis der wesentlichen Umstände des Aktiengeschäfts[521].

Der Kapitalanleger, dem die Begriffe Aufgeld, Hebelwirkung und Bezugskurs in ihrer Bedeutung und Wirkung bekannt sind, verfügt tatsächlich über ausreichende Kenntnis über die wesentlichen Umstände des Geschäfts mit Optionsscheinen[522].

In der Praxis wird es allerdings nur selten vorkommen, daß ein Kapitalanlegers mit solchen Äußerungen an den Wertpapierdienstleister herantritt und ihm die wesentlichen Umstände der in Frage stehenden Produktgruppe konkret benennt. Ebenso wird der Wertpapierdienstleister nur selten allein aufgrund der Anlageentscheidung des Kapitalanlegers erkennen können, daß dieser die wesentlichen Umstände des Geschäfts offensichtlich bereits berücksichtigt hat. Dann fragt sich, auf welche sonstige Weise der Wertpapierdienstleister den tatsächlichen Kenntnisstand des Kapitalanlegers zu erkennen und seine Aufklärungstätigkeit hierauf einzurichten vermag.

## 2. Vermuteter Kenntnisstand des Kapitalanlegers

In Rechtsprechung und Schrifttum ist die Tendenz zu erkennen, den tatsächlichen Kenntnisstand eines Kapitalanlegers nach dessen Berufsstand und persönlichen Merkmalen zu vermuten.

---

518 So LG Traunstein WM 1993, 207 (208)

519 So die Sachverhaltskonstellationen bei OLG Frankfurt a. M. WM 1994, 542 (544); OLG Köln WM 1995, 697 (699); LG Bielefeld WM 1995, 662 (663); LG Traunstein WM 1993, 207 (209); LG Itzehoe WM 1993, 205 (207).

520 So der Sachverhalt bei OLG Köln WM 1988, 402 (404).

521 Abschnitt 4 - A I. 2.

522 Vgl. OLG Frankfurt a. M. WM 1994, 542 (544).

So wird zum Teil die Ansicht vertreten, zuverlässige Rückschlüsse auf den individuellen Informationsbedarf des Kapitalanlegers könne der Wertpapierdienstleister aus der generellen Geschäftserfahrung des Kapitalanlegers[523] oder aber aus dessen generellen Erfahrungen speziell in Wertpapiergeschäften ziehen[524]. Während der in Wertpapiergeschäften unerfahrene Kapitalanleger regelmäßig über die wesentlichen Umstände des in Frage stehenden Geschäfts aufzuklären sei[525], bestehe gegenüber einem über Erfahrungen in Wertpapiergeschäften verfügenden[526] oder generell mit Vermögensangelegenheiten vertrauten Kapitalanleger regelmäßig keine Aufklärungspflicht[527]. Rückschlüsse auf den individuellen Kenntnisstand des Kapitalanlegers könnten ferner aus dem Beruf des Kapitalanlegers gezogen werden[528]. Einem Journalisten etwa müsse bekannt sein, daß der Kurs einer Aktie auch durch externe Faktoren bestimmt wird[529]. In Akademikerkreisen könne als bekannt vorausgesetzt werden, daß ein Kursrisiko bei der Kapitalanlage in Investmentfonds selbstverständlich ist[530].

Eine solche Typenbildung ist jedoch ungeeignet, Rückschlüsse auf den tatsächlichen Kenntnisstand des Kapitalanlegers zu ziehen[531]. Die allgemeine Geschäftserfahrung des Kapitalanlegers in Vermögensangelegenheiten beispielsweise erlaubt keine zwingenden Rückschlüsse auf den individuellen Kenntnisstand des Kapitalanlegers über Optionsgeschäfte[532]. Unterschiedliche Gruppen von Anlagemöglichkeiten weisen unterschiedliche Risiken auf, die in keinem Zusammenhang zu der allgemeinen Geschäftserfahrung des Kapitalanlegers stehen[533].

Auch der Beruf des Kapitalanlegers erlaubt in aller Regel keine zuverlässigen Rückschlüsse auf den tatsächlichen Kenntnisstand des Kapitalanlegers in Bezug

---

523 Vgl. LG München I WM 1995, 1309 (1312); Heinsius ZHR 145, 177 (187); ders. ZBB 1994, 47 (52); Arendts WM 1993, 229 (232); Brandner ZHR 153, 147 (150); Hopt, Beiträge zum schweizerischen Bankrecht 135 (155); Vortmann WuB I G 1. - 7. 95.

524 Heinsius ZHR 145, 177 (187); Arendts WM 1993, 229 (232); Canaris Rdnr. 1881; Brandner ZHR 153, 147 (150); Hopt, Beiträge zum schweizerischen Bankrecht 135 (155); Vortmann WuB I G 1. - 7. 95.

525 Brandner ZHR 153, 147 (150, 151); Canaris Rdnr. 1881.

526 Arendts WM 1993, 229 (232)

527 Hopt Beiträge zum schweizerischen Bankrecht S. 155; Roth in FS für Kleiner S. 34.

528 OLG Frankfurt a. M. WM 1995, 245 (247); OLG Köln WM 1988, 402 (404); LG München I WM 1995, 1309 (1312); AG Frankfurt a. M. WM 1995, 700 (701); Schäfer, Haftung bei fehlerhafter Anlageberatung S. 79, 80; Heymann Anhang § 372 Rdnr. 75; Wittkowski EWiR § 276, 1/94; Heinsius ZHR 145, 177 (186); ders. ZBB 1994, 47 (52); Zeller WuB I G 1. - 5.95.

529 Wittkowski EWiR § 276, 1/94

530 OLG Hamm WM 1996, 1812 (1813, 1814)

531 Vgl. Breidenbach S. 64, 65.

532 Koller in Assmann/Schneider, § 31 Rdnr. 121.

533 Vgl. Heymann HGB Anhang § 372 Rdnr. 75; Canaris Rdnr. 1447.

auf die in Frage stehende Produktgruppe[534]. Etwas anderes gilt ausnahmsweise nur dann, wenn der Kapitalanleger sich beruflich mit den in Frage stehenden wesentlichen Umständen der Produktgruppe beschäftigt hat, etwa weil er selber Anlagevermittler ist. Ein im Handelsregister eingetragener Kaufmann[535] kann ebenso aufklärungsbedürftig sein wie ein Versicherungsvertreter[536] oder ein Friseurmeister[537].

Da der Wertpapierdienstleister grundsätzlich verpflichtet ist, den nicht informierten Kapitalanleger über die wesentlichen Umstände des in Frage stehenden Geschäfts aufzuklären und der tatsächliche Informationsbedarf des Kapitalanlegers nicht von dessen mutmaßlichen, sondern von dessen tatsächlichen Kenntnisstand abhängt, trägt der Wertpapierdienstleister das Risiko, den tatsächlich nicht informierten Kapitalanleger wesentliche Umstände des in Frage stehenden Geschäfts nicht mitgeteilt zu haben.

Ob der Kapitalanleger mutmaßlich über die wesentlichen Informationen verfügt, ist für den Pflichteninhalt des Wertpapierdienstleisters jedenfalls dann unerheblich, wenn dem Kapitalanleger die Informationen tatsächlich nicht bekannt sind.

### 3. Erfragter Kenntnisstand des Kapitalanlegers

Hat der Wertpapierdienstleister keine Kenntnis von dem tatsächlichen Kenntnisstand und will er das Risiko der unzureichenden Aufklärung des Kapitalanlegers, da er dessen Kenntnisstand allein vermutet, nicht tragen, besteht die Möglichkeit, den Kapitalanleger konkret nach seinem Kenntnisstand zu befragen.

#### a) Befragung in individuellem Gespräch

Im Schrifttum wird zum Teil vorgeschlagen, der Wertpapierdienstleister könne mit jedem Kapitalanleger ein individuelles Anlagegespräch führen und während des Gesprächs den konkreten Kenntnisstand des Kapitalanlegers erfragen[538]. Der Wertpapierdienstleister könnte dem Kapitalanleger während des Gesprächs anheim stellen, welche wesentlichen Informationen dieser benötigt[539]. Auf die Richtigkeit der Angaben des Kapitalanlegers könne der Wertpapierdienstleister sich verlassen. Die Aufklärungstätigkeit des Wertpapierdienstleisters würde effizient auf die individuellen Interessen des Kapitalanlegers abgestimmt.

534 Ebenso OLG Braunschweig WM 1996, 1484 (1487).
535 So die Konstellation BGH NJW 1981, 1440 (1441), OLG Braunschweig WM 1996, 1484 (1487) (Kauffrau); vgl. auch Hopt Funktion, Dogmatik und Reichweite S. 186.
536 Sachverhalt bei BGH WM 1991, 127 (129 f.).
537 Sachverhalt bei OLG Frankfurt a. M. WM 1990, 1452.
538 Kübler ZHR 145 (1981), 204 ff.; für Bereich der Vermögensverwaltung Gaßner/Escher WM 1997, 93 (98).
539 Kübler ZHR 145 (1981), 204 (206).

Ein individuelles Anlagegespräch des Wertpapierdienstleisters mit dem Kapitalanleger eignet sich praktisch jedoch nicht, dem Wertpapierdienstleister den konkreten Informationsstand des Kapitalanlegers zu vermitteln. Die Kosten solcher Gespräche wären für den Wertpapierdienstleister nicht zu bewältigen[540]. Ein individuelles Anlagegespräch erfordert einen erheblichen Zeitaufwand[541]. Bei der Vielzahl privater Kleinanleger, die sich für einige tausend DM Aktien vermitteln lassen[542], wären die Kosten unüberschaubar. Zudem müßte der Wertpapierdienstleister die jeweiligen Ergebnisse der individuellen Gespräche für jeden Einzelfall auswerten, um zuverlässige Informationen über den einschlägigen Kenntnisstand des Kapitalanlegers zu erlangen. Das würde weitere Kosten in beträchtlicher Höhe verursachen.

**b) Befragung durch standardisierten Katalog**

Eine dem Wertpapierdienstleister sich bietende Möglichkeit, Kenntnis von dem individuellen Kenntnisstand des Kapitalanlegers zu erhalten, besteht darin, den Kapitalanleger mit Hilfe eines ihm zu überreichenden standardisierten Fragenkatalogs zu befragen[543].

In der Praxis wird so verfahren. Zumindest die größeren Kreditinstitute legen Kapitalanlegern vor der Ausführung eines Effektenauftrags einen standardisierten Fragenkatalog zur Beantwortung vor[544] und unterstützen ihn bei der Beantwortung der Fragen[545].

Die Beantwortung standardisierter Fragen läßt nur dann Erkenntnisse auf den tatsächlichen Kenntnisstand des Kapitalanlegers zu, wenn sie zur Erforschung des konkreten Kenntnisstands des Kapitalanlegers geeignet sind und der Kapitalanleger die Fragen zutreffend beantwortet.

540 Kübler ZHR 145 (1981), 204 (206); grundlegend Coase, Das Problem der sozialen Kosten übersetzt in: Assmann/Kirchner/Schanze, Ökonomische Analyse des Rechts, S. 146 ff., 164 ff.; zu dem Gesichtspunkt Zuweisung wegen kostengünstiger Informationserlangung Posner, Vertragliche Rechtspositionen und Rechtsbehelfe ebenfalls in Assmann/Kirchner/Schanze S. 203 ff., 222 f.

541 Im Bereich der Vermögensverwaltung rechnet Bertschinger S. 80 für ein Gespräch zum Zwecke des gegenseitigen Kennenlernens mit einer Gesprächsdauer von etwa einer Stunde.

542 Der Kurswert der vorhandenen inländischen Stammaktien betrug 1994: 715, 1 Mrd. DM (Quelle: Deutsche Bundesbank).

543 Kümpel WM 1995, 689 (691); Jütten Die Bank 1995, 221 (224).

544 Vgl. Schlotthauer Sparkasse 1994, 434; Scharrenberg, Sparkasse 1995, 108.

545 Arendts WPrax 4/95, S. 68.

aa) Eignung der Fragen zur Ermittlung des tatsächlichen Kenntnisstands

Nur bestimmte standardisierte Fragen sind geeignet, den individuellen Kenntnisstand des Kapitalanlegers in Bezug auf die in Frage stehende Anlagemöglichkeit verläßlich zu bestimmen. Aus den Antworten des Kapitalanlegers auf ungeeignete Fragen kann der Wertpapierdienstleister keine Rückschlüsse auf dessen tatsächlichen Kenntnisstand ziehen. Er hat dann das Risiko der unzureichenden Aufklärung des Kapitalanlegers zu tragen oder diesen über sämtliche wesentlichen Umstände des in Frage stehenden Geschäfts aufzuklären.

Welche standardisierten Fragen geeignet sind, verläßliche Rückschlüsse auf den tatsächlichen Kenntnisstand des Kapitalanlegers zu ziehen, ist exemplarisch anhand einiger in der Praxis verwandter Fragen zu verdeutlichen:

*aaa) Bisheriges Anlageverhalten*

In einem standardisierten Musterentwurf des zentralen Kreditausschusses der deutschen Kreditwirtschaft wird der Kapitalanleger gefragt, welche Kapitalanlagegeschäfte er in der Vergangenheit getätigt und seit wieviel Jahren er Erfahrung in entsprechenden Anlagegeschäften hat. In Form der multiple - choice Befragung werden dem Kapitalanleger vier Gruppen von Anlagemöglichkeiten zur Auswahl gestellt. Der Kapitalanleger hat anzukreuzen, ob er Kapitalanlagegeschäfte in exemplarisch genannten Produktgruppen von Anlagemöglichkeiten erstmalig, seit einem Jahr, seit ein bis fünf Jahren oder seit mehr als fünf Jahren betreibt. Der Kapitalanleger hat anzugeben, ob er ein bis zwei, bis zu fünf, bis zu zehn oder über zehn Käufe pro Jahr getätigt hat.

Die Fragen sind ungeeignet, zuverlässige Rückschlüsse auf den tatsächlichen Kenntnisstand des Kapitalanlegers zu ziehen.

Von vornherein ist der Informationsgehalt der Angaben des Kapitalanlegers auf die jeweilige Produktgruppe begrenzt, auf die sich die Angaben beziehen. Unzulässig ist, wie ausgeführt, aus der Anlageerfahrung des Kapitalanlegers in einer Produktgruppe auf dessen Kenntnisstand im Zusammenhang mit einer anderen Produktgruppe zu schließen.

Aber auch die Angaben des Kapitalanlegers zu der konkret in Frage stehenden Produktgruppe haben einen geringen Aussagewert über dessen tatsächlichen Kenntnisstand. Auch wenn der Kapitalanleger in der Vergangenheit Erfahrungen mit der in Frage stehenden Anlagegruppe gemacht haben sollte, indem er sich entsprechende Anlagemöglichkeiten vermitteln ließ, folgt daraus nicht, daß ihm die in Bezug auf die Anlagegruppe wesentlichen Informationen auch tatsächlich bekannt sind[546]. Gerade die fehlende Kenntnis von den wesentlichen Umstände der in Frage stehenden Produktgruppe, könnte den Kapitalanleger veranlaßt haben, sich die entsprechende Anlagemöglichkeit (erneut) vermitteln zu lassen[547].

Hat der Kapitalanleger in der Vergangenheit beispielsweise Optionsscheingeschäfte getätigt und in Zusammenhang mit diesen einen Kapitalverlust erlitten, folgt daraus nicht, daß dem Kapitalanleger nunmehr die wesentlichen Informationen über das Geschäfts mit Optionsscheinen bekannt sind. Die komplexen Risiken und wirtschaftlichen Zusammenhänge des Optionsscheingeschäfts[548] schließen aus, daß der Kapitalanleger ausreichend allein durch erlittene Verluste informiert wird. Der Kapitalanleger, der die Anlageverluste erlitten hat, erfährt zwar, daß ihm bei dem Erwerb von Optionsscheinen ein Verlustrisiko droht. Der Kapitalanleger erfährt aber nicht, was der Grund für das bestehende Risiko ist. Infolgedessen vermag der Kapitalanleger auch nicht einzuschätzen, wie ausgeprägt das theoretisch bestehende Verlustrisiko gerade bei dem Geschäft mit Optionsscheinen ist. Die Kenntnis eines theoretischen Verlustrisikos ist nur ein minimaler Ausschnitt der wesentlichen Umstände des in Frage stehenden Geschäfts.

Gleichwohl ist auch in verschiedenen Entscheidungen der Rechtsprechung auf die einschlägige Anlageerfahrung des Kapitalanlegers als Kriterium abgestellt worden, das Rückschlüsse auf dessen individuellen Kenntnisstand erlauben würde[549]. Die Begründungen vermögen nicht zu überzeugen.

Nur exemplarisch sei eine Entscheidung des OLG Köln genannt[550]. Das OLG Köln entschied in einer Sachverhaltskonstellation, in der der Wertpapierdienstleister dem Kapitalanleger covered warrants vermittelte und der Kapitalanleger bereits in der Vergangenheit covered warrant Geschäfte mit unterschiedlichem Erfolg getätigt hatte, daß den Wertpapierdienstleister keine Aufklärungspflichten über die Risiken von Optionsscheingeschäften gegenüber dem Kapitalanleger getroffen haben, da der Kapitalanleger deutlicher als jede Aufklärung die Auswirkung von Kursverlusten verstehe, die sich auf seinem Depotauszug niederschlagen[551].

---

546 Vgl. Arendts JuS 1994, 915 (917); Raeschke-Kessler WM 1993, 1830 f.; Drygala ZHR 159 (1995), 686 (719).

547 Raeschke-Kessler WM 1993, 1830 (1834); Arendts Bankenhaftung S. 9.

548 Abschnitt 4 - A I. 3.

549 Vgl. OLG Köln WM 1995, 697 (698); OLG Köln WM 1995, 381 (384); OLG Braunschweig WM 1994, 59 (60); LG Gießen WM 1992, 1025; LG Traunstein WM 1993, 207; LG Osnabrück WM 1995, 483; siehe auch LG Bielefeld, WM 1995, 662 (663).

550 OLG Köln BB 1995, 2548.

551 OLG Köln BB 1995, 2548 (2549).

*bbb) Umfang der getätigten Geschäfte*

In dem standardisierten Musterentwurf wird der Kapitalanleger auch befragt, in welchem Umfang er Geschäfte in den benannten Produktgruppen in der Vergangenheit getätigt hat. Wiederum in Form einer multiple - choice Befragung hat der Kapitalanleger anzugeben, ob er Geschäfte mit einem Volumen von bis zu DM 10.000,- bis DM 25.000,-, bis DM 50.000,- bis DM 100.000,- oder über DM 100.000,- im Durchschnitt je Auftrag oder Order getätigt hat.

Auch die Antworten des Kapitalanlegers auf diese Fragen sind ungeeignet, verläßliche Rückschlüsse auf den individuellen Kenntnisstand des Kapitalanlegers zu ziehen. Die Summe des investierten Kapitals läßt allenfalls eine Vermutung, nicht aber einen sicheren Schluß auf den tatsächlichen Kenntnisstand des Kapitalanlegers zu. Ein Kapitalanleger, der für DM 100.000,- Aktien erworben hat, kann über die wesentlichen Umstände des in Frage stehenden Geschäfts ebenso umfassend oder ungenügend informiert sein, wie ein Kapitalanleger, der eine Order in Höhe von DM 5.000,- oder DM 1.000.000,- gegeben hat.

*ccc) Produktbezogene Befragung*

Verläßliche Rückschlüsse auf den tatsächlichen Kenntnisstand des Kapitalanlegers erlaubt hingegen eine standardisierte Befragung, bei der der Kapitalanleger gezielte Angaben zu seinem tatsächlichen Kenntnisstand in Bezug auf die in Frage stehende Produktgruppe zu tätigen hat.

Die wesentlichen Umstände einer jeden Produktgruppe lassen sich durch Stichworte umschreiben. Beispielsweise bezeichnet der Begriff „Leverage - Effekt / Hebelwirkung" ein konkretes Risiko des Optionsgeschäfts, das dem Erwerber von Optionen als wesentlicher Umstand bekannt sein muß[552].

In dem standardisierten Fragenkatalog sind wesentliche Stichworte einer jeweiligen Anlagegruppe zu benennen und dem Kapitalanleger ist die Frage zu stellen, was unter dem jeweiligen Begriff zu verstehen ist. Nur der Kapitalanleger, der die Frage zutreffend zu beantworten vermag, ist tatsächlich ausreichend über die wesentlichen Umstände der in Frage stehenden Anlagemöglichkeit informiert, so daß der Wertpapierdienstleister ihn über diese nicht mehr aufzuklären hat.

552 Oben Abschnitt 4 - A I. 3. a), bb).

### 4. Unrichtige oder unvollständige Beantwortung geeigneter Fragen durch den Kapitalanleger

Denkbar ist, daß der Kapitalanleger dem Wertpapierdienstleister gegenüber unrichtige oder unvollständige Angaben über seinen tatsächlichen Kenntnisstand in Bezug auf die in Frage stehende Anlagegruppe gibt. Fraglich ist dann, wer das Risiko der unzureichenden Aufklärung durch den Wertpapierdienstleister zu tragen hat, weil dieser sich auf die Angaben des Kapitalanlegers verläßt.

#### a) Vorgabe eines tatsächlich nicht vorhandenen Kenntnisstandes

Der Kapitalanleger könnte geneigt sein, einen Wissenstand vorzuspiegeln, den er tatsächlich nicht hat. Es fragt sich daher, ob der Wertpapierdienstleister verpflichtet ist, nicht nur den individuellen Kenntnisstand des Kapitalanlegers zu erfragen, sondern bei Vorgabe entsprechender Kenntnisse auch die Angaben des Kapitalanlegers auf ihre Richtigkeit hin zu überprüfen, ehe ihn eine Aufklärungspflicht über die wesentlichen Umstände nicht mehr trifft.

aa) Grundsätzliche Abhängigkeit der Aufklärungspflicht von angegebenem Kenntnisstand

Zweck der den Wertpapierdienstleister gemäß § 31 II WpHG treffenden Pflicht, sich von seinen Kunden Angaben über ihre Erfahrungen oder Kenntnisse in Geschäften geben zu lassen, ist auch, die den Wertpapierdienstleister treffenden Aufklärungspflichten auf den tatsächlichen Informationsbedarf des Kapitalanlegers zu beschränken[553]. Der tatsächliche Informationsbedarf des Kapitalanlegers wird nicht allein durch dessen objektiven Kenntnisstand, sondern auch durch den von dem Kapitalanleger gewählten Schutzbereich bestimmt[554].

Der Kapitalanleger, der eigenverantwortlich die Entscheidung trifft, dem Wertpapierdienstleister gegenüber einen Kenntnisstand vorzutäuschen, den er tatsächlich nicht hat, schränkt den Schutzbereich der zu seinen Gunsten bestehenden Aufklärungspflichten ein[555].

Grundsätzlich hat sich der Kapitalanleger also an dem Wissenstand messen zu lassen, den er selber auf Nachfrage dem Wertpapierdienstleister gegenüber zu verstehen gibt. Der Wertpapierdienstleister kann bei seiner Aufklärungstätigkeit davon ausgehen, daß der Kapitalanleger auch tatsächlich Kenntnis von den Infor-

---

553 Oben Abschnitt 1 - B I. 2. a), dd).

554 Vgl. Hopt, Kapitalanlegerschutz S. 422.

555 Vgl. Raeschke-Kessler, WM 1996, 1764 (1768).

mationen hat, die er zu haben vorgibt. Als fachlich kompetent gilt, wer sich fachlich kompetent gibt[556].

bb) Ausnahmsweise Schutzbedürftigkeit trotz unrichtiger Angabe des Kenntnisstands

*aaa) Kenntnis der Konsequenzen*

Allerdings hat der Kapitalanleger die Konsequenzen der unrichtigen Angaben seines Kenntnisstands, nämlich hierauf ausgerichtete und daher unvollständige Aufklärung durch den Wertpapierdienstleister, nur dann zu tragen, wenn ihm diese Folgen seiner unrichtigen Angaben erkennbar sind[557]. Der Kapitalanleger muß wissen, daß der Wertpapierdienstleister ihm aufgrund seines Verhaltens wesentliche Informationen über die in Frage stehende Anlagemöglichkeit nicht mitteilen wird[558]. Das folgt aus dem Schutzzweck der §§ 31, 32 WpHG, der darin besteht, den individuellen Kapitalanleger durch Information in die Lage zu versetzen, eine eigenverantwortliche Entscheidung zu treffen.

*bbb) Information über Konsequenzen bei fehlender Kenntnis*

Der Wertpapierdienstleister hat den Kapitalanleger also jedenfalls über die Konsequenzen einer unrichtigen Beantwortung der Fragen über seinen Kenntnisstand in Bezug auf die in Frage stehende Anlagemöglichkeit zu informieren, damit er sich auf die Angaben des Kapitalanlegers bei der Bestimmung des Inhalts und des Umfangs der Aufklärungspflichten verlassen kann.

Es fragt sich, wie der Wertpapierdienstleister den Kapitalanleger über die Konsequenzen zu informieren hat. Die Praxis hat unterschiedliche Wege gewählt. Der standardisierte Fragebogen des Zentralverbandes der deutschen Kreditwirtschaft beispielsweise enthält den folgenden Hinweis:

Seit dem 1. Januar 1995 haben die Kreditinstitute gemäß § 31 II WpHG bei der Durchführung von Wertpapierdienstleistungen von ihren Kunden Angaben über deren Erfahrungen oder Kenntnisse in derartigen Geschäften, über die mit diesen Geschäften verfolgten Ziele und über die finanziellen Verhältnisse des Kunden zu verlangen, soweit dies zur Wahrung der Kundeninteressen und im Hinblick auf Art und Umfang des beabsichtigten Geschäfts erforderlich ist.

---

556 Vgl. BGH WM 1997, 309 (311); LG München II WM 1996, 2113 (2114); Bertschinger S. 84.

557 Vgl. Jütten in BuB Band 4, 7/12a.

558 Vgl. Schödermeier WM 1995, 2053 (2059); Raeschke-Kessler WM 1993, 1830 (1833); Hopt Schriftenreihe der bankrechtlichen Vereinigung S. 23, 24; ders. Kapitalanlegerschutz, S. 422.

Die Klausel enthält keinen Hinweis darauf, welche Bedeutung der zutreffenden und vollständigen Beantwortung der Fragen durch den Kapitalanleger für die Aufklärungstätigkeit des Wertpapierdienstleisters zukommt. Der Kapitalanleger vermag aus der Formulierung nicht zu erschließen, welche Entscheidungen er durch die unrichtige Beantwortung der Fragen trifft.

Der Wertpapierdienstleister hat in diesem Fall daher das Risiko zu tragen, daß der Kapitalanleger einen unrichtigen Kenntnisstand angegeben hat, wenn er (der Wertpapierdienstleister) seine Aufklärungstätigkeit nach den vom Kapitalanleger geäußerten Kenntnisstand richtet.

Ein alternativ vorgeschlagener Fragenkatalog[559] enthält folgende Klausel:

Seit dem 1. Januar 1995 müssen die Kreditinstitute in bestimmten Fällen Fragen u.a. über die persönlichen Verhältnisse des Kunden stellen, um ihn "anlagegerecht" beraten zu können. Die Fragepflicht und deren Umfang richten sich nach den Vorerfahrungen des Kunden in dem angestrebten Geschäft und deren möglichen Risiken. Die Angaben des Kunden unterliegen dem Bankgeheimnis und werden vertraulich behandelt.

Die Klausel teilt dem Kapitalanleger mit, daß die Beantwortung der Fragen der know your customer Prüfung Voraussetzung für eine individuelle Aufklärungstätigkeit des Wertpapierdienstleisters ist. Ausdrücklich läßt sich jedoch auch dieser Klausel nicht entnehmen, daß der Wertpapierdienstleister den Kapitalanleger über die wesentlichen Umstände des in Frage stehenden Geschäfts nicht aufzuklären vermag, sofern der Kapitalanleger die Fragen der know your customer Prüfung unrichtig oder unvollständig beantwortet. Auch hier trägt der Wertpapierdienstleister das Haftungsrisiko, wenn er seine Aufklärungstätigkeit an dem vom Kapitalanleger geäußerten Kenntnisstand ausrichtet.

Um den Kapitalanleger ausreichend über die Konsequenzen der Nichtbeantwortung der know your customer Prüfung zu informieren, ist eine Klausel mit entsprechendem Inhalt und ergänzenden Hinweis zu wählen, die wie folgt formuliert sein könnte:

Eine unrichtige oder unvollständige Beantwortung der Fragen durch den Kapitalanleger hat zur Folge, daß der Kapitalanleger nicht seinen Interessen entsprechend vollständig über die wesentlichen Umstände der in Frage stehenden Produktgruppe informiert wird.

559 Scharrenberg Sparkasse 1995, 108 (111)

In diesem Fall hat der Kapitalanleger sich an den von ihm getätigten unvollständigen oder unrichtigen Angaben festhalten zu lassen. Der Wertpapierdienstleister hat seine Aufklärungstätigkeit an dem vom Kapitalanleger vorgegebenen Kenntnisstand auszurichten.

**b) Weigerung der Beantwortung der standardisierten Fragen**

In der Praxis ist zu beobachten, daß Kapitalanleger sich vermehrt verweigern, standardisiert gestellte Fragen über ihren individuellen Kenntnisstand zu beantworten[560]. Auch in diesen Fällen stellt sich die Frage, ob der Wertpapierdienstleister davon absehen kann, den Kapitalanleger über sämtliche mit der in Frage stehenden Produktgruppe zusammenhängenden Umstände aufzuklären, indem er unterstellt, daß ein solcher Kapitalanleger bereits über alle erforderlichen Informationen verfügt.

Tatsächlich ist die von einem Kapitalanleger verweigerte Auskunftserteilung kein ausreichendes Indiz dafür, auf eine Aufklärung verzichten zu wollen. Er gibt nämlich nur zu erkennen, seinen tatsächlichen Kenntnisstand dem Wertpapierdienstleister nicht mitteilen zu wollen.

Da dem Wertpapierdienstleister der tatsächliche Kenntnisstand des Kapitalanlegers unbekannt bleibt, hat er den tatsächlichen Kenntnisstand des Kapitalanlegers entweder auf andere Weise zu ermitteln oder - weil dieses regelmäßig nicht möglich sein wird - dem Kapitalanleger die wesentlichen Umstände über die in Frage stehende Anlagegruppe mitzuteilen[561]. Es bleibt bei der grundsätzlichen Aufklärungspflicht, den Kapitalanleger über alle wesentlichen Umstände des in Frage stehenden Anlageobjekts zu informieren.

Verweigert der Kapitalanleger auch die Entgegennahme der von dem Wertpapierdienstleister angebotenen Informationen über die in Frage stehende Anlagegruppe, liegt darin ein eigenverantwortlich getroffener Entschluß des Kapitalanlegers, nicht aufgeklärt werden zu wollen. Ungebetener Rat braucht nicht aufgedrängt zu werden[562].

---

560 Zu der Problematik Jütten in BuB Band 4, 7/9.

561 Vgl. Nr. 3.4 der Richtlinie des Bundesaufsichtsamts für den Wertpapierhandel zu den §§ 31, 32 WpHG.

562 Rellermeyer ZBB 1995, 1981 (1986); van Look ZBB 1995, (310); Heinsius ZHR 145, 177 (187); Canaris Rdnr. 1881; Hopt Kapitalanlegerschutz, S. 423

### c) Sonstiger Verzicht des Kapitalanlegers auf Aufklärungstätigkeit des Wertpapierdienstleisters

Schließlich können die den Wertpapierdienstleister grundsätzlich treffenden Aufklärungspflichten gegenüber dem Kapitalanleger bei der Anlagevermittlung auch dann entfallen, wenn der Kapitalanleger dem Wertpapierdienstleister gegenüber unabhängig von der Beantwortung der standardisierten Fragen ausdrücklich zu erkennen gibt, dessen Aufklärungstätigkeit nicht in Anspruch nehmen zu wollen. Denn auch dann besteht keine rechtliche Pflicht, dem Vertragspartner Informationen aufzudrängen, die dieser nicht in Anspruch nehmen will[563].

Auch in diesem Zusammenhang ist eine Einschränkung insoweit zu machen, als der Kapitalanleger die Entscheidung, keine Aufklärungstätigkeit in Anspruch nehmen zu wollen, eigenverantwortlich zu treffen hat. Eigenverantwortlich trifft der Kapitalanleger die Entscheidung nur dann, wenn ihm die Konsequenzen bekannt sind, die sich aus seiner Entscheidung für den Inhalt der Aufklärungstätigkeit ergeben.

## II. Bedeutung des Anlagezwecks

Der Wertpapierdienstleister ist gemäß § 31 II Nr. 1 WpHG auch verpflichtet, von seinen Kunden Angaben über ihre mit den Geschäften verfolgten Ziele und über ihre finanziellen Verhältnisse zu verlangen, soweit dies zur Wahrung der Interessen der Kunden und im Hinblick auf Art und Umfang des beabsichtigten Geschäfts erforderlich ist. Der Wertpapierdienstleister ist mit anderen Worten verpflichtet, grundsätzlich den vom Kapitalanleger verfolgten Anlagezweck zu erforschen.

Die Erforschung des vom Kapitalanleger verfolgten Anlagezwecks dient ebenso wie die Erforschung seines individuellen Kenntnisstands nur dazu, die den Wertpapierdienstleister treffenden Aufklärungspflichten inhaltlich zu konkretisieren. Die Pflicht zur Erforschung des vom Kapitalanleger verfolgten Anlagezwecks trifft den Wertpapierdienstleister also nur dann, wenn der Wertpapierdienstleister den vom Kapitalanleger verfolgten Anlagezweck im Rahmen seiner Aufklärungspflichten zu beachten hat.

Eben das ist bei der Anlagevermittlung nicht der Fall. Weder die übernommene Funktion des Anlagevermittlers noch die Schutzbedürftigkeit des Kapitalanlegers erfordern eine Berücksichtigung des vom Kapitalanlegers verfolgten Anlagezwecks bei der Aufklärungstätigkeit.

563 BGH WM 1996, 1214 (1216); LG Traunstein WM 1993, 207 (209); Canaris, Rdnr. 1881; Heinsius ZHR 145 (1981), 177 (187, 188).

Der Kapitalanleger trifft eine eigenverantwortliche Entscheidung, wenn er den Anlagevermittler in Anspruch nimmt und ihm bekannt ist, daß der Anlagevermittler ihn nicht über die Eignung der in Frage stehenden Anlagemöglichkeit für seine individuellen Interessen berät. Der vom Kapitalanleger verfolgte Anlagezweck ist für den Inhalt der den Anlagevermittler treffenden Aufklärungspflichten irrelevant[564]. Der die Funktion des Anlagevermittlers übernehmende Wertpapierdienstleister hat den vom Kapitalanleger verfolgten Anlagezweck nicht zu beachten, also auch nicht zu erfragen[565].

Zutreffend stellt auch die Rechtsprechung und das Schrifttum auf den vom Kapitalanleger verfolgten Anlagezweck nur dann ab, wenn der Wertpapierdienstleister eine Beratungsfunktion übernimmt[566].

Beispielsweise lag einer Entscheidung des OLG Frankfurt[567] ein Sachverhalt zugrunde, bei dem der Kapitalanleger dem Wertpapierdienstleister gegenüber zunächst erklärte, eine sichere Kapitalanlage erwerben zu wollen, danach aber eigenverantwortlich sein Aktiendepot fast vollständig auf spanische Aktien umstellte. Das OLG Frankfurt entschied, der dem Wertpapierdienstleister vom Kapitalanleger ursprünglich mitgeteilte Anlagezweck, eine sichere Kapitalanlage erwerben zu wollen, habe den Wertpapierdienstleister nicht verpflichtet, dem Kapitalanleger vom Erwerb spanischer Aktien abzuraten[568]. Denn der Wertpapierdienstleister habe keine Funktion der Anlageberatung übernommen. Der Wertpapierdienstleister habe dem Kapitalanleger allein die wesentlichen Umstände des in Frage stehenden Geschäfts mitzuteilen gehabt.

### III. Zusammenfassung

Die Aufklärungspflichten, die ein Anlagevermittler gegenüber dem Kapitalanleger zu beachten hat, lassen sich gemäß der vorangehenden Betrachtung nach folgenden Pflichten differenzieren:

Der Anlagevermittler ist zur Aufklärung des Kapitalanlegers über die wesentlichen Umstände der vom Kapitalanleger gewünschten Produktgruppe insoweit verpflichtet, als dieser nicht bereits von sich aus Kenntnis von diesen Informatio-

564 Vgl. Nr. 3.6. Satz 3 der Richtlinie des Bundesaufsichtsamts für den Wertpapierhandel zu den §§ 31, 32 WpHG.

565 Nr. 3.5. Satz 3 der Richtlinie des Bundesaufsichtsamts für den Wertpapierhandel zu den §§ 31, 32 WpHG.

566 Vgl. etwa OLG Köln WM 1995, 381 (384); LG Hannover WM 1993, 201 (202), wo eine Beratungsfunktion vom Wertpapierdienstleister nicht übernommen und auf den individuell verfolgten Anlagezweck des Kapitalanlegers nicht eingegangen wurde.

567 OLG Frankfurt a. M. WM 1995, 245.

568 OLG Frankfurt a. M. WM 1995, 245 (247).

nen hat[569]. Der Anlagevermittler ist zudem verpflichtet, dem Kapitalanleger die wesentlichen Informationen über die konkret in Frage stehende Anlagemöglichkeit mitzuteilen, sofern auch diese dem Kapitalanleger nicht bekannt sind. Welche Informationen wesentlich sind und wie weit der Wertpapierdienstleister diese zu beschaffen hat, hängt von den Umständen des Einzelfalles ab.

## C - Weitergehender Ausschluß von Aufklärungspflichten durch Discount-Broker

In der Praxis hat sich mit dem sogenannten Discount-Broking eine neue Dienstleistungsform der Anlagevermittlung entwickelt, bei der unter weitestgehendem Verzicht auf Service und Beratung die Vermittlungstätigkeit zu besonders günstigen Gebühren erfolgen soll[570]. Rechtlich stellt sich daher die Frage, ob auf die den Anlagevermittler grundsätzlich treffenden Aufklärungspflichten im gegenseitigen Eivernehmen verzichtet werden kann.

### I. Funktion des Discount-Brokings

Wirtschaftlicher Hintergrund des Discount-Brokings ist, die mit der Aufklärungstätigkeit verbundenen Transaktionskosten zu verringern, um die Vermittlungstätigkeit den Kapitalanlegern zu vergleichsweise geringen Gebühren anbieten zu können[571]. Der Discount-Broker übernimmt die Funktion der Vermittlung von Kapitalanlagen, ohne den Kapitalanleger über das in Frage stehende Wertpapiergeschäft aufzuklären. Der Discount-Broker ist der Prototyp eines Anlagevermittler[572].

Der erste in der Bundesrepublik Deutschland aufgetretene Discount-Broker ist seit dem 16. Mai 1994 tätig. Hiernach sind weitere, auch etablierte Kreditinstitute dazu übergegangen, etwaige Aufklärungspflichten gegenüber dem Kapitalanleger weitest möglich zu reduzieren[573]. Ende November 1995 boten bereits zwölf Discount-Broker ihre Dienstleistungen in der Bundesrepublik Deutschland an[574]. In den USA, die für den Bereich des Discount-Brokings eine Vorreiterrolle übernommen haben, verfügen die Direktbanken inzwischen über einen Marktanteil von 20 %[575].

---

569 Abschnitt 4 - A I.

570 Vgl. Rellermeyer WM 1995, 1981 (1986); Lasch/Röder ZBB 1995, 342 ff.

571 Drygala ZHR 159 (1995), 686 (714); Lasch/Röder ZBB 1995, 342; zu dem Zusammenhang Höhe der Vermittlungsgebühr und Umfang der Beratung auch Arendts JuS 1994, 915 (916).

572 Vgl. Drygala ZHR 159 (1995), 686 (715), „Prototyp des unberatenen Erwerbs".

573 Siehe Berichterstattung in der Tagespresse etwa SZ v. 10. 08. 1994; DM 12/94, S. 17.

574 Lasch/Röder ZBB 1995, 342.

575 Stand: 1995; vgl. Lasch/Röder ZBB 1995, 342.

## II. Möglichkeiten des Verzichts auf Aufklärungspflichten

### 1. Vertraglicher Ausschluß des § 31 WpHG

Ein wirksamer Verzicht auf die den Anlagevermittler grundsätzlich treffenden Aufklärungspflichten käme in Betracht, wenn die Vertragsparteien - rechtlich wirksam - individualvertraglich oder standardisiert die Anwendbarkeit des § 31 WpHG ausschließen könnten. Hierfür müßte es sich bei § 31 WpHG um dispositives Gesetzesrecht handeln.

Grundsätzlich folgt aus dem Grundsatz der Vertragsfreiheit als Ausprägung der Privatautonomie[576], daß die in vertraglicher Beziehung zueinander stehenden Parteien in der inhaltlichen Gestaltung ihrer Beziehung zueinander frei sind. Doch unterliegt die Freiheit inhaltlicher Gestaltung von Vertragsverhältnissen nach einhelliger Ansicht Schranken durch zwingende Vorschriften materiellen Rechts[577]. Ob es sich bei einer gesetzlichen Vorschrift um zwingendes Recht handelt, ist im Einzelfall insbesondere unter Beachtung des Schutzzwecks der in Frage stehenden Vorschrift zu beantworten.

Von zwingendem Recht ist auszugehen, wenn die Vorschrift dem Ausgleich eines bestehenden strukturellen Ungleichgewichts zwischen den Parteien dient, bei dem der unterlegene Vertragsteil ungewöhnlich belastet wird[578]. Auf dem Ansatz des strukturellen Ungleichgewichts basiert der Gedanke des Verbraucherschutzes. Vorschriften, die dem Zweck dienen, Verbraucher zu schützen, sind notwendig zwingende Beschränkungen der Vertragsautonomie der beteiligte Parteien. Gerade wegen des bestehenden strukturellen Ungleichgewichts des Verbrauchers gegenüber dem Vertragspartner ist dessen bezweckter Schutz im Rahmen der Vertragsfreiheit nicht zu erreichen.

Der Schutzzweck des § 31 WpHG besteht (auch) in dem Schutz des individuellen Verbrauchers[579], so daß es sich bei der Vorschrift um zwingendes Recht handelt. Zudem folgt auch aus dem weiteren Schutzzweck des § 31 WpHG, Schutz des ordnungsgemäßen Funktionierens des Kapitalmarkts, daß es sich bei § 31 WpHG um eine zwingende Rechtsvorschrift handelt. § 31 WpHG ist, soweit es dem Schutz des ordnungsgemäßen Funktionierens des Kapitalmarkts dient, eine Norm des Aufsichtsrechts[580]. Das ordnungsgemäße Funktionieren der Kapitalmärkte und das Vertrauen in dieses sollen dadurch geschützt werden, daß die Mündigkeit des

576 Dazu etwa Heinrichs in Palandt, Einf § 145, Rdnr. 7; Übbl 1 vor § 104.
577 Etwa Hefermehl in Erman, vor § 145, Rdnr. 23.
578 Heinrichs in Palandt Einf § 145, Rdnr. 17.
579 Oben Abschnitt 1 B I 1. b).
580 Koller in Assmann/Schneider; Kümpel Kapitalmarktrecht 065, S. 115.

Anlegers im Hinblick auf die von ihm zu treffende Anlageentscheidung hergestellt wird[581].

2. Verzicht auf Aufklärung im Rahmen des WpHG

Weiter fragt sich, inwieweit der Regelungsgehalt des § 31 WpHG es erlaubt, daß der Wertpapierdienstleister im Falle des Discount-Brokings bestimmte Aufklärungspflichten nicht erfüllt, die den Anlagevermittler grundsätzlich treffen.

Gesetzlicher Anknüpfungspunkt für eine entsprechend beschränkte Aufklärungspflicht des Discountbrokers ist § 31 II Nr. 2 letzter Halbsatz WpHG. Den Wertpapierdienstleister trifft hiernach eine Informationspflicht, soweit diese „im Hinblick auf Art und Umfang der beabsichtigten Geschäfte erforderlich ist.“. Der Gesetzgeber hat diese Einschränkung, wie sich aus den Gesetzesmaterialien ergibt[582], gewählt, um bei der Bestimmung des Inhalts der Aufklärungstätigkeit die Besonderheiten des execution-only-business[583] berücksichtigen zu können.

Es stellt sich die Frage, in welchem Rahmen der Discount-Broker aufgrund der Besonderheit dieses Geschäftstyps von den einen Anlagevermittler treffenden Aufklärungspflichten befreit sein kann.

Die den Discountbroker treffenden Aufklärungspflichten gegenüber dem Kapitalanleger können aufgrund des Schutzzwecks des § 31 WpHG nur insoweit begrenzt sein, als dem nicht die Schutzinteressen der Kapitalanleger entgegenstehen[584]. Auch der Discountbroker hat folglich die Aufklärungspflichten zu beachten, die erforderlich sind, um den Kapitalanleger in die Lage zu versetzen, eine eigenverantwortliche Entscheidung treffen zu können.

Eine Entscheidung trifft der Kapitalanleger auch dadurch, daß er die Tätigkeit des Discountbrokers in Anspruch nimmt. Dem Kapitalanleger müssen also wenigstens die wesentlichen Konsequenzen seiner Entscheidung bekannt sein, sich für die Vermittlung einer Kapitalanlage an einen Discount-Broker zu wenden. Über diese hat der Discount-Broker den Kapitalanleger aufzuklären.

---

581 Cahn, ZHR 162, 1 (32, FN 141).

582 Beschlußempfehlung und Bericht des Finanzausschusses des Deutschen Bundestages, BT-Drucksache 12/7918, S. 104.

583 Terminologie des Bundesaufsichtsamtes für den Wertpapierhandel, Ziffer 3 Abs. 2 und Ziffer 3.6.

584 Vgl. Drygala ZHR 159 (1995), 686 (720, 721); van Look ZBB 1995, (310); Jütten, Die Bank 1995, 221 (223); Kümpel Rdnr. 8.275; ders. WM 1995, 689 (692).

### a) Wesentliche Umstände des Discountgeschäfts

Wesentliche Konsequenz der Entscheidung des Kapitalanlegers, einen Discountbroker in Anspruch zu nehmen, ist, daß der Discount-Broker dem Kapitalanleger Kapitalanlagen vermittelt, ohne über die wesentlichen Umstände der konkret in Frage stehende Anlagemöglichkeit zu informieren.

Wesentlich ist auch, daß der Discount-Broker die Vermittlungstätigkeit gerade deswegen zu günstigen Provisionen anzubieten vermag, weil er die ihn grundsätzlich treffenden Aufklärungspflichten weitest möglich reduziert hat. Für den Kapitalanleger ist entscheidend, zu erkennen, daß er durch die Inanspruchnahme des Discountbrokers auf eine ihm ansonsten zustehende Rechtsposition wirksam verzichtet[585].

Der Discountbroker hat dem Kapitalanleger folglich mitzuteilen, welche Leistungen dieser nach Abschluß des Discount-Vertrags zu erwarten hat[586]. Der Discount-Broker muß den Kunden auf unmißverständliche Weise darauf hinweisen, eine Beratungstätigkeit gerade nicht zu erbringen[587]. Zudem hat er darauf hinzuweisen, über die konkret in Frage stehende Anlagemöglichkeit nicht zu informieren[588]. Der Discount-Broker hat den Kapitalanleger auch darauf hinzuweisen, daß dieser beim Discountgeschäft das Risiko der ungenügenden Information über die konkret in Frage stehende Anlagemöglichkeit eigenverantwortlich zu tragen hat[589]. Schließlich hat der Discountbroker darüber aufzuklären, daß er seine Tätigkeit gerade deswegen zu günstigeren Provisionen als der Anlageberater anzubieten vermag, weil er weder über die konkret in Frage stehende Anlagemöglichkeit informiert noch in irgendeiner Weise über die für den Kapitalanleger geeigneten Anlagemöglichkeiten berät[590].

Nur mit diesem Kenntnisstand ist der Kapitalanleger in der Lage, eigenverantwortlich die Entscheidung zu treffen, ob er sich angesichts der unvollständigen Informationsmitteilung durch den Discountbroker zum Vertragsschluß mit diesem entschließt oder die Tätigkeit eines Anlagevermittlers bzw. Anlageberaters in Anspruch nimmt[591].

---

585 Vgl. auch Arendts JuS 1994, 915 (916).

586 Jütten Die Bank 1995, 221 (223); Kümpel WM 1995, 689 (693); ders. Rdnr. 8.274; Drygala ZHR 195 (1995), 686 (720).

587 Jütten, Die Bank 1995, 221 (223).

588 Jütten, Die Bank 1995, 221 (223).

589 Vgl. auch Kümpel WM 1995, 689 (694); Jütten Die Bank 1995, 221 (224).

590 Vgl. Arendts JuS 1994, 915 (916).

591 Vgl. Breidenbach S. 72.

### b) Wesentliche Umstände der zu vermittelnden Produktgruppe

Der Kapitalanleger kann die ihm mitgeteilte Information, der Discountbroker informiere nicht über die konkreten Umstände des in Frage stehenden Anlagegeschäfts, nur dann zutreffend einschätzen und eine entsprechend eigenverantwortliche Entscheidung unter Abwägung aller wesentlichen Umstände treffen, wenn ihm bekannt ist, welche generellen Risiken ihm bei fehlenden Informationen über die in Frage stehende Anlagemöglichkeit drohen. Hierfür müssen dem Kapitalanleger die wesentlichen Umstände der Produktgruppe bekannt sind, die er zu erwerben gedenkt[592].

Der Discount-Broker hat den Kapitalanleger daher vor der ersten Vermittlung einer Kapitalanlagemöglichkeit über die allgemeinen Risiken der von ihm vermittelten Produktgruppen aufzuklären[593]. Auch hier gilt, daß die Aufklärungspflicht des Discount-Brokers nur soweit reicht, wie der Kapitalanleger nicht bereits von sich aus über die in Frage stehenden Informationen verfügt. Ob das der Fall ist, vermag der Discount-Broker auch hier mittels der standardisierten know your customer Prüfung zu erfahren[594]. Für den Inhalt der Aufklärung gilt das Ausgeführte[595].

### c) Teilergebnis

Der Kapitalanleger, der über diese Informationen verfügt, ist in der Lage die eigenverantwortliche Entscheidung zu treffen, ob er die aufklärungsreduzierte Vermittlungsätigkeit des Discountbrokers in Anspruch nehmen will[596]. Darüber hinausgehende Aufklärungspflichten treffen den Discountbroker nicht, die vertraglich vereinbarte Risikozuweisung mit dem Kapitalanleger ist wirksam.

## III. Praktische Umsetzung der rechtlichen Vorgaben

In der Praxis wählten die Discountbroker unterschiedliche Wege, den sie treffenden Aufklärungspflichten gegenüber den Kapitalanlegern zu genügen. Exemplarisch soll im folgenden betrachtet werden, inwieweit die gewählten Aufklärungstätigkeiten den genannten rechtlichen Erfordernissen der Aufklärungstätigkeit eines Discountbrokers entsprechen.

---

592 Jütten, Die Bank 1995, 221 (223).
593 Anderer Ansicht: Drygala ZHR 159 (1995), 686 (721).
594 Rellermeyer WM 1995, 1981 (1987).
595 Oben 4. Abschnitt A I, II.
596 Henssler S. 150; vgl. im Ergebnis ebenso, wenn auch noch weitgehender Drygala ZHR 159 (1995), 686 (719 f.).

1. Aufklärung des Kapitalanlegers über wesentliche Umstände des Discountgeschäfts

Über die wesentlichen Umstände des Discountgeschäfts informieren Discount-Broker ihre Kunden regelmäßig mittels standardisierter Klauseln.

**a) Beratungsausschließende Klausel**

Der erste in der Bundesrepublik tätig gewordene Discountbroker etwa weist seine Kunden auf die wesentlichen Umstände des Discountgeschäfts in dem Kontoeröffnungsantrag mittels folgender Formulierung hin[597]:

"Ich bin mir bewußt, daß die Direkt-Anlage Bank im Interesse besserer Konditionen auf jede Form der Beratung verzichtet"

Die Klausel ist von dem Antragsteller mit Ort und Datum der Überreichung des Formblatts zu unterzeichnen. Zudem hat der Antragsteller eine Unterschriftenprobe zu fertigen.

Die Klausel genügt nicht den herausgearbeiteten Anforderungen an den Inhalt der Aufklärung. Der Ausschluß einer Beratung bedeutet nach dem allgemeinen Sprachgebrauch nämlich nur, daß der Discount-Broker darauf verzichtet, den Kapitalanleger individuell unter Berücksichtigung seiner Anlegerinteressen zu beraten. Der Aufklärungsumfang bei der Tätigkeit eines Discountbrokers ist aber weiter reduziert. Der Kapitalanleger wird von diesem zudem nicht über die wesentlichen Umstände der konkret in Frage stehenden Anlagemöglichkeit informiert.

Discount-Broker, die die Klausel verwenden, verletzen die sie treffenden Aufklärungspflichten, soweit der Kapitalanleger nicht von sich aus unmißverständlich zu erkennen gibt, über die wesentlichen Umstände der konkret in Frage stehenden Anlagemöglichkeit nicht informiert werden zu wollen oder andere Ausnahmetatbestände vorliegen[598].

**b) Umfangreiche Informationsklausel**

Ein anderes Kreditinstitut klärt die Kunden ihrer Discountabteilung vor dem ersten Geschäft mit einem Formblatt wörtlich wie folgt auf:

„Die D. AG wird mich bei Wertpapiergeschäften, die ich über den D. - Order - Discount tätige, im Interesse besonders günstiger Konditionen nicht beraten und nicht über die mit einzelnen Wertpapiergeschäften verbundenen Risiken aufklä-

597 Nr. 4 der AGB der Direkt Anlage Bank.
598 Vgl. Abschnitt 4 - B I.3 b).

ren; insoweit ist eine Haftung der D. AG aus unterlassener Beratung oder Aufklärung für einen mir entstandenen Schaden, insbesondere für Kursverluste bei Wertpapieren, welche über den D. Discount erworben wurden, ausgeschlossen. Die D. AG übernimmt nur die in den umseitig abgedruckten Bedingungen ausdrücklich aufgeführten Aufklärungs- und Beratungsleistungen, für welche sie im Rahmen ihrer Allgemeinen Geschäftsbedingungen haftet."

Auf der Rückseite des Formblatts sind folgende Aufklärungs- und Beratungspflichten, die das Kreditinstitut übernimmt, genannt:

„Die D. AG wird aufgrund vom Kontoinhaber gemachter Angaben gemäß § 31 II WpHG diesem mitteilen, welche Depotstruktur er für sein Anlagevermögen in Wertpapieren bei der D. AG anstreben sollte und ihm diese erläutern. Die D. AG wird nicht kontrollieren, ob der Kontoinhaber die Depotstruktur einhält. Der Kontoinhaber ist hierfür selbst verantwortlich."

Dem Kunden wird außerdem eine Broschüre mit Basisinformationen über Vermögensanlagen in Wertpapieren übergeben, in welchen die wesentlichen mit dem Wertpapier verbundenen Risiken dargestellt sind.

Ferner wird die D. AG dem Kontoinhaber die allgemeinen Risiken von Wertpapiergeschäften ohne Beratung erläutern.

Auch diese Klausel genügt nicht den inhaltlichen Anforderungen, die an eine Aufklärungstätigkeit des Discountbrokers zu stellen sind.
Zwar wird dem Kapitalanleger mitgeteilt, keine Auskünfte über die konkret in Frage stehende Anlagemöglichkeit mitgeteilt zu erhalten. Auch wird er darüber informiert, bei dem Discount-Geschäft in keiner Weise beraten zu werden. Auf die wesentlichen Umstände der in Betracht kommenden Produktgruppen wird der Kapitalanleger mittels einer standardisierten Aufklärungsbroschüre hingewiesen.

Doch enthält die Klausel den Hinweis, daß eine Beratung erfolgt, soweit dieses ausdrücklich aufgeführt ist. Die D. AG berät den Kunden, welche Depotstruktur er für sein Anlagevermögen in Wertpapieren anstreben sollte. Hierdurch übernimmt die D. AG faktisch einen Teil der Funktion eines Anlageberaters. Konsequenz ist, daß das Kreditinstitut einen Vertrauenstatbestand gegenüber dem Kunden hervorruft, der darauf gerichtet ist, daß Kreditinstitut werde gerade doch, zumindest zum Teil, beratend tätig werden.

**c) Eigener Vorschlag einer Klausel**

Eine wirksame Aufklärung des Kapitalanleger über die wesentlichen Umstände des Discountgeschäfts setzt folgende Formulierungen voraus, deren Inhalt nicht durch etwaige Zusätze geändert werden darf, die ein über den genannten Aufklärungsinhalt hinausgehendes Vertrauen in die Tätigkeit des Discountbrokers erzeugen.

„Der Discountbroker wird mich bei Wertpapiergeschäften, die ich über den Discount-Broker tätige, im Interesse günstiger Vermittlungsgebühren nicht beraten und mich nicht über die mit einzelnen Wertpapiergeschäften verbundenen Risiken aufklären.

Der Discount-Broker wird mich nicht darauf hinweisen, welche Produktgruppen sich für meine persönlichen Interessen eignen und von welchen mir abzuraten ist.

Mir wird vor dem ersten Wertpapiergeschäft eine Broschüre mit Basisinformationen über Vermögensanlagen in Wertpapiergeschäften ausgehändigt werden, in welcher ausschließlich die wesentlichen Risiken der Produktgruppen von Anlagemöglichkeiten erläutert sind, die mir vom Discount-Broker vermittelt werden können.

Ein Mitarbeiter des Discount-Brokers wird mir ergänzend mündlich die in der Produktbroschüre enthaltenen Informationen erläutern. Weitere mündliche Auskünfte werden mir nicht erteilt."

2. Aufklärung des Kapitalanlegers über wesentliche Umstände der zu vermittelnden Produktgruppe

Die Mehrzahl der Discountbroker sind dazu übergegangen, dem Kunden vor der Vermittlung der ersten Anlagemöglichkeit eine standardisierte Informationsbroschüre über die Risiken bestimmter Gruppen von Anlagemöglichkeiten zu überreichen. Inhaltlich entsprechen die Broschüren überwiegend wörtlich der vom Kreditausschuß der deutschen Kreditwirtschaft herausgegebenen Informationsbroschüre „Basisinformationen über die Vermögensanlage in Wertpapieren".

Die Broschüre informiert den Kapitalanleger über die Möglichkeiten der Vermögensanlage in festverzinslichen Wertpapieren, Aktien, Genußscheinen, Investmentanteilscheinen sowie Optionsscheinen. Benannt werden die allgemeinen unabhängig von der jeweiligen Produktgruppe bestehenden Basisrisiken bei der Vermögensanlage. Ausgeführt werden auch die speziellen Risiken bei der jeweiligen Produktgruppe der Vermögensanlage.

Exemplarisch wird im folgenden gezeigt, daß das Überreichen der Broschüre nicht geeignet ist, sämtliche Kapitalanleger ausreichend über die wesentlichen Umstände der in Frage stehenden Produktgruppe zu informieren, die dem Anleger mitzuteilen sind[599]. Betrachtet werden die Informationen über das Geschäft mit festverzinslichen Wertpapieren.

Die Broschüre informiert den Kapitalanleger auf insgesamt 21 Seiten über die Anlagemöglichkeit in festverzinslichen Wertpapiere und deren Risiken. Bereits der Umfang der Information verdeutlicht die Problematik der standardisierten Aufklärung von Kapitalanlegern[600]. Die Ausführungen sind für den in Wertpapiergeschäften erfahrenen Kapitalanleger nachvollziehbar, für den unerfahrenen Erstanleger, der keine wirtschaftlichen Vorkenntnisse hat, aber schlicht unverständlich.

Die Broschüre informiert nicht nur über die Grundfunktion und Risiken verzinslicher Wertpapiere. Die Broschüre enthält auch Angaben über Sonderformen verzinslicher Wertpapiere. Ausgeführt wird etwa, was unter den Begriffen „Floater“[601], Floor-Floater“ [602], „Cap-Floater“, „stripped Bonds“[603] oder „step-up Anleihen“[604] verstanden wird.

Zu viele Informationen sind zu wenig. Gerade die Informationsflut ist die Ursache, warum der unerfahrene Kapitalanleger die Ausführungen nicht versteht. Die wirtschaftlichen Grundzusammenhänge der Vermögensanlage in festverzinslichen Wertpapieren, wie etwa die Bedeutung der Laufzeit von Anleihen[605], werden durch nur im konkreten Einzelfall relevante Informationen über bestimmte Ausprägungen verzinslicher Wertpapieren verwässert.

Schon daher wird die Broschüre der individuellen Aufklärung des Kapitalanleger über die wesentlichen Umstände des Geschäfts in festverzinslichen Wertpapieren nicht gerecht.

Der Discount-Broker bleibt verpflichtet, den Kapitalanleger, der den Inhalt der Broschüre nicht zu erfassen vermag, zusätzlich mündlich auf die wesentlichen Umstände des Geschäfts mit verzinslichen Wertpapieren hinzuweisen oder ihm eine standardisierte Broschüre zu überreichen, die geeignet ist, auch den fachun-

---

599 Vgl. Abschnitt 4 - A I. 1.

600 Vgl. Abschnitt 2 - B III. 1. b).

601 Standardisierte Broschüre „Basisinformation über die Vermögensanlage in Wertpapieren“, Stand: Oktober 1995, S. 19.

602 Standardisierte Broschüre „Basisinformation über die Vermögensanlage in Wertpapieren“, Stand: Oktober 1995, S. 19.

603 Standardisierte Broschüre „Basisinformation über die Vermögensanlage in Wertpapieren“, Stand: Oktober 1995, S. 21.

604 Standardisierte Broschüre „Basisinformation über die Vermögensanlage in Wertpapieren“, Stand: Oktober 1995, S. 22.

605 Standardisierte Broschüre „Basisinformation über die Vermögensanlage in Wertpapieren“, Stand: Oktober 1995, S. 18.

kundigen Kapitalanleger verständlich die wesentlichen Informationen zu vermitteln.

Auch inhaltlich genügt die Broschüre nicht, den individuellen Kapitalanleger ausreichend über die wesentlichen Umstände des Geschäfts mit verzinslichen Wertpapieren zu informieren. Die Broschüre enthält zwar Angaben zu den wesentlichen Risiken des Geschäfts mit festverzinslichen Wertpapieren, nämlich Bonitätsrisiko[606], Zinsänderungsrisiko[607], Kündigungsrisiko[608], Auslosungsrisiko[609] und weiteren Risiken bei einzelnen Anleiheformen[610]. Die Risikohinweise sind aber so abstrakt formuliert, daß der unerfahrene Kapitalanleger nicht zu erkennen vermag, welches Risiko ihm bei dem Erwerb festverzinslicher Wertpapiere tatsächlich droht. Die Broschüre enthält etwa folgende Definition des Bonitätsrisikos[611]:

„Unter dem Bonitätsrisiko versteht man die Gefahr der Zahlungsunfähigkeit oder Illiquidität des Schuldners, d. h. eine mögliche, vorübergehende oder endgültige Unfähigkeit zur termingerechten Erfüllung seiner Zins- und / oder Tilgungsverpflichtungen. Alternative Begriffe für das Bonitätsrisiko sind das Schuldner- oder Emittentenrisiko.“

Der Kapitalanleger vermag der Definition weder zu entnehmen, welche konkreten Auswirkungen das Bonitätsrisiko auf das von ihm eingesetzte Kapital nimmt, noch erfährt er, wie ausgeprägt das Bonitätsrisiko bei welcher Art von festverzinslichen Wertpapieren ist.

### IV. Zusammenfassung

Das Discount-Broking unterscheidet sich von der Tätigkeit des Anlagevermittlers dadurch, daß die den Discount-Broker treffenden Aufklärungspflichten zugunsten geringerer Transaktionskosten rechtlich wirksam weiter reduziert sind.

Da es sich bei den §§ 31 f. WpHG um zwingendes Recht handelt, treffen auch den Discountbroker Aufklärungspflichten gegenüber dem Kapitalanleger. Der Dis-

606 Standardisierte Broschüre „Basisinformation über die Vermögensanlage in Wertpapieren“, Stand: Oktober 1995, S. 85.

607 Standardisierte Broschüre „Basisinformation über die Vermögensanlage in Wertpapieren“, Stand: Oktober 1995, S. 88.

608 Standardisierte Broschüre „Basisinformation über die Vermögensanlage in Wertpapieren“, Stand: Oktober 1995, S. 89.

609 Standardisierte Broschüre „Basisinformation über die Vermögensanlage in Wertpapieren“, Stand: Oktober 1995, S. 90.

610 Standardisierte Broschüre „Basisinformation über die Vermögensanlage in Wertpapieren“, Stand: Oktober 1995, S. 90.

611 Standardisierte Broschüre „Basisinformation über die Vermögensanlage in Wertpapieren“, Stand: Oktober 1995, S. 85.

countbroker hat den Kapitalanleger über die wesentlichen Umstände und die sich daraus ergebenden Risiken des Discountgeschäfts ebenso zu informieren wie der Discountbroker dem Kapitalanleger die wesentlichen Umstände der zu vermittelnden Produktgruppe zu verdeutlichen hat.

## 5. Abschnitt: Aufklärungspflichten eines Wertpapierdienstleisters bei der Anlageberatung

Einen Anlageberater treffen aufgrund des von ihm übernommenen Funktionskreises weitergehende Mitteilungs- und Informationspflichten als einen Anlagevermittler oder einen Discount-Broker, die sich unter den genannten Voraussetzungen darauf beschränken können, allein über die wesentlichen Umstände der zu vermittelnden Produktgruppen von Anlagemöglichkeiten aufzuklären.

### A - Aufgaben eines Anlageberaters

Der Anlageberater übernimmt die Funktion, individuell und sachkundig zu beraten und den Kapitalanleger in die Lage zu versetzen, eine eigenverantwortliche Anlageentscheidung zu treffen[612].

Eine den individuellen Interessen des Kapitalanlegers gerecht werdende Beratung setzt voraus, daß der Wertpapierdienstleister ebenso wie der Anlagevermittler neben dem Grundwissen über die in Frage stehende Produktgruppe auch über ein die konkrete Anlagemöglichkeit betreffendes Markt- und Spezialwissen verfügt[613]. Daher ist auch ein Wertpapierdienstleister, der diese Kenntnisse nicht besitzt, zunächst verpflichtet, sich die für eine sachgerechte Beratung erforderlichen Informationen zu beschaffen. Diese den Wertpapierdienstleister treffende Pflicht ist notwendiger Bestandteil der von ihm übernommenen Beratungstätigkeit[614]. Hinsichtlich des aufzuwendenden Informationsbeschaffungsaufwandes gilt das zur Anlagevermittlung ausgeführte[615].

Abzulehnen ist die in der Rechtsprechung vereinzelt vertretene Auffassung, nach der ein Wertpapierdienstleister nur dann verpflichtet sein soll, sich die für eine Beratung über die konkret in Frage stehende Anlagemöglichkeit erforderlichen Informationen zu beschaffen, wenn kritische Stimmen in der Wirtschaftspresse hierzu Anlaß geben[616].

Ein Anlageberater ist auch ohne veröffentlichte oder ihm auf andere Weise bekannt gewordene Zweifel an der Zuverlässigkeit der in Frage stehenden Anlagemöglichkeit verpflichtet, sich näher über alle wesentlichen Einzelheiten der von

---

612 Vgl. OLG Oldenburg WM 1987, 169; Vortmann ÖBA 1994, 579 (581); ders. WuB I G 1. - 7.95; Heymann HGB § 347 Rdnr. 75; Schäfer, Haftung für fehlerhafte Anlageberatung S. 3.

613 Escher-Weingart JZ 1994, 104 (105); Breidenbach S. 88.

614 Breidenbach S. 88.

615 Oben 4. Abschnitt A, II.

616 OLG Düsseldorf WM 1994, 1468; OLG Braunschweig, WM 1993, 190; anders dann OLG Braunschweig WM 1994, 62.

seinem Kunden beabsichtigten Wertpapiergeschäfte zu informieren. Dies ergibt sich ohne weiteres schon aus der Funktion des Anlageberaters, die nicht nur darin besteht, dem Kapitalanleger allgemeine Kenntnisse zu vermitteln. Sie verpflichtet ihn vielmehr, sich darüber hinaus gerade auch die Informationen zu beschaffen, die ihm bisher noch nicht bekannt, für die vom Kunden zu treffende Anlageentscheidung aber von wesentlicher Bedeutung sind[617].

## B - Anlegerbezogene Konkretisierung der Aufklärungspflichten

Die Zweckdienlichkeit der in Frage stehenden Informationen für die Interessen des Kapitalanlegers bestimmt sich auch bei der Anlageberatung nach der Person des Kapitalanlegers.

### I. Individueller Kenntnisstand

Der individuelle Kenntnisstand des Kapitalanlegers hat im Zusammenhang mit der vom Wertpapierdienstleister übernommenen Funktion des Anlageberaters die gleiche Bedeutung wie bei der vom Wertpapierdienstleister übernommenen Funktion des Anlagevermittlers[618]. Auch der Anlageberater hat den Kapitalanleger über die Umstände nicht aufzuklären, die dem Kapitalanleger von sich aus bekannt sind. Relevanz hat auch hier der Kenntnisstand des Kapitalanlegers im Hinblick auf die in Frage stehende Produktgruppe *und* die konkret in Frage stehende Anlagemöglichkeit.

### II. Der vom Kapitalanleger verfolgte Anlagezweck

Die den Wertpapierdienstleister gemäß § 31 II Nr. 1 WpHG grundsätzlich treffende Pflicht, von den Kunden Angaben über ihre mit den Geschäften verfolgten Ziele und über ihre finanziellen Verhältnisse zu verlangen, hat wesentliche Bedeutung für Inhalt und Umfang der den Anlageberater treffenden Aufklärungspflichten. Der Funktionskreis des Anlageberaters gegenüber dem Kapitalanleger kennzeichnet sich dadurch, daß der Anlageberater die in Betracht kommenden Anlagemöglichkeiten im Hinblick auf ihre Eignung für die individuellen Interessen des Kapitalanlegers zu bewerten hat.

#### 1. Persönliche Verhältnisse und Präferenzen

##### a) Finanziellen Verhältnisse des Kapitalanlegers

Die in § 31 II Nr. 1 WpHG genannten finanziellen Verhältnisse des Kapitalanlegers sind wesentlich für die Frage, welche Anlagemöglichkeiten für die individu-

617 Vgl. Breidenbach S. 86.
618 Dazu Abschnitt 4 - B I.

ellen Interessen des Kapitalanlegers geeignet sind[619]. Das dem Kapitalanleger zur Verfügung stehende Kapital bestimmt, welche Gruppe von Anlagemöglichkeiten für den Kapitalanleger überhaupt in Betracht kommen.

aa) Anlagesumme

Wesentlich ist, welche Bedeutung das investierte Kapital für den Kapitalanleger hat, welchen Stellenwert die Anlagesumme also im Verhältnis zu seinem sonstigen Vermögen einnimmt[620]. Für den Kapitalanleger, dem das eingesetzte Kapital zur Bestreitung seines Lebensunterhalts dient oder der das investierte Kapital als Notgroschen zurückhalten will, sind spekulative Anlagemöglichkeiten, die zu einem Totalverlust führen können, ungeeignet[621]. Das gleiche gilt für den Kapitalanleger, dem die Anlagesumme als monatliche Ergänzung seiner Rente dient[622].

In dem Sachverhalt beispielsweise, der der „Bond-Entscheidung" des BGH zugrunde lag[623], ging es um eine Anlage in Höhe von DM 20.000,-. Der Betrag machte rund ein Drittel der Lebensersparnisse des Anlegers aus. Inwieweit den Anlegern zur Investition in der Bond-Anleihe, die als DM - Auslandsanleihe den eher spekulativen Papieren zuzuordnen war, zu raten gewesen ist, hing entscheidend von dem zur Verfügung stehenden Gesamtvermögen des Anlegers ab. Während es bei einem Gesamtvermögen von DM 60.000,- aus Gründen der Risikodiversifikation nicht anlegergerecht gewesen ist, DM 20.000,- des Vermögens in Auslandsanleihen zu investieren, hätte dieses bei einem Gesamtvermögen von etwa DM 600.000,- durchaus den individuellen Interessen des Kapitalanlegers entsprechen können.

bb) Depotstruktur

Wesentlich für den Inhalt der Beratungstätigkeit des Wertpapierdienstleisters ist auch die aktuelle Depotstruktur des Kapitalanlegers[624]. Die Empfehlung einer bestimmten Anlagemöglichkeit hängt entscheidend davon ab, wie die Anlagemöglichkeit im Depot des Kapitalanlegers bisher gewichtet ist. Der Wertpapierdienstleister darf etwa einem Kapitalanleger, der in seinem Depot ausschließlich Optionsscheine hält, nicht den Erwerb weiterer Optionsscheine empfehlen. Unter dem

---

619 Vgl. so auch OLG Düsseldorf WM 1994, 1468; OLG Celle WM 1993, 191 (192); der BGH geht in der Revision hierauf nicht mehr ein, NJW 1993, 2433. LG München I WM 1995, 1309 (1312).

620 Vgl. so auch LG München I, WM 1995, 1309 (1312); Arendts WM 1993, 229 (232).

621 Vgl. Schödermeier WM 1995, 2053 (2058).

622 So bei LG Hannover WM 1993, 201 (204); zu einer solchen Konstellation auch OLG Köln WM 1995, 381 (383).

623 BGH NJW 1993, 2433.

624 Vgl. Nr. 3.1 c) Abs. I Satz 2 der Richtlinie des Bundesaufsichtsamts für den Wertpapierhandel zu den §§ 31, 32 WpHG.

Gesichtspunkt der Diversifikation wäre dieses nicht interessengerecht. Andererseits kommt der Erwerb von Optionsscheinen für den Kapitalanleger in Betracht, der in seinem Depot ausschließlich festverzinsliche Wertpapiere hält und über eine größere Summe von Investitionskapital verfügt.

cc) Objektive Risikofähigkeit

Wesentlich ist auch die objektive Risikofähigkeit des Kapitalanlegers, die von dessen individuellen finanziellen Verhältnissen abhängig ist[625]. Unter der objektiver Risikofähigkeit ist die Größenordnung der für den individuellen Kapitalanleger verkraftbaren Vermögensverluste zu verstehen[626]. Die objektive Risikofähigkeit bezeichnet also die finanzielle Belastbarkeit des Einzelnen. Auch sie bestimmt, welche Gruppen von Anlagemöglichkeiten für den Kapitalanleger überhaupt in Betracht kommen.

Spekulative Kapitalanlagemöglichkeiten beispielsweise sind nur für den Kapitalanleger geeignet, dem echtes Risikopotential zur Verfügung steht[627]. Nur dieser Kapitalanleger vermag das im Zusammenhang mit Risikogeschäften drohende Risiko des Totalverlustes durch Diversifikation seiner Vermögenswerte zu minimieren[628]. Bereits eine Investition von 20 % des dem Kapitalanleger insgesamt zur Verfügung stehenden Anlagebetrags in spekulativen Anlagemöglichkeiten wird den Interessen des Kapitalanlegers nicht gerecht[629]. Warentermingeschäfte sollte aus Gründen der objektiven Risikofähigkeit nur der Kapitalanleger tätigen, dem mindestens US $ 50.000,- zur Verfügung stehen[630].

Der Wertpapierdienstleister vermag den Kapitalanleger daher nur dann seinen Interessen entsprechend über den Erwerb spekulativer Anlagemöglichkeiten zu beraten, wenn ihm sowohl das in Frage stehende Investitionskapital, die vorhandene Depotstruktur sowie die sonstigen Vermögensverhältnisse des Kapitalanlegers bekannt sind[631].

625 Vgl. Schlotthauer, Sparkasse 1994, 434 (435); Roth in FS für Kleiner S. 5; allgemein zu der Bedeutung der Vermögensverhältnisse des Kapitalanlegers für die individuelle Beratung: Koller in Assmann/Schneider § 31 Rdnr. 85; Schödermeier, WM 1995, 2053 (2058); Hopt, Beiträge zum schweizerischen Bankrecht, S. 155.

626 Schlotthauer, Sparkasse 1994, 434 (435).

627 Vgl. Henssler S. 695; Arendts Bankenhaftung S. 11.

628 Henssler S. 695.

629 Hirt Praxis des Rohstoff-Termingeschäfts S. 140; Hauser, Spekulative Warentermingeschäfte S. 65; zurückhaltend gegenüber starren Quoten Arendts Bankenhaftung S. 13.

630 Henssler S. 695; Hauser, Spekulative Warentermingeschäfte S. 139.

631 Vgl. auch Scharrenberg Sparkasse 1995, 108 (111).

### b) Anlageziele des Kapitalanlegers

Das WpHG nennt in § 31 II Nr. 1 als weiteren individuellen Umstand, den der Wertpapierdienstleister bei der Aufklärungstätigkeit grundsätzlich zu berücksichtigen hat, das vom Kapitalanleger mit dem Anlagegeschäft verfolgte Anlageziel. Auch Nr. 3. 1 der Richtlinie des Bundesaufsichtsamts für den Wertpapierhandel sieht den Wertpapierdienstleister als verpflichtet an, sich Kenntnis von dem vom Kapitalanleger verfolgten Anlagezielen zu verschaffen. Nach Nr. 3. 1. a) ist der Kapitalanleger insbesondere über sein Interesse an lang- oder kurzfristigen Anlagen, einmaligen oder wiederkehrenden Ausschüttungen und über seine Risikobereitschaft zu befragen.

Unklar ist jedoch, was unter dem vom Kapitalanleger verfolgten Anlageziel zu verstehen ist. Die vom Kapitalanleger verfolgten Anlageziele lassen sich hinsichtlich der Anlagemotivation und Risikoneigung des Kapitalanlegers differenziert betrachten:

#### aa) Anlagemotivation

Wesentlich für die Frage, welche Anlagemöglichkeit für die individuellen Interessen des Kapitalanlegers geeignet ist, ist die von dem Kapitalanleger verfolgte Anlagemotivation[632]. Die vom Kapitalanleger verfolgte Anlagemotivation bezeichnet die geplante Verwendung der erwarteten Rendite durch den Kapitalanleger[633].

Die Anlagemotive des Kapitalanlegers können unterschiedlichster Natur sein. Die Anlagemotivation des Kapitalanlegers kann etwa darin bestehen, die erwartete Rendite als monatliche Ergänzung der Witwenrente zu nutzen[634]. Die Motivation kann auch darin bestehen, kurzzeitig zur Verfügung stehendes Geld gewinnbringend anzulegen[635].

Je nach der vom Kapitalanleger verfolgten Anlagemotivation, hat sich die Beratungstätigkeit des Wertpapierdienstleisters im Hinblick auf bestimmte Anlagegruppen zu orientieren[636]. Für den Kapitalanleger, der über ein ständiges Einkommen verfügen will, sind Anlagemöglichkeiten mit hohem Bonitätsrisiko ungeeig-

---

632 Vgl. so auch OLG Düsseldorf WM 1994, 1468; OLG Celle WM 1993, 191 (192); der BGH geht in der Revision hierauf nicht mehr ein, NJW 1993, 2433. LG München I WM 1995, 1309 (1312).

633 Scharrenberg Sparkasse 1995, 108 (111); Koller in Assmann/Schneider, § 31 Rdnr. 84.

634 So der Sachverhalt bei OLG Köln WM 1995, 381 (383); LG Hannover WM 1993, 201.

635 So der Sachverhalt bei AG Frankfurt a. M. WM 1995, 700.

636 Vgl. Arendts WM 1993, 229 (232).

net, für den Kapitalanleger, der die investierte Anlagesumme in kurzer Zeit benötigt, sind Anlagegruppen mit hohem Liquiditätsrisiko ungeeignet[637].

bb) Individuelle Risikoneigung

Wesentlich für die Frage, welche Anlagemöglichkeit für die individuellen Interessen des Kapitalanlegers geeignet ist, ist auch die individuelle Risikoneigung des Kapitalanlegers[638]. Unter der individuellen Risikoneigung des Kapitalanlegers ist die Bereitschaft des Einzelnen zu verstehen, bei der in Frage stehenden Kapitalanlage bewußt ein Verlustrisiko in Kauf zu nehmen und dadurch die Renditeerwartung zu erhöhen[639].

Die Risikoneigung des Kapitalanlegers bestimmt, ob für den Kapitalanleger eine mit einem hohen Ausfallrisiko bedrohte Anlagemöglichkeit in Betracht kommt oder nur eine sichere Kapitalanlage geeignet ist, den vom Kapitalanleger verfolgten Zweck zu erreichen[640].

Allerdings erlangt die Risikoneigung des Kapitalanlegers für den Inhalt der Beratungstätigkeit des Wertpapierdienstleister erst dann Bedeutung, wenn dem Wertpapierdienstleister die finanziellen Verhältnisse und die Anlagemotivation des Kapitalanlegers ausreichend bekannt sind. Die Risikoneigung des einzelnen Kapitalanlegers begründet für sich allein betrachtet noch nicht, welche Anlagemöglichkeiten für ihn geeignet sind[641]. Während die finanziellen Verhältnisse des Kapitalanlegers und dessen Anlagemotive bei einer objektiven Bewertung bestimmte Produktgruppen von vornherein als den Interessen des Kapitalanlegers widersprechend und andere als geeignet erscheinen lassen, kann aus der vom Kapitalanleger geäußerten Risikoneigung nicht geschlossen werden, welche Anlagemöglichkeiten den Interessen des Kapitalanlegers entgegenkommen und welche ihnen widersprechen.

Der Kapitalanleger beispielsweise, der angibt, mit seinen Ersparnissen in Höhe von DM 50.000,- durch spekulative Geschäfte schnell reich werden zu wollen, da

637 Etwa Anlagen in festverzinslichen Wertpapieren, vgl. Sachverhalt bei AG Frankfurt a. M. WM 1995, 700 (701); vgl. auch OLG Braunschweig WM 1996, 1484 (1485).

638 Vgl. BGH NJW 1993, 2433; OLG Köln WM 1995, 381 (384); LG Osnabrück WM 1995, 483 (486); Kümpel WM 1995, 689 (692); Arendts WM 1993, 229 (232);

639 Vgl. BGH NJW 1993, 2433; OLG Braunschweig WM 1996, 1484 (1485); OLG Schleswig WM 1996, 1487 (1487, 1488); OLG Köln WM 1995, 697 (698); OLG Köln WM 1995, 381 (384); OLG Frankfurt a. M. WM 1994, 542 (544)

640 Vgl. BGH NJW 1993, 2433; OLG Köln WM 1995, 697 (698); OLG Köln WM 1995, 381 (384); OLG Frankfurt a. M. WM 1994, 542 (544); LG München I WM 1995, 1309 (1312); AG Frankfurt a. M. WM 1995, 700 (701); entsprechend die Kommentierung von Zeller WuB I G 1.- 5.95.

641 Vgl. Heinsius ZHR 145, 177 (187); Koller in Assmann/Schneider § 31 Rdnr. 109.

er das Geld für seine Altersvorsorge benötigt, ist zweifellos risikogeneigt[642]. Gleichwohl entspricht es nicht seinen tatsächlichen Interessen, eine spekulative Anlagemöglichkeit vermittelt zu erhalten. Denn weder die von ihm verfolgte Anlagemotivation noch das ihm zur Verfügung stehende Investitionskapital empfiehlt eine solche.

Grund der beschränkten Bedeutung der Risikoneigung eines Kapitalanlegers ist ihr subjektiver Wertungsgehalt. Der Kapitalanleger äußert seine Risikoneigung, ohne beurteilen zu können, ob sich seine Risikoneigung mit dem ihm zur Verfügung stehenden Anlagekapital und der von ihm verfolgten Anlagemotivation objektiv vereinbaren läßt. Gerade der bestehende Beratungsbedarf des Kapitalanlegers ist der Grund, warum er nicht ausreichend zu erfassen vermag, welche Risikoneigung sich überhaupt mit seinen finanziellen Verhältnissen und der von ihm verfolgten Anlagemotivation verträgt[643].

Für die Beratungstätigkeit des Wertpapierdienstleisters ergibt sich daraus, daß der Wertpapierdienstleister zunächst die finanziellen Verhältnisse des Kapitalanlegers zu erfragen und die vom Kapitalanleger verfolgten Anlagemotive zu erforschen hat. Aufgrund dieser Kriterien hat der Wertpapierdienstleister zu bestimmen, welche Produktgruppen von Anlagemöglichkeiten für die Interessen des Kapitalanlegers überhaupt in Betracht kommen. Erst hiernach hat der Wertpapierdienstleister die vom Kapitalanleger geäußerte Risikoneigung als weiteres Korrektiv zu beachten. Innerhalb der überhaupt in Betracht kommenden Anlagemöglichkeiten hat der Wertpapierdienstleister die Anlagemöglichkeit zu empfehlen, die der Risikoneigung des Kapitalanlegers entspricht.

### 2. Möglichkeiten der Kenntniserlangung

Ein Anlageberater, dem Informationen über die persönlichen Verhältnisse und Präferenzen des Kapitalanlegers fehlen, hat sich von diesen Kenntnis zu verschaffen, um den Kapitalanleger individuell und interessengerecht beraten zu können. Es bietet sich an, persönliche Verhältnisse und Präferenzen mittels eines standardisierten Fragenkatalogs zu erfragen[644].

#### a) Informationelles Selbstbestimmungsrecht des Kapitalanlegers als Schranke der Befragung

Die Befragung des Kapitalanlegers nach seinen persönlichen Verhältnissen und Präferenzen steht jedoch in einem natürlichen Widerstreit zu dem informationellen

642 Vgl. Koller in Assmann/Schneider § 31 Rdnr. 84.
643 Vgl. Heinsus ZHR 145, 177 (187).
644 Kümpel in Kümpel/Ott, 065, S. 116.

Selbstbestimmungsrecht des Kunden im Hinblick auf seine persönlichen Daten[645]. Insbesondere Auskünfte des Kapitalanlegers über seine finanziellen Verhältnisse sind sensible Informationen, an deren vertraulicher Behandlung der Kunde ein herausragendes Interesse hat.

Zweifel an der Vertraulichkeit der Information bestehen, da Dritte, namentlich staatliche Ermittlungsbehörden, Zugriff auf die Informationen nehmen können, ohne daß eine zureichende Verdachtsschwelle bestehen muß, daß eine Straftat begangen wurde. Das BVerfG hat jüngst in zwei Beschlüssen die Verfassungsbeschwerde einer Bank zurückgewiesen, die gegen die Durchsuchung ihrer Geschäftsräume und gegen die Beschlagnahme von Kontounterlagen ihrer Privatkunden gerichtet gewesen ist[646].

Aus diesem Spannungsverhältnis der Mitteilung persönlicher Informationen des Kapitalanlegers gegenüber dem Wertpapierdienstleister und der weitgehenden Beseitigung des Bankgeheimnisses gegenüber staatlichen Ermittlungsbehörden ergibt sich die Notwendigkeit, § 31 II letzter Halbsatz WpHG hinsichtlich der zu erfragenden persönlichen Umstände des Kapitalanlegers streng restriktiv auszulegen. Der Wertpapierdienstleister darf nur solche Angaben des Kapitalanlegers über dessen persönlichen Verhältnisse einholen und dokumentieren, die unbedingt erforderlich sind, um eine anlegergerechte Beratungstätigkeit hinsichtlich des konkret in Frage stehenden Geschäfts anbieten zu können[647]. Es gilt das Gebot, die Nachforschungspflichten auf das tatsächlich Notwendige zu beschränken[648]. Die Erforschung und Speicherung persönlicher Informationen des Kunden, die für eine anlegergerechte Beratung des Kapitalanlegers nicht notwendig sind, hat zu unterbleiben.

**b) Zulässige Befragung des Kapitalanlegers**

Es bleibt zu untersuchen, welche Fragen des Wertpapierdienstleisters den verfassungsrechtlich vorgegebenen restriktiven Anforderungen an die Befragung und Speicherung der Daten genügen, gleichzeitig aber sicherstellen, die für die Beratungstätigkeit wesentlichen Informationen über die persönlichen Verhältnisse des Kapitalanlegers zu erlangen.

aa) Finanzielle Verhältnisse

In dem standardisierten Musterentwurf des zentralen Kreditausschusses der deutschen Kreditwirtschaft hat der Kapitalanleger verschiedene Angaben zu seinen

645 Grundlegend BVerfGE 65, 1 ff.
646 BVerfG WM 1994, 691; BVerfG WM 1995, 234.
647 Raeschke-Kessler, WM 1996, 1764 (1766).
648 Raeschke-Kessler, WM 1996, 1764 (1766).

finanziellen Verhältnissen zu tätigen. Der Kapitalanleger wird gefragt, wie hoch sein Vermögen abzüglich aller Verbindlichkeiten, also sein Nettovermögen ist. Der Kapitalanleger hat auszuführen, wie hoch sein liquides Vermögen ist. Anzugeben hat er ferner das durchschnittliche Haushaltseinkommen pro Jahr und die ihm hiervon zur freien Verfügung stehenden Gelder. Zudem hat der Kapitalanleger den von ihm gezahlten Spitzensteuersatz, seinen Beruf, ob er diesen selbständig oder unselbständig ausübt, Familienstand und die Anzahl der Personen anzugeben, für die er unterhaltspflichtig ist.

Unverzichtbar für den Wertpapierdienstleister, um eine anlegergerechte Beratung anbieten zu können, ist die Kenntnis von dem Gesamtvermögen, das dem Kapitalanleger zur Investition zur Verfügung steht[649]. Unverzichtbar ist, wie ausgeführt, auch die Kenntnis der bisherigen Depotstruktur des Kapitalanlegers.

Die darüber hinausgehend verlangten Angaben sind für eine anlegergerechte Beratung entbehrlich. Insbesondere besteht keine Notwendigkeit, den Kapitalanleger im Hinblick auf seine künftige Vermögensentwicklung über seine berufliche Position und sein Arbeitsverhältnis zu befragen. Denn die Anlageberatung bezieht sich auf eine einzelne konkret in Frage stehende Anlageentscheidung, bei der die künftige Entwicklung der persönlichen Verhältnisse des Kapitalanlegers grundsätzlich außer Betracht zu bleiben hat. Auch Angaben über die zu erwartenden Einkünfte des Kapitalanlegers sind unnötig, da sie nicht das dem Kapitalanleger gegenwärtig zur Verfügung stehende Vermögen betreffen und daher in keinem Zusammenhang zu der konkret zu treffenden Anlageentscheidung stehen.

Eine anlegergerechte Beratung erfordert ferner keine Kenntnis des Wertpapierdienstleisters von den exakten Vermögensverhältnissen des Kapitalanlegers. Für die Frage, welche Anlagegruppe für den Kapitalanleger in Betracht kommt, genügt eine grobe Schätzung seiner Vermögensverhältnisse. Angaben zu seinem Spitzensteuersatz sind ebenso überflüssig wie verlangte Auskünfte über bestehende Unterhaltsverpflichtungen.

Die für die Anlageberatung notwendigen Informationen über das zur Verfügung stehende Investitionskapital und die bisherige Depotstruktur vermag der Wertpapierdienstleister von dem Kapitalanleger durch eine unmittelbar hierauf gerichtete Befragung zu erlangen. Es genügt, ist damit aber auch gleichzeitig die Grenze der zulässigen Befragung, daß der Fragenkatalog ungefähre Angaben zu der zur Verfügung stehenden Investitionssumme und zu der bisherigen Depotstruktur des Kapitalanlegers verlangt.

---

649 Anders wohl Raeschke-Kessler, WM 1996, 1764 (1767).

bb) Anlagemotivation

In dem standardisierten Musterentwurf wird der Kapitalanleger gefragt, ob er mit der von ihm beabsichtigten Kapitalanlage besondere Anlageziele verfolgt. Als Beispiel vorgegeben werden das Ziel der Altersvorsorge, der Sicherung des Lebensunterhalts und die fristgebundene Anlage.

Grundsätzlich ist die Beantwortung dieser Fragen erforderlich aber auch ausreichend, um Kenntnis von der Anlagemotivation des Kapitalanlegers zu erlangen.

Allerdings bestehen Bedenken, ob der Kapitalanleger die abstrakten Begriff des verfolgten Anlageziels und den drei genannten Beispielen für Anlageziele im richtigen Sinn einzuordnen vermag. Seine Antworten erlauben daher wenig zuverlässige Rückschlüsse auf seine tatsächliche Anlagemotivation[650].

Vorzugswürdig ist daher, den Kapitalanleger konkret zu fragen, was er mit dem investierten Kapital und der zu erwartenden Rendite in der Zukunft anzufangen gedenkt. Je nach Antwort des Kapitalanlegers vermag der Wertpapierdienstleister die von dem Kapitalanleger tatsächlich verfolgte Anlagemotivation zuverlässig zu erschließen.

**c) Risikoneigung**

Praktische Probleme bereitet es, Kenntnis von der Risikoneigung des beratungsbedürftigen Kapitalanlegers zu erlangen. Denn dieser weiß regelmäßig nicht, welche Auswirkungen seine finanziellen Verhältnisse und seine Anlagemotivation darauf haben, welche Anlagemöglichkeiten für ihn überhaupt in Betracht kommen.

aa) Standardisierte Befragung nach Lebenssachverhalten

Im Schrifttum wird aus diesem Grund eine standardisierte Befragung vorgeschlagen, bei der der Kapitalanleger nicht direkt nach seiner Risikoneigung gefragt wird, sondern bei der Lebenssachverhalte vorgegeben werden, in denen der Kapitalanleger fiktiv eine bestimmte Entscheidung zu treffen hat[651]. Aus den Antworten des Kapitalanlegers soll der Wertpapierdienstleister Rückschlüsse auf die Risikoneigung des Antwortenden ziehen können.

Dem Kapitalanleger wird in dem Fragebogen unter der Überschrift "Testen Sie Ihre persönliche Risikoneigung!" etwa die Frage gestellt, ob er als fiktiv leitender

650 Vgl. so auch Scharrenberg, Sparkasse 1995, 108 (110); Schlotthauer, Sparkasse 1994, 434 (435).
651 Schlotthauer Sparkasse 1994, 436.

Angestellter einer neu gegründeten Firma seinen ihm versprochenen Jahresbonus als Barzahlung in Höhe von DM 5.000,- ausgezahlt erhalten oder statt dessen Firmenaktien mit einem möglichen Gewinn von DM 20.000,- zugeteilt erhalten möchte. Letzteres berge das Risiko in sich, bei fallenden Kursen gar keinen Jahresbonus zu erhalten[652]. Eine andere Frage unterstellt, daß der Kapitalanleger Gewinner einer Fernseh-Spiel-Show ist und sich zu entscheiden hat, welchen Preis er wählt, DM 5.000,- in bar, eine 50 % ige Gewinnchance auf DM 10.000,-, oder eine 2 % ige Gewinnchance auf DM 250.000,-[653].

Diese Art der Befragung eignet sich nicht dazu, zuverlässige Rückschlüsse über die Risikoneigung des Kapitalanlegers im Zusammenhang mit Wertpapiergeschäften zu geben. Die Antworten des Kapitalanlegers sind entsprechend der Fragestellung hypothetisch. Tatsächlich befindet der Kapitalanleger sich gerade nicht in der Situation, eine entsprechende Entscheidung treffen zu müssen. Entsprechend gering ist der Aussagewert der Antworten des Kapitalanlegers. Die Fragestellungen lassen auch unberücksichtigt, daß der Kapitalanleger bei Anlagegeschäften bestimmte bereits benannte Anlagemotive verfolgt, die die Risikoneigung entscheidend beeinflussen. Der Sachverhalt, in dem der Kapitalanleger plötzlich einen Gewinn erhält, ist unvergleichbar mit der Interessenlage des Kapitalanlegers, der über die Anlage seines gesamten Vermögens zu entscheiden hat, das ihm zur Altersvorsorge dient.

*bb) Unmittelbare Befragung nach der Risikoneigung*

In dem standardisierten Musterentwurf des zentralen Kreditausschusses der deutschen Kreditwirtschaft wird der Kapitalanleger unmittelbar nach seiner Risikoneigung befragt. Der Kapitalanleger hat sich einer bestimmten in dem Fragenkatalog vorgegebenen Risikoklasse zuzuordnen. Der Fragebogen stellt dem Kapitalanleger fünf Risikoklassen zur Auswahl. Die Risikoklassen sind mit den Begriffen „Sicherheit", „Konservativ", „Risikobewußt", „Dynamisch" und „Spekulativ" überschrieben. Jede Risikoklasse wird durch eine beispielhafte Ziel- und Risikobenennung konkretisiert. „Konservativ" etwa wird durch die Stichworte „höheres Zinseinkommen, mögliche Kursgewinne, Kursrisiken aus Zinsschwankungen, geringe Bonitätsrisiken (d. h. Kapitalverlust unwahrscheinlich) und mögliche Kapitaleinbußen aus Währungsverlusten" umschrieben.

Die ausschließliche Benennung der jeweiligen Risikogruppe ist für den beratungsbedürftigen Kapitalanleger in ihrer praktischen Bedeutung nicht nachzuvollziehen[654]. Durch die ergänzende Benennung von Stichworten, die den gewählten Begriff der Risikoklasse konkretisieren, wird die Bedeutung der Risikoklasse für

652 Schlotthauer, Sparkasse 1994 434 (436), Tab. 2 Frage 5.
653 Schlotthauer Sparkasse 1994, 434 (436), Tab. 2 Frage 1.
654 Vgl. Koller in Assmann/Schneider, § 31 Rdnr. 84.

den Kapitalanleger jedoch verständlich. Insbesondere die Gegenüberstellung von zu erwartender Rendite und drohendem Verlustrisiko verdeutlicht dem Kunden, welche Konsequenzen die von im zu treffende Einordnung auf den von ihm investierten Anlagebetrag hat.

Eine solche Art der Befragung ist daher geeignet, dem Wertpapierdienstleister auch zuverlässig Kenntnis von der tatsächlichen Risikoneigung des Kapitalanlegers zu verschaffen.

**d) Unvollständige Angaben des Kapitalanlegers**

Ist der Kapitalanleger nicht bereit, die zur individuellen Beratung genannten notwendigen Angaben über seine persönlichen Verhältnisse zu machen, ist eine anlegergerechte Beratung durch den Wertpapierdienstleister nicht möglich. Die anlegergerechte Beratung setzt eine Abwägung sämtlicher persönlicher Umstände in der Person des Kapitalanlegers voraus, die für die zu treffende Anlageentscheidung notwendig sind. Fehlt dem Wertpapierdienstleister eine dieser Informationen, hat er den Kapitalanleger darauf aufmerksam zu machen, eine Beratungstätigkeit nicht erbringen zu können. Eine individuelle Beratung hat zu unterbleiben. Der Wertpapierdienstleister hat sich an den Verhaltenspflichten des Anlagevermittlers messen zu lassen.

**e) Unrichtige Beantwortung der Fragen**

Der Kapitalanleger könnte geneigt sein, die Frage nach den wesentlichen persönlichen Umständen, insbesondere seiner Vermögenslage, unrichtig, nämlich geschönt zu beantworten. Der Kunde könnte vermuten, eine eher positive Darstellung seines Vermögens könne die Durchführung der von ihm beabsichtigten Wertpapiergeschäfte erleichtern[655].

Auch dann stellt sich - ebenso wie bei der Anlagevermittlung[656] - die Frage, inwieweit der Wertpapierdienstleister sich auf die Angaben des Kapitalanlegers verlassen kann oder diese auf ihre Schlüssigkeit hin zu untersuchen hat. Es gilt das ausgeführte. Das Kreditinstitut ist nicht verpflichtet, die Angaben des Kunden über seine finanziellen Verhältnisse zu überprüfen. Jedoch hat sie den Kunden sowohl auf den Zweck der erfragten Angaben hinzuweisen als auch über die Konsequenzen zu informieren, die mit einer unrichtigen Beantwortung der Fragen verbunden sind. Dem Kunden ist deutlich zu machen, daß er bei einer unzutreffenden Beantwortung der Fragen das Risiko einer seinen individuellen Interessen

655 Raeschke-Kessler WM 1996, 1764 (1768).
656 Oben 4. Abschnitt B I 2. a).

nicht entsprechenden Beratung trägt[657]. Hierfür bietet sich folgende Ergänzung der oben vorgeschlagenen Informationsklausel[658] an:

Unrichtige Angaben des Kapitalanlegers zu seinen finanziellen Verhältnissen haben zur Folge, daß eine die Interessen des Kapitalanlegers berücksichtigende Beratung nicht gesichert ist. Der Kapitalanleger hat in diesem Fall das Risiko zu tragen, aufgrund seiner falschen Angaben unrichtig über die für ihn tatsächlich geeignete Anlagemöglichkeit beraten zu werden.

## III. Zusammenfassung

Die Aufklärungspflichten, die ein Anlagevermittler gegenüber dem Kapitalanleger zu beachten hat, treffen auch den Anlageberater. Der Anlageberater hat bei seiner Beratungstätigkeit sowohl die wesentlichen Umstände der allgemein in Frage stehenden Produktgruppe als auch der konkret in Betracht kommenden Anlagemöglichkeit zu berücksichtigen.

Darüber hinaus ist der Anlageberater aufgrund der von ihm übernommenen Beratungsfunktion verpflichtet, die individuellen Interessen und persönlichen Umstände des Kapitalanlegers in Bezug zu den objektiven Umständen der in Frage stehenden Anlagemöglichkeit zu setzen und hierauf basierend eine anlegergerechte Empfehlung auszusprechen. Zu den zu berücksichtigenden individuellen Interessen und persönlichen Umständen des Kapitalanlegers zählen dessen Anlagemotivation, Risikoneigung, seine bisherige Depotstruktur sowie das ihm zur Verfügung stehende Investitionskapital.

657 Raeschke-Kessler WM 1996, 1764 (1768).
658 4. Abschnitt B, I., 2. a), bb), bbb).

## Ergebnisse der Untersuchung

**I.** 1. Die Voraussetzungen der Haftung eines Wertpapierdienstleisters wegen der Verletzung von Aufklärungs- oder Beratungspflichten bei der Vermittlung von und der Beratung über Kapitalanlagen begründete sich vor Inkrafttreten des WpHG nach höchstrichterlicher Rechtsprechung nach den Grundsätzen der pVV. Zwischen dem Wertpapierdienstleister und dem Kapitalanleger kommt danach - auch stillschweigend - ein Auskunfts- bzw. Beratungsvertrag zustande, dessen Haupt- bzw. Nebenpflicht darin besteht, den Kapitalanleger anleger- und objektgerecht zu beraten.

Teile des Schrifttum und der Instanzrechtsprechung begründeten die Voraussetzungen für die Haftung des Wertpapierdienstleisters abweichend von der höchstrichterlichen Rechtsprechung aus c.i.c., § 242 BGB oder sonstigen Rechtsgedanken.

Auf die Haftungsvoraussetzungen hat die unterschiedliche rechtliche Begründung der Aufklärungspflichten des Wertpapierdienstleisters keinen Einfluß. Unabhängig von der dogmatischen Begründung steht dem Kapitalanleger ein Schadensersatzanspruch gegenüber dem Wertpapierdienstleister zu, wenn dieser schuldhaft die ihn treffenden Aufklärungspflichten verletzt und der Kapitalanleger hierdurch bedingt einen Schaden erleidet, vor dessen Eintritt die Aufklärungspflichten schützen sollten. Die Frage nach dem Inhalt und Umfang der den Wertpapierdienstleister treffenden Aufklärungspflichten hängt von den jeweiligen Umständen des Einzelfalls ab.

2. Die in das WpHG aufgenommenen Wohlverhaltensregeln eines Wertpapierdienstleisters in den §§ 31 ff. WpHG geben erstmals einen gesetzlichen Rahmen für die in ständiger Rechtsprechung entwickelten Grundsätze der Aufklärungspflichten des Wertpapierdienstleisters gegenüber dem Kapitalanleger vor. Die Vorschriften dienen weder einer Ausweitung noch einer Beschränkung der höchstrichterlich entwickelten Kriterien zur Bestimmung des Inhalts und Umfangs der Aufklärungspflichten.

§ 31 WpHG ist Schutzgesetz im Sinne des § 823 II BGB. § 31 WpHG in Verbindung mit § 823 II BGB bietet dem Kapitalanleger damit eine weitere Anspruchsgrundlage gegenüber dem Wertpapierdienstleister, der seine Aufklärungspflichten bei der Anlagevermittlung oder der Anlageberatung verletzt.

Der Regelungszweck der §§ 31 f. WpHG besteht auch in der Umsetzung der EG - Wertpapierdienstleistungsrichtlinie vom 10. Mai 1993. Die Richtlinie verfolgt ihrerseits insbesondere den Zweck, etwaig bestehende Informationsdefizite des Kapitalanlegers gegenüber dem Wertpapierdienstleister aus Gründen des Verbraucherschutzes auszugleichen, die konkrete Benennung entsprechend notwendiger Aufklärungspflichten aber dem nationalen Gesetzgeber zu überlassen. Die zu erlassenden Vorschriften sollen einerseits dem Interesse des einzelnen Kapitalanlegers an der ordnungsgemäßen Ausführung der Aufträge, andererseits aber auch dem Schutz des ordnungsgemäßen Funktionierens der Kapitalmärkte dienen.

Entsprechend der Vorgaben der Richtlinie verfolgt der nationale Gesetzgeber mit den §§ 31 f. WpHG den Schutz des einzelnen Kapitalanlegers durch Information ebenso wie den Schutz der Gesamtheit aller Kapitalanleger durch die Gewährleistung eines reibungslosen Funktionierens der Wertpapiermärkte.

Die den Wertpapierdienstleister gegenüber dem Kapitalanleger grundsätzlich treffenden Aufklärungspflichten sind in § 31 WpHG generalklauselartig umrissen. Um dem Zweck der Rahmengesetzgebung gerecht zu werden, ist § 31 WpHG durch eine Vielzahl unbestimmter Rechtsbegriffe geprägt. Den Wertpapierdienstleister trifft eine Interessenwahrungspflicht gegenüber dem Kapitalanleger, deren Inhalt und Umfang von dem individuellen Kenntnisstand des Kapitalanlegers abhängig ist. Der Wertpapierdienstleister hat dem Kapitalanleger zweckdienliche Informationen mitzuteilen, allerdings nur, wenn dies zur Wahrung der Interessen des Kunden und im Hinblick auf Art und Umfang des in Frage stehenden Geschäfts erforderlich ist. Die nähere Konkretisierung bleibt der Rechtsprechung und dem Schrifttum überlassen.

Die Verhaltenspflichten des Wertpapierdienstleisters konkretisierende Verbotstatbestände enthält § 32 WpHG. § 33 WpHG benennt Organisationspflichten, die der Wertpapierdienstleister zu beachten hat, um den Kapitalanleger den Anforderungen der §§ 31, 32 WpHG entsprechend aufklären zu können.

Um eine einheitliche Auslegung und Anwendung der Wohlverhaltenspflichten des WpHG sicherzustellen, wird dem neu geschaffenen Bundesaufsichtsamt für den Wertpapierhandel in § 35 WpHG die Kompetenz eingeräumt, Richtlinien zu erlassen, mit denen für den Regelfall zu beurteilen ist, unter welchen Voraussetzungen der Wertpapierdienstleister die Verhaltensregeln der §§ 31 bis 34 WpHG verletzt. Das Bundesaufsichtsamt hat von der Kompetenz zwischenzeitlich Gebrauch gemacht. Die Richtlinie ist im Anhang der Arbeit abgedruckt. Als Verwaltungsrichtlinie kommt dieser im Außenverhältnis kein rechtsverbindlicher Charakter zu.

**II.** Die Konkretisierung der den Wertpapierdienstleister treffenden Aufklärungspflichten hat innerhalb eines beweglichen Systems von Aufklärungspflichten zu erfolgen. Die Grenzen sind auch hier durch die gesetzlichen Regelungen der §§ 31 f. WpHG gesetzt. Inhalt und Umfang der Aufklärungspflichten hängen von der Person des Kapitalanlegers, der in Frage stehenden Anlagemöglichkeit und dem zwischen Kapitalanleger und Wertpapierdienstleister vereinbartem Pflichtenkreis ab. Innerhalb des beweglichen Systems hat die Aufklärungstätigkeit den allgemeinen Anforderungen der Wahrheit, Vollständigkeit und Klarheit zu entsprechen. Bei den Börsentermingeschäften ist hinsichtlich der Form der Aufklärung ergänzend § 53 II BörsG zu beachten.

**III.** Bei der Konkretisierung der Aufklärungspflichten des Wertpapierdienstleisters ist zwischen den übernommenen Funktionen der Anlagevermittlung und der Anlageberatung zu differenzieren.

Der Anlagevermittler übernimmt die Tätigkeit, dem Kunden Kapitalanlagen zu vermitteln. Der Anlageberater übernimmt die zusätzliche Funktion, den Kapitalanleger individuell zu beraten und den Interessen des Kapitalanlegers entsprechende Anlagemöglichkeiten zu empfehlen.

Die Unterscheidung entspricht dem Schutzzweck des WpHG. Das WpHG differenziert ausdrücklich zwischen der Mitteilung zweckdienlicher Informationen und der darüber hinausgehenden Anlageempfehlung. Inhalt und Umfang der Aufklärungstätigkeit des Wertpapierdienstleisters bei der Anlagevermittlung beschränkt § 31 II a. E. WpHG. Der Wertpapierdienstleister hat den Kapitalanleger nur dann aufzuklären, wenn dieses im Hinblick auf Art und Umfang des beabsichtigten Geschäfts erforderlich ist.

Die Differenzierung stellt auch sicher, daß die Aufklärungstätigkeit dem Interesse aller Kapitalanleger dient und damit dem Schutzzweck des WpHG und der EG - Wertpapierdienstleistungsrichtlinie genügt. Nur eine Differenzierung der Aufklärungspflichten verhindert eine drohende Quersubventionierung von Beratungsleistungen des Wertpapierdienstleisters durch sämtliche Kapitalanleger. Der direkten Umlegung der Beratungskosten auf denjenigen, der die Beratungstätigkeit in Anspruch nimmt, kommt eine Steuerungsfunktion zu.

**IV.** 1. Der Anlagevermittler hat den Kapitalanleger objektgerecht aufzuklären. Der Wertpapierdienstleister hat dem Kapitalanleger grundsätzlich die Informationen mitzuteilen, die sich auf die in Frage stehende Anlagemöglichkeit beziehen und für die vom Kapitalanleger zu treffende Entscheidung bedeutsam sind.

Die Wesentlichkeit von Informationen für die Interessen des Kapitalanlegers bestimmt sich anhand objektiver Faktoren. Wesentlich sind Informationen, die geeignet sind, den Vertragszweck zu vereiteln oder in sonstiger Weise für die Anlageentscheidung des Kapitalanlegers herausragende Bedeutung haben. Zu unterscheiden sind Informationen, die sich auf die in Frage stehende Produktgruppe beziehen und Informationen, die sich auf die konkret in Frage stehende Anlagemöglichkeit beziehen. Die nähere Konkretisierung hängt im Einzelfall von der

Produktgruppe und der konkret in Frage stehenden Anlagemöglichkeit ab, die vermittelt werden soll.

a) Der Wertpapierdienstleister hat dem Kapitalanleger stets die wesentlichen Informationen über die in Betracht kommenden Produktgruppen mitzuteilen.

b) Den Aufklärungspflichten des Anlagevermittlers über Umstände, die die konkret in Frage stehenden Anlagemöglichkeit betreffen, ist eine Grenze durch den zumutbaren Informationsbeschaffungsaufwand gesetzt. Nur wenn der Wertpapierdienstleister über einen konkreten Informationsvorsprung verfügt, hat er dem Kapitalanleger die wesentlichen Informationen uneingeschränkt mitzuteilen.

c) Sind die Informationen auch dem Wertpapierdienstleister unbekannt, hat er sich die Informationen unter bestimmten Voraussetzungen zu beschaffen. Je bedeutsamer die in Frage stehende Information für die Interessen des Kapitalanlegers ist, desto höher sind die Anforderungen an den Aufwand zu stellen, den der Wertpapierdienstleister zur Beschaffung der Informationen zu betreiben hat. Entscheidend sind die Umstände des Einzelfalls

2. Die den Anlagevermittler grundsätzlich treffenden Aufklärungspflichten können aufgrund des Kenntnisstands des Kapitalanlegers beschränkt sein. Die Aufklärung hat anlegergerecht zu erfolgen. Zweckdienlich für die Interessen des Kapitalanlegers sind nur solche Informationen, die dem Kapitalanleger aus einer ex ante Betrachtung heraus zum Zeitpunkt der Aufklärungstätigkeit unbekannt gewesen sind.

Dem Wertpapierdienstleister kann der Kenntnisstand des Kapitalanlegers aus der bisherigen Geschäftsbeziehung oder unter engen Voraussetzungen aus dem objektiven Auftreten des Kapitalanlegers bekannt sein.

Regelmäßig wird der Kenntnisstand des Kapitalanlegers dem Wertpapierdienstleister unbekannt sein. Der Wertpapierdienstleister hat dann entweder davon auszugehen, daß dem Kapitalanleger sämtliche wesentlichen Informationen über Produktgruppe und konkrete Anlagemöglichkeit unbekannt sind. Oder der Wertpapierdienstleister hat den Kapitalanleger konkret nach seinem Kenntnisstand zu befragen, sogenannte know your customer Prüfung. Die Befragung kann standardisiert erfolgen. Sie hat produktbezogen zu erfolgen, um verläßliche Rückschlüsse auf den tatsächlichen Kenntnisstand des Kapitalanlegers zu ziehen und die Aufklärungstätigkeit hieran auszurichten.

Der Wertpapierdienstleister kann sich bei entsprechender Befragung auf die Richtigkeit und Vollständigkeit der Angaben des Kapitalanlegers verlassen, wenn dem Kapitalanleger die Konsequenzen einer unrichtigen oder unvollständigen Beantwortung der Fragen bekannt sind. Zu diesem Zweck hat der Wertpapierdienstleister den Kapitalanleger gesondert über die Bedeutung der Fragen für die geschuldete Aufklärungstätigkeit und über die Konsequenzen der unrichtigen oder unvollständigen Beantwortung der Fragen aufzuklären.

Verweigert der Kapitalanleger jegliche Angaben zu seinem Kenntnisstand, hat der Wertpapierdienstleister ihn grundsätzlich über alle wesentlichen Umstände des in Frage stehenden Geschäfts aufzuklären. Verweigert der Kapitalanleger auch die Entgegennahme der Informationen, entfällt eine Aufklärungspflicht des Wertpapierdienstleisters vollkommen.

3. Eine Beschränkung der Aufklärungspflichten des Anlagevermittlers ist auch im Zusammenhang mit dem sogenannten Discount-Broking möglich. Allerdings können die den Anlagevermittler grundsätzlich treffenden Aufklärungspflichten nur im Rahmen des § 31 WpHG beschränkt werden. § 31 WpHG ist als verbraucherschützende Norm des Aufsichtsrechts unabdingbar.

Gesetzlicher Anknüpfungspunkt für eine beschränkte Aufklärungspflicht des Discountbrokers ist § 31 II Nr. 2 letzter Halbsatz WpHG. Die Aufklärung des Kapitalanlegers hat unter Berücksichtigung von dessen Interessen und unter Berücksichtigung der Art des in Frage stehenden Geschäfts zu erfolgen. Der Discountbroker hat die Informationen mitzuteilen, die erforderlich sind, um dem Kapitalanleger eine eigenverantwortliche Entscheidung zu ermöglichen, ob er die Tätigkeit des Discountbrokers in Anspruch nehmen will. Der Discountbroker hat den Kapitalanleger daher über die wesentlichen Umstände des Discountgeschäfts aufzuklären. Er hat dem Kapitalanleger mitzuteilen, welchen Preis er für die günstigeren Gebühren des Discountbrokers zu zahlen hat. Der Kapitalanleger muß erkennen können, durch die Inanspruchnahme des Discountbrokers auf eine ihm anderenfalls zustehende Rechtsposition wirksam zu verzichten. Der Discountbroker muß mitteilen, eine Beratungsleistung nicht zu erbringen. Er darf sich zu dem Inhalt der Aufklärung nicht widersprüchlich verhalten, muß also auf jede Form der Beratung verzichten. Damit der Kapitalanleger die Risiken erkennen kann, die mit einer aufklärungsreduzierten Vermittlungstätigkeit verbunden sind, hat der Discountbroker den Kapitalanleger zudem abstrakt über die Risiken zu informieren, die ihm bei dem Erwerb der in Frage stehenden Produktgruppen, insbesondere ohne konkret produktbezogene Aufklärung, drohen.

V. Der Anlageberater hat zunächst die Aufklärungspflichten zu beachten, die auch den Anlagevermittler treffen. Darüber hinaus übernimmt er die Funktion, den Kapitalanleger individuell und sachgerecht zu beraten und eine den Interessen des Anlegers genügende Anlageempfehlung auszusprechen. Hieraus ergeben sich weitergehende Beratungspflichten.

Grundlage der Beratungstätigkeit des Anlageberaters ist der vom Kapitalanleger verfolgte Anlagezweck. Dieser setzt sich zusammen aus den vom Kapitalanleger mit dem Anlagegeschäft verfolgten Anlagezielen und den persönlichen Verhältnissen des Kapitalanlegers.

Wesentlich für eine anlegergerechte Beratung ist die Kenntnis des Anlageberaters von den finanziellen Verhältnissen des Kapitalanlegers. Je nach zur Verfügung stehendem Anlagevolumen eignen sich unterschiedliche Anlagemöglichkeiten für dessen individuellen Interessen. Aus dem gleichen Grund ist auch die Kenntnis der bisherigen Depotstruktur für eine anlegergerechte Beratung von entscheidender Bedeutung.

Für eine anlegergerechte Beratung, die die Vorstellungen des Kapitalanlegers ausreichend berücksichtigt, benötigt der Anlageberater zudem Kenntnis von der geplanten Verwendung der erwarteten Rendite, der sogenannten Anlagemotivation des Kapitalanlegers. Auch muß dem Anlageberater die individuelle Risikoneigung des Kapitalanlegers bekannt sein, also dessen Bereitschaft für eine erhöhte Rendite ein gleichfalls erhöhtes Verlustrisiko in Kauf zu nehmen.

Der Anlageberater hat von sich aus regelmäßig keine Kenntnis von den individuellen Umständen in der Person des Kapitalanlegers. Grundsätzlich hat er daher auch diese zu erfragen. Im Gegensatz zu dem bei der Anlagevermittlung erfragten Kenntnisstand des Kapitalanlegers, hat der Kapitalanleger an der Geheimhaltung der im Rahmen der Beratungstätigkeit erforderlichen Informationen ein herausragendes Interesse. Die Befragung des Kapitalanlegers nach seinen persönlichen Verhältnissen und Präferenzen steht in einem natürlichen Widerstreit zu dessen informationellen Selbstbestimmungsrecht im Hinblick auf seine persönlichen Daten.

Aufgrund der Interessenkollision hat der Anlageberater die Befragung des Kapitalanlegers nach seinen persönlichen Verhältnissen auf das Notwendige zu beschränken. Die Erforschung und Speicherung persönlicher Informationen über den Kunden, die für eine anlegergerechte Beratung nicht unbedingt erforderlich sind, ist von § 31 WpHG nicht gedeckt und hat zu unterbleiben.

Beantwortet der Kapitalanleger die Fragen nach seinen persönlichen Verhältnissen unvollständig, hat der Wertpapierdienstleister die Übernahme der Beratungstätigkeit abzulehnen und die Pflichten des Anlagevermittlers zu beachten. Beantwortet der Kapitalanleger die Fragen unrichtig, hat der Kapitalanleger das sich daraus ergebende Risiko der nicht anlegergerechten Beratung zu tragen, sofern ihm die Konsequenz der unrichtigen Beantwortung der Fragen bekannt sind. Damit dem Kapitalanleger die Konsequenz bekannt sind, hat der Anlageberater ihn vor der know your customer Prüfung hierüber ausdrücklich aufzuklären.

**Anhang:**
Richtlinie des Bundesaufsichtsamts für den Wertpapierhandel zu den §§ 31, 32 WpHG

**Richtlinie gemäß § 35 Abs. 2 des Gesetzes über den Wertpapierhandel (WpHG) vom 26. Juli 1994 (BGBl. I S. 1749), geändert durch Gesetz vom 18. Dezember 1995 (BGBl. I S. 1959), zur Konkretisierung der §§ 31 und 32 WpHG für das Kommissions-, Festpreis- und Vermittlungsgeschäft der Kreditinstitute**

Fundstelle: Bundesanzeiger Nr. 98 vom 3. Juni 1997

1. Anwendungsbereich

Diese Richtlinie erläutert die sich aus §§ 31 und 32 WpHG ergebenden Verpflichtungen. Sie gilt für das Wertpapierdienstleistungsgeschäft der folgenden Wertpapierdienstleistungsunternehmen:

a) Kreditinstitute mit Sitz im Inland,

b) Zweigstellen von Unternehmen im Sinne des § 53 Abs. 1 Satz 1 und des § 53b Abs. 1 Satz 1 des Gesetzes über das Kreditwesen in der Fassung der Bekanntmachung vom 30. Juni 1993 (BGBl. I S. 1082), geändert durch Gesetz vom 28.9.1994 (BGBl. I S. 2735) und durch Gesetz vom 28.10.1994 (BGBl. I S. 3210),

c) Zweigstellen von Unternehmen, die aufgrund einer Rechtsverordnung gemäß § 53c des Gesetzes über das Kreditwesen gleichgestellt oder freigestellt sind.

Diese Richtlinie gilt ebenso für Unternehmen mit Sitz im Ausland, die Wertpapierdienstleistungen gegenüber Kunden erbringen, die ihren gewöhnlichen Aufenthalt oder ihre Geschäftsleitung im Inland haben, sofern nicht die Wertpapierdienstleistung einschließlich der damit im Zusammenhang stehenden Nebenleistungen ausschließlich im Ausland erbracht wird.

Wertpapierdienstleistungen im Sinne dieser Richtlinie sind das Kommissionsgeschäft, der Eigenhandel für andere (Festpreisgeschäft) und das Vermittlungsgeschäft, soweit es sich auf Wertpapiere oder Derivate im Sinne des § 2 Abs. 1 oder Abs. 2 WpHG bezieht. Erfaßt werden hiervon auch solche Geschäfte, bei denen Kundenaufträge von Wertpapierdienstleistungsunternehmen lediglich an andere Wertpapierdienstleistungs-unternehmen weitergeleitet werden, sofern die Dienstleistung sich nicht auf die Weiterleitung beschränkt.

Durch diese Richtlinie werden gemäß § 37 Abs. 1 WpHG nicht verpflichtet

a) Unternehmen, die Wertpapierdienstleistungen ausschließlich für ihr Mutterunternehmen oder ihre Tochterunternehmen im Sinne des § 1 Abs. 6 und 7 des Gesetzes über das Kreditwesen oder andere Tochterunternehmen ihres Mutterunternehmens erbringen;

b) die öffentliche Schuldenverwaltung des Bundes, eines seiner Sondervermögen, eines Landes, eines anderen Mitgliedstaates der Europäischen Gemeinschaften oder eines anderen Vertragsstaates des Abkommens über den Europäischen

Wirtschaftsraum, die Deutsche Bundesbank sowie die Zentralbanken der anderen Mitgliedstaaten oder Vertragsstaaten.

Diese Richtlinie gilt nicht für Geschäfte, die an einer Börse zwischen zwei Wertpapierdienstleistungsunternehmen abgeschlossen werden (vgl. § 37 Abs. 2 WpHG).

## 2. Allgemeine Informationen vor Erbringen der Wertpapierdienstleistung

### *2.1 Informationen über das Unternehmen*

Das Wertpapierdienstleistungsunternehmen hat dem Kunden auf Nachfrage Angaben zu Art und Umfang der angebotenen Wertpapierdienstleistungen, insbesondere zu seinem Produktangebot zu machen.

### *2.2 Informationen über Kosten und Sicherheitsleistungen*

Das Wertpapierdienstleistungsunternehmen muß dem Kunden vor der Erbringung der Wertpapierdienstleistung in geeigneter Weise ermöglichen, Informationen über Berechnung, Höhe und Art der Kosten, ggf. zu erbringende Sicherheitsleistungen („margin") und etwaige andere Zahlungspflichten - wie Kosten für Konto- bzw. Depotauszüge - zur Kenntnis zu nehmen, und diese auf Nachfrage erläutern. Auf Mindestentgelte ist besonders hinzuweisen.

Vereinbart das Wertpapierdienstleistungsunternehmen mit Maklern oder anderen eingeschalteten Unternehmen die teilweise Rückzahlung von dem Kunden als Aufwendungsersatz in Rechnung gestellten fremden Kosten an sich („Kick-back-Vereinbarungen"), so hat das Wertpapierdienstleistungsunternehmen den Kunden über die kommissionsrechtliche Verpflichtung zur Rückzahlung dieser Beträge aufzuklären.

Soweit die Informationen nicht schon bei Begründung der Geschäftsbeziehung erteilt wurden, können sie spätestens vor Erbringen einer Wertpapierdienstleistung erfolgen. Auf Änderungen in der Preisgestaltung ist der Kunde in geeigneter Weise hinzuweisen.

### *2.3 Nachprüfbarkeit*

Das Wertpapierdienstleistungsunternehmen hat die in diesem Abschnitt geregelten Informationspflichten so zu erfüllen, daß deren Einhaltung im Rahmen einer Prüfung nach § 35 Abs. 1 oder § 36 Abs. 1 WpHG nachvollzogen werden kann.

## 3. Einholung von Kundenangaben und Mitteilung zweckdienlicher Informationen

Das Wertpapierdienstleistungsunternehmen muß dem Kunden - soweit erforderlich - spätestens vor der Erteilung eines Auftrages alle zweckdienlichen Informationen über die beabsichtigten Geschäftsarten mitteilen (Aufklärung), d.h. es hat den Kunden insbesondere über die Eigenschaften und Risiken der einzelnen Anlageformen aufzuklären.

Soweit das Wertpapierdienstleistungsunternehmen Aufträge lediglich ausführt („Execution-Only"), sei es über einen besonderen Vertriebsweg, im Einzelfall oder generell, d.h. auf die Aufklärung keine die persönlichen Verhältnisse des Kunden berücksichtigende Anlageempfehlung folgt, ist der Kunde spätestens vor Ausführung des Auftrages darauf ausdrücklich hinzuweisen. In diesen Fällen gelten die folgenden Regeln des 3. Abschnitts dieser Richtlinie nach Maßgabe von 3.6.

### *3.1 Einholung von Kundenangaben*

Das Wertpapierdienstleistungsunternehmen ist verpflichtet, den Kunden nach den von ihm verfolgten Anlagezielen, seinen Kenntnissen oder Erfahrungen in den einzelnen Anlageformen und seinen finanziellen Verhältnissen zu befragen, soweit dies erforderlich ist. Dabei ist deutlich zu machen, daß die Erteilung der Angaben, die auf freiwilliger Grundlage erfolgt, im Interesse des Kunden liegt. Der Umfang der vom Kunden einzuholenden Angaben ist am Interesse des Kunden und an Art und Umfang der beabsichtigten Geschäftsarten auszurichten. Die Angaben sind entbehrlich, soweit das Wertpapierdienstleistungsunternehmen bereits hinreichend über die Verhältnisse des Kunden unterrichtet ist. Sind einzelne Angaben im Hinblick auf die beabsichtigten Geschäftsarten im Sinne dieser Richtlinie nicht erforderlich, sondern werden sie nur zur Vereinfachung im Rahmen der Gesamtgeschäftsbeziehung eingeholt, so ist der Kunde darauf vorher hinzuweisen. Es muß sichergestellt sein, daß die erhaltenen Angaben ausschließlich für die Zwecke der Aufklärung und ggf. Beratung des Kunden verwendet werden dürfen, es sei denn, der Kunde stimmt einer anderweitigen Verwendung zu.

Die Kundenangaben sind Grundlage für die Aufklärung durch das Wertpapierdienstleistungsunternehmen. Der Kunde ist deshalb darauf hinzuweisen, daß er das Wertpapierdienstleistungsunternehmen darüber informieren soll, wenn in seinen den Angaben zugrunde liegenden Verhältnissen eine wesentliche Änderung eingetreten ist. Das Wertpapierdienstleistungsunternehmen hat den Kunden erneut zu befragen, sobald erkennbar ist, daß in den den Angaben zugrunde liegenden Verhältnissen des Kunden eine wesentliche Änderung eingetreten ist. Bei Derivaten und Optionsscheinen sind die Kundenangaben, soweit erforderlich, spätestens nach Ablauf von 3 Jahren erneut einzuholen.

Das Wertpapierdienstleistungsunternehmen hat den Kunden, soweit erforderlich, zu folgenden Punkten zu befragen:

*a) Anlageziele*

Das Wertpapierdienstleistungsunternehmen hat den Kunden zu seinen Anlagezielen zu befragen. Der Kunde ist insbesondere über sein Interesse an lang- oder kurzfristigen Anlagen (z.B. für Zwecke der Altersversorgung, Ausbildung), einmaligen oder wiederkehrenden Ausschüttungen (Erträgen) und über den Umfang seiner Risikobereitschaft zu befragen.

*b) Kenntnisse oder Erfahrungen*

Das Wertpapierdienstleistungsunternehmen hat den Kunden darüber zu befragen, in welchen Anlageformen (z.B. Schuldverschreibungen, Aktien, Investmentanteilscheine, Derivate) er über Wissen verfügt oder welche Anlageformen er in der Vergangenheit bereits selbst genutzt hat (Umfang und Häufigkeit der Geschäfte, Zeitraum u.a.).

*c) Finanzielle Verhältnisse*

Das Wertpapierdienstleistungsunternehmen hat den Kunden zu seinen finanziellen Verhältnissen zu befragen, soweit es im Hinblick auf die beabsichtigten Geschäftsarten und unter Berücksichtigung seiner Anlageziele sowie seiner Kenntnisse oder Erfahrungen erforderlich ist. Sofern der Kunde Angaben über Depotbestände und Derivatepositionen bei anderen Kreditinstituten macht, sind auch diese Angaben zu berücksichtigen.

Hinsichtlich des Umfanges der Fragen hat das Wertpapierdienstleistungsunternehmen zu berücksichtigen, ob die beabsichtigten Geschäfte aus eigenen Mitteln bezahlt oder durch Kredite finanziert werden und welche Verlust-, Nachschuß- oder andere Risiken bei diesen Geschäften bestehen. Bei Kunden, die aus Guthaben Anlagen in Wertpapieren mit besonderer Bonität des Emittenten, wie beispielsweise Wertpapiere des Bundes, der Sondervermögen des Bundes, der Bundesländer sowie in vergleichbaren Papieren der Staaten des Europäischen Wirtschaftsraumes, die Mitglieder der Organisation für wirtschaftliche Zusammenarbeit und Entwicklung sind, tätigen, sind Angaben zu den finanziellen Verhältnissen grundsätzlich nicht erforderlich.

### *3.2 Inhalt der Aufklärung*

Soweit erforderlich ist der Kunde spätestens vor der Annahme seines Auftrags unter Berücksichtigung seiner Angaben über die Eigenschaften und Risiken der Anlageformen zu unterrichten und auf andere erhebliche Umstände hinzuweisen, z.B. die Möglichkeit der Limitierung von Aufträgen, insbesondere bei Märkten mit geringer Liquidität, und Mindestordergrößen. Dies kann auch durch standardisierte Informationsbroschüren geschehen.

Dem Kunden ist mitzuteilen, daß er das Recht hat, Weisungen für die Ausführung, insbesondere hinsichtlich der Bestimmung des Börsenplatzes, zu erteilen.

Soweit es ihm bekannt ist, muß das Wertpapierdienstleistungsunternehmen dem Kunden auf Nachfrage mitteilen, an welchen Börsen oder Märkten sein Auftrag ausgeführt werden soll und welche Vermittler, Händler, Market Maker, Makler, Depotbanken oder Clearing-Organisationen an der Ausführung beteiligt sind. Das Wertpapierdienstleistungsunternehmen muß den Kunden aufklären, soweit bei bestimmten Beteiligten oder im Hinblick auf bestimmte Märkte besondere Risiken, insbesondere Ausfall- und Abwicklungsrisiken, vorliegen. Dies gilt insbesondere bei grenzüberschreitenden Wertpapierdienstleistungen.

Die Aufklärung muß zutreffend, vollständig, unmißverständlich sowie gedanklich geordnet und in geeigneter Weise gestaltet sein. Dabei soll das Wertpapierdienstleistungsunternehmen hinsichtlich des Inhalts und der Form der Aufklärung die Kenntnisse bzw. Erfahrungen sowie das jeweilige Aufklärungsbedürfnis des Kunden hinsichtlich der betreffenden Anlageform berücksichtigen. Die Aufklärung ist zu wiederholen, wenn dies - etwa wegen geringer Geschäftstätigkeit des Kunden - angezeigt ist.

Wird auf Grund der Kundenangaben eine Einstufung der Kunden in Risikokategorien vorgenommen und diese dem Kunden mitgeteilt, so ist die Einstufung bei der Ausführung von Kundenaufträgen vom Wertpapierdienstleistungsunternehmen zu beachten und dem Kunden die Kriterien der Einstufung offenzulegen.

Wünscht der Kunde nach Rücksprache die Ausführung eines bestimmten Auftrags, der nicht in der ihm mitgeteilten Risikokategorie liegt, kann der Auftrag ausgeführt werden, wenn sichergestellt ist, daß der Kunde die erforderliche Aufklärung vor der Ausführung des Auftrags erhalten hat.

#### 3.2.1 Aufklärung zu Schuldverschreibungen

Risikohinweise zu Schuldverschreibungen sollen insbesondere Informationen über den Ertrag, das Bonitätsrisiko, ggf. das Länderrisiko, das Kurs- und Zinsrisiko, das Liquiditätsrisiko, das Währungsrisiko sowie das Kündigungs- und Auslosungsrisiko enthalten.

### 3.2.2 Aufklärung zu Aktien

Risikohinweise zu Aktien sollen insbesondere Informationen über den Ertrag (Dividende), das Kursrisiko, das Bonitätsrisiko, das Liquiditätsrisiko, das Konjunkturrisiko und Währungsrisiko enthalten.

Risikohinweise zu Aktien, die nicht an einer in- oder ausländischen Börse gehandelt werden (z.B. U.S.-amerikanische „penny stocks"), sollen Informationen über den Markt (insbesondere die Marktliquidität) und das besondere Verlustrisiko der Anlageform sowie die Herkunft der Kursangaben, den Unterschied zwischen Geld- und Briefkurs („spread") und die Entgelte der an der Ausführung beteiligten Wertpapierdienstleistungsunternehmen enthalten.

### 3.2.3 Aufklärung zu Investmentanteilscheinen

Risikohinweise zu Investmentanteilscheinen sollen Informationen über die Zusammensetzung des Fondsvermögens, die Anlagestrategie, die Verwendung der Erträge, die Ausgabekosten (Ausgabeaufschlag u.a.), das Kursrisiko und das Bewertungsverfahren enthalten.

### 3.2.4 Aufklärung zu Derivaten und Optionsscheinen

Risikohinweise zu Derivaten müssen insbesondere Informationen über den Basiswert, die wirtschaftlichen Zusammenhänge und Funktionsweise der Produkte (insbesondere die Bedeutung der Laufzeit für das Aufgeld, der Ausübungsart, des Hebeleffektes, der Liquidität und Volatilität des Marktes und ggf. des Stillhalterrisikos), den Ertrag, das Kursrisiko, das Währungsrisiko und das Bonitätsrisiko enthalten.

Wird für die beabsichtigten Geschäfte die Hinterlegung von Sicherheiten („margin") verlangt, ist der Kunde darüber und auf Nachfrage auch über die Modalitäten der Berechnung der Sicherheitsleistung schriftlich zu unterrichten. Dabei muß offengelegt werden, welcher Beteiligte die Sicherheit verlangt, in welcher Form die Sicherheitsleistung erfolgen kann (z.B. in Geld, Wertpapieren) und ob das Wertpapierdienstleistungsunternehmen dem Kunden gegenüber höhere Sicherheiten verlangt als die Börse. Der Kunde muß auch über seine Pflicht informiert werden, ggf. zusätzliche Sicherheiten (Nachschüsse) zu leisten. Darüber hinaus ist gegebenenfalls auf die Möglichkeit der Durchreichung der Sicherheiten an die betreffende Börse oder Clearing-Organisation hinzuweisen.

Das Wertpapierdienstleistungsunternehmen hat den Kunden darüber aufzuklären, unter welchen Voraussetzungen es das Recht hat, die Positionen des Kunden glattzustellen bzw. zu liquidieren. Dabei muß der Kunde insbesondere darauf hingewiesen werden, in welchen Abständen die Einhaltung der Sicherheitsanforderungen vom Wertpapierdienstleistungsunternehmen überprüft wird und welche Frist zur Erfüllung der Nachschußpflicht dem Kunden vor der Liquidierung seiner Position eingeräumt wird.

Ferner muß das Wertpapierdienstleistungsunternehmen den Kunden darüber unterrichten, in welcher Weise die geleisteten Sicherheiten verwaltet werden und ob der Kunde bei entsprechender Marktlage ggf. überschüssige Sicherheiten abziehen darf.

### *3.3 Vertretung des Kunden*

Im Fall der Vertretung des Kunden ist hinsichtlich der Einholung von Angaben zu Kenntnissen oder Erfahrungen in den einzelnen Geschäftsarten sowie für die Erforderlichkeit der Mitteilung zweckdienlicher Informationen auf den Vertreter abzustellen.

### *3.4 Verfahren, wenn Kunden keine Angaben machen*

Das Wertpapierdienstleistungsunternehmen hat sich ernsthaft um die Erlangung der erforderlichen Kundenangaben zu bemühen. Macht ein Kunde von seinem Recht Gebrauch, keine Angaben zu machen, muß das Wertpapierdienstleistungsunternehmen dies dokumentieren. Die Möglichkeit, keine Angaben zu machen, darf nicht als Bestandteil eines Fragebogens vorgesehen werden. Hat der Kunde die notwendigen Angaben nicht erteilt, kann ein bestimmter Auftrag des Kunden ausgeführt werden, wenn sichergestellt ist, daß dem Kunden vor Annahme des Auftrags eine Aufklärung über Eigenschaften und Risiken der Anlageformen angeboten worden ist.

### *3.5 Verfahren, wenn Kunden nicht erreichbar sind*

Ist der Kunde für Zwecke der Aufklärung nicht zu erreichen und liegt die unverzügliche Ausführung des Auftrags erkennbar im Interesse des Kunden, so reicht es aus, wenn die mit einer Aufklärung verbundenen zweckdienlichen Informationen unverzüglich nach der Ausführung dem Kunden mitgeteilt werden.

### *3.6 Regelung für Wertpapierdienstleistungsunternehmen, soweit sie Kundenaufträge nur ausführen („Execution-Only")*

Soweit ein Wertpapierdienstleistungsunternehmen Aufträge lediglich ausführt („Execution-Only"), sei es über einen gesonderten Vertriebsweg, im Einzelfall oder generell, hat es den Kunden spätestens vor Auftragsannahme darauf hinzuweisen. Die Aufklärung soll unter Zugrundelegung der Kenntnisse oder Erfahrungen und der vom Kunden beabsichtigten Geschäftsarten erfolgen. Sofern das Unternehmen dem Kunden Informationen zukommen läßt, die über die in diesem Abschnitt geregelte Aufklärung hinausgehen, z.B. durch Marktkommentare, Charts oder Analysen, hat es gegenüber dem Kunden klarzustellen, daß diese Informationen keine Anlageberatung darstellen, sondern lediglich die selbständige Anlageentscheidung des Kunden erleichtern sollen.

Das Wertpapierdienstleistungsunternehmen hat den Kunden spätestens vor der Erteilung eines Auftrags grundsätzlich nur zu seinen Kenntnissen oder Erfahrungen zu befragen. Angaben des Kunden zu Anlagezielen und finanziellen Verhältnissen sind aber jedenfalls dann erforderlich, soweit das Wertpapierdienstleistungsunternehmen dem Kunden zur Durchführung der beabsichtigten Geschäfte Kredit einräumt oder die Hinterlegung von Sicherheiten verlangt. Im übrigen gelten die Regeln des 3. Abschnitts.

### *3.7 Nachprüfbarkeit*

Die Einholung der Angaben des Kunden nach 3.1, seine Aufklärung nach diesem Abschnitt sowie die unverzügliche nachträgliche Mitteilung der zweckdienlichen Information nach 3.5 sind so durchzuführen, daß sie im Rahmen der Prüfung nach § 35 Abs.1 oder § 36 Abs. 1 WpHG nachvollziehbar sind. Bei einer Aufzeichnung können standardisierte Fragebögen verwendet werden.

### *3.8 Ausnahmen*

Bei Geschäften mit anderen Wertpapierdienstleistungsunternehmen oder sonstigen Marktteilnehmern, die im Zusammenhang mit ihrer gewerblichen Tätigkeit regelmäßig Geschäfte in Wertpapieren und/oder Derivaten in einem Umfang abschließen, der wegen der wirtschaftlichen Bedeutung für die vorgenannten Unternehmen insoweit vertiefte Fachkenntnisse voraussetzt, kann von einer Einholung von Kundenangaben sowie einer Aufklärung nach dem 3. Abschnitt unter den folgenden Voraussetzungen abgesehen werden:

- das Wertpapierdienstleistungsunternehmen teilt diesen Kunden schriftlich vor der Erbringung der Wertpapierdienstleistung mit, daß im Hinblick auf deren

Fachkenntnisse sowohl von der Einholung von Kundenangaben als auch von der Aufklärung abgesehen wird;

- der Kunde widerspricht dieser Vermutung nicht unverzüglich;

- das Wertpapierdienstleistungsunternehmen hat die Gründe für die diesbezügliche Einstufung der Kunden schriftlich dokumentiert.

**4. Pflichten bei der Ausführung des Kundenauftrags**

Das Wertpapierdienstleistungsunternehmen darf einzelne Kunden bei der Ausführung von Aufträgen unbeschadet der folgenden Regelungen nicht ohne sachlichen Grund zu Lasten anderer Kunden bevorzugen.

Das Wertpapierdienstleistungsunternehmen darf Geschäfte für Kunden grundsätzlich nur auf Grund eines vorher erteilten Auftrags oder im Rahmen anderer vertraglich vereinbarter Befugnisse (z.B. Bezugsrechts-, Pfandrechtsverwertung, Glattstellung von Terminpositionen) ausführen.

Bei Börsentermingeschäften muß das Wertpapierdienstleistungsunternehmen von den Kunden mindestens die nach den Vorschriften über die Sicherheitsleistung („Margin"-Vorschriften) der entsprechenden Terminbörse erforderliche Sicherheitsleistung verlangen. Vor Ausführung der Geschäfte und bei offenen Positionen ist mindestens börsentäglich zu überprüfen, ob die erforderliche Sicherheitsleistung erbracht worden ist.

***4.1 Behandlung von Geschäften von Mitarbeitern und Geschäftsleitern***

Aufträge zu Mitarbeitergeschäften dürfen gegenüber Kundenaufträgen nicht bevorzugt behandelt werden. Sie sind uhrzeitgerecht zu erfassen und vor der Ausführung über die zuständige konto- bzw. depotführende Stelle zu leiten. Insbesondere sind direkte Auftragserteilungen, etwa unmittelbar beim Händler, nicht zulässig; ebenso sind Kursabsprachen zwischen dem aufgebenden Mitarbeiter und dem ausführenden Händler untersagt.

Soweit die Auftragserfassung elektronisch erfolgen kann, sind die Mitarbeitergeschäfte vor Ausführung mit allen relevanten Daten in das für die Auftragserfassung bestimmte EDV-System sofort einzugeben.

Mitarbeitergeschäfte gegen den von dem Mitarbeiter disponierbaren Bestand des Wertpapierdienstleistungsunternehmens oder gegen von ihm auszuführende Kundenaufträge sind nicht zulässig. Dies gilt nicht beim Kauf aus dem Bestand des

Wertpapierdienstleistungsunternehmens zu vorher von dem Wertpapierdienstleistungsunternehmen festgelegten Konditionen.

Diese Regeln gelten auch für Geschäftsleiter von Wertpapierdienstleistungsunternehmen.

### *4.2 Zeitnahe Ausführung und Kundenpriorität*

Die Ausführung eines Kundenauftrags muß grundsätzlich zeitnah erfolgen, es sei denn, das Kundeninteresse gebietet eine spätere Ausführung. Alle Aufträge sind grundsätzlich in der Reihenfolge ihres Eingangs auszuführen. Soweit Aufträge an der Börse auszuführen sind, hat das Wertpapierdienstleistungsunternehmen für eine unverzügliche Weiterleitung Sorge zu tragen.

Durch die Ausführung von interessewahrenden Aufträgen (IW-Orders) darf es nicht zu einer Benachteiligung bei der Ausführung der Aufträge anderer Kunden kommen. Treffen IW-Orders mit gleichgerichteten Einzelaufträgen von Kunden zusammen, so hat sich die Ausführung nach dem Zeitpunkt der Auftragseingänge zu richten. Bei weiteren Teilausführungen ist sicherzustellen, daß inzwischen eingegangene Einzelaufträge gleichermaßen an den Markt gelangen.

Vom Grundsatz der zeitnahen Ausführung darf abgewichen werden, wenn nach pflichtgemäßer Einschätzung des Wertpapierdienstleistungsunternehmens eine spätere Ausführung nachvollziehbar im Interesse des Kunden liegt. Ausdrücklichen Weisungen hinsichtlich des Ausführungszeitpunktes ist nachzukommen.

Nach Abwicklung eines Verkaufsauftrags ist dem Kunden unverzüglich eine entsprechende Kontogutschrift zu erteilen. Die Regelungen des Depotgesetzes für die Abwicklung von Kaufaufträgen bleiben unberührt.

Werden Kundenaufträge vom Wertpapierdienstleistungsunternehmen lediglich an andere Wertpapierdienstleistungsunternehmen weitergeleitet, so ist, sofern die Dienstleistung sich nicht auf die Weiterleitung beschränkt, dem Kunden gegenüber klarzustellen, daß und für wen das weiterleitende Wertpapierdienstleistungsunternehmen tätig wird. Ferner ist darauf hinzuweisen, daß das Wertpapierdienstleistungsgeschäft von dem anderen Wertpapierdienstleistungsunternehmen ausgeführt wird, sowie ob und unter welchen Voraussetzungen dessen Geschäftsbedingungen zugrundegelegt werden. Die Börsenaufträge sind unmittelbar an den Kommissionär zu richten.

### *4.3 Ausführung im bestmöglichen Interesse des Kunden*

Aufträge sind im bestmöglichen Interesse des Kunden auszuführen. Entscheidend sind die dem Wertpapierdienstleistungsunternehmen erkennbaren Interessen des Kunden. Aufträge, die erkennbar nicht mit dem Interesse des Kunden übereinstimmen, darf das Wertpapierdienstleistungsunternehmen nur dann ausführen, wenn es dem Kunden vorher die Risiken verdeutlicht hat. Soweit keine besondere Weisung des Kunden vorliegt, hat sich das Wertpapierdienstleistungsunternehmen mit verkehrsüblicher Sorgfalt darum zu bemühen, auf dem nach § 10 des Börsengesetzes maßgeblichen Markt unter Berücksichtigung der anfallenden Kosten den günstigsten Preis zu erzielen. Gegebenenfalls hat das Wertpapierdienstleistungsunternehmen sich über die Liquidität der Märkte (z.B. sog. „emerging markets") zu erkundigen.

Bei Ausführung durch Dritte hat das Wertpapierdienstleistungsunternehmen diese im Interesse der bestmöglichen Ausführung sorgfältig auszuwählen.

Die Aufteilung eines einheitlich erteilten Auftrags in mehrere Teilaufträge ist nur statthaft, wenn sie unter Berücksichtigung der dadurch anfallenden Kosten wirtschaftlich sinnvoll ist und im Interesse des Kunden liegt. Dies gilt nur dann nicht, wenn der Kunde ausdrücklich eine Aufteilung seines Auftrags verlangt.

Bei Aufträgen, die über Orderroutingsysteme an die jeweilige Börse weitergeleitet werden, ist dafür Sorge zu tragen, daß keine Verzögerungen bei der Übermittlung entstehen. Andernfalls sind die Aufträge auf anderem Wege (z.B. Telefon, Telefax) weiterzuleiten.

Vereinbart das Wertpapierdienstleistungsunternehmen mit dem Kunden für ein einzelnes Geschäft einen festen Preis (Eigenhandel für andere bzw. Festpreisgeschäft), so hat es den Kunden darüber zu informieren, daß dadurch ein Kaufvertrag zustande kommt. Der Preis bei Festpreisgeschäften hat sich regelmäßig am Marktpreis zu orientieren.

### *4.4 Wertpapierzuteilung*

Bietet ein Wertpapierdienstleistungsunternehmen Privatkunden den Erwerb von Wertpapieren durch Zeichnung an, so hat es diese über das Zuteilungsverfahren bei Kunden, insbesondere über die Zuteilung bei Überzeichnung, zu informieren.

Die Geschäftsleitung bzw. die von ihr benannte Stelle entscheidet über die Art und Weise der Zuteilung an Mitarbeiter oder Dritte, für deren Rechnung der Mitarbeiter handelt. Das Wertpapierdienstleistungsunternehmen hat Vorkehrungen zu treffen, daß seine Mitarbeiter nicht günstiger gestellt werden als die Kunden des Wertpapierdienstleistungsunternehmens.

### *4.5 Zusammenfassung von Kundenaufträgen*

Kundenaufträge dürfen untereinander und mit Eigengeschäftsaufträgen des Wertpapierdienstleistungsunternehmens zu einem Auftrag zusammengefaßt werden, wenn kein Grund zu der Annahme besteht, daß dadurch das Kundeninteresse verletzt wird. Möglicherweise erreichte Kostenvorteile sind anteilig an die Kunden weiterzugeben.

Die Zuordnung des Kundenauftrages zum jeweiligen Ausführungsgeschäft muß stets möglich sein. Ausführungsgeschäfte aus zusammengefaßten Aufträgen sind unverzüglich nach der Ausführung - d.h. grundsätzlich noch am Handelstag - den betroffenen Kunden zuzuordnen.

Können nicht alle Aufträge ausgeführt werden, so haben Kundenaufträge Vorrang. Dies gilt ausnahmsweise dann nicht, wenn nach den Umständen anzunehmen ist, daß ohne die Zusammenfassung mit Eigenaufträgen eine Zuteilung an den betreffenden Kunden überhaupt nicht oder nur zu schlechteren Bedingungen möglich gewesen wäre.

### *4.6 Dokumentation der Ausführung*

#### 4.6.1 Dokumentation des zeitlichen Ablaufs der Ausführung

Die Annahme aller Aufträge ist grundsätzlich schriftlich oder durch eine gleichwertige Aufzeichnungsform (z.B. elektronisch) unter Angabe des annehmenden Mitarbeiters zu dokumentieren. Telefonisch erteilte Aufträge können mit Einwilligung des Kunden auch durch Tonträgeraufzeichnungen dokumentiert werden.

Bei Kommissionsgeschäften ist der Zeitpunkt der Auftragsannahme, der Weitergabe an ein ausführendes Wertpapierdienstleistungsunternehmen (insbesondere einen Makler) und dessen Auftragsausführung regelmäßig durch elektronische oder vergleichbare Mittel festzuhalten. In Ausnahmefällen ist die manuelle Dokumentation ausreichend. Die Aufzeichnung hat in unmittelbarem zeitlichen Zusammenhang mit der Annahme bzw. Weitergabe des Auftrags zu erfolgen.

Bei Festpreisgeschäften ist der Zeitpunkt der Auftragsannahme und der Ausführung festzuhalten.

Jedes Geschäft ist sofort nach Geschäftsabschluß mit allen maßgebenden Abschlußdaten zu erfassen und anschließend unverzüglich mit allen Unterlagen an die Abwicklung weiterzuleiten. Geschäfte, die nach Erfassungsschluß der Abwicklung geschlossen werden (Spätgeschäfte), sind als solche zu kennzeichnen und bei den Positionen des Abschlußtages (einschließlich der Nacherfassung) zu berücksichtigen. Händlerzettel über Spätgeschäfte sind unverzüglich einer Stelle außerhalb des Handels zuzuleiten.

Für Geschäfte, die über ein Abwicklungssystem einer Börse oder ein anderes Abwicklungssystem abgerechnet werden, ist eine andere Form der Dokumentation zulässig.

### 4.6.2 Auftragsbestätigungen

Grundsätzlich ist jeder Auftrag, der nicht tagesgültig erteilt wird, spätestens an dem der Erteilung folgenden Tag schriftlich oder in gleichwertiger Form zu bestätigen (Auftragsbestätigung), sofern er nicht unverzüglich, spätestens an dem der Erteilung folgenden Tag, abgerechnet wird (Geschäftsabrechnung). Dies gilt auch für besondere Anweisungen des Kunden, etwa Limitierungen. Bei einer Teilausführung gilt die Teilgeschäftsabrechnung, die für den ausgeführten Teil erstellt wird, zugleich als Auftragsbestätigung für den nicht ausgeführten Teil.

Bei der Zusammenfassung von Kundenaufträgen ist an jeden Kunden eine Auftragsbestätigung zu schicken. Jedes Geschäft muß einzeln gebucht und aufgezeichnet werden.

### 4.6.3 Geschäftsbestätigung bzw. Geschäftsabrechnung

Grundsätzlich ist jedes Geschäft nach Ausführung unverzüglich schriftlich oder in gleichwertiger Form dem Kunden anzuzeigen (Geschäftsbestätigung), sofern es nicht unverzüglich abgerechnet wird (Geschäftsabrechnung). Für Geschäfte, die über ein Abwicklungssystem einer Börse oder ein anderes Abwicklungssystem abgerechnet werden, ist eine andere als die vorgenannte Form der Geschäftsbestätigung bzw. -abrechnung zulässig.

Die Geschäftsabrechnung muß alle für das Geschäft wesentlichen Angaben enthalten, hinsichtlich der in Rechnung gestellten Kosten transparent und (für den durchschnittlichen Kunden) verständlich sein. Dazu gehören insbesondere der Preis, das Abschlußdatum und der Börsenplatz.

Bei Termingeschäften ist dem Kunden für die Eröffnung und Schließung jeder Position eine entsprechende Geschäftsbestätigung bzw. -abrechnung zu erteilen.

## 5. Verbotene Geschäfte

### *5.1 Empfehlungsverbote*

Dem Wertpapierdienstleistungsunternehmen ist es verboten, dem Kunden ein Geschäft zu empfehlen, von dem es annimmt oder begründet annehmen muß, daß dieses Geschäft für den Kunden nachteilig ist. Insbesondere darf es dem Kunden keine Geschäfte empfehlen, die nicht mit dessen Interessen übereinstimmen.

Das Interesse des Kunden ist insbesondere dann verletzt, wenn in seinem Konto bzw. Depot etwa durch Empfehlungen eine unverhältnismäßig hohe Anzahl von Geschäften veranlaßt wird und die dadurch entstehenden Kosten im Verhältnis zum eingesetzten Kapital und dem erzielbaren Gewinn unangemessen hoch sind.

Dem Wertpapierdienstleistungsunternehmen ist es ferner untersagt, dem Kunden Geschäfte zu empfehlen, um den Preis im Hinblick auf Eigengeschäfte des Wertpapierdienstleistungsunternehmens oder eines verbundenen Unternehmens im Sinne von § 15 des Aktiengesetzes zu beeinflussen. Insbesondere sind irreführende Einwirkungen auf die Meinungsbildung der Kunden oder eine Täuschung der Kunden (z.B. durch Scheingeschäfte und arrangierte Geschäfte ) zu unterlassen.

### *5.2 Verbotene Eigengeschäfte zum Nachteil des Kunden*

Dem Wertpapierdienstleistungsunternehmen ist es verboten, Eigengeschäfte aufgrund der Kenntnis oder Erwartung eines Kundenauftrags abzuschließen, die Nachteile für den Auftraggeber zur Folge haben können (Verbot des Vor-, Mit- oder Gegenlaufens).

Es ist insbesondere verboten, sich im Hinblick auf eine künftig zu veröffentlichende Empfehlung mit Wertpapieren bzw. Derivaten einzudecken, um diese nach Veröffentlichung der Empfehlung gewinnbringend zu veräußern. Für Verkäufe gilt entsprechendes. Wenn die Veröffentlichung schriftlicher Kundenempfehlungen oder bestimmter Research-Ergebnisse durch das Wertpapierdienstleistungsunternehmen oder ein mit dem Wertpapierdienstleistungsunternehmen verbundenes Unternehmen bevorsteht, dürfen Eigengeschäfte in den betroffenen Werten nicht vorgenommen werden, bevor die Kunden eine ausreichende Reaktionsmöglichkeit hatten. Eine ausreichende Reaktionsmöglichkeit ist grundsätzlich dann anzunehmen, wenn bei Vorliegen der schriftlichen Kundenempfehlung mindestens die Bereichsöffentlichkeit durch Veröffentlichung über ein bei Kreditinstituten, börsenzugelassenen Unternehmen und Versicherungsunternehmen weit verbreitetes elektronisch betriebenes Informationsverbreitungssystem hergestellt worden ist. Ausnahmen von dieser Regel bestehen in den folgenden Fällen:

- es ist offensichtlich keine wesentliche Preis- bzw. Kursbeeinflussung zu erwarten;
- es handelt sich um Geschäfte im Rahmen einer Market-Maker-Tätigkeit,
- es handelt sich um ein Geschäft zur Erfüllung einer Kundenorder, bei der das Wertpapierdienstleistungsunternehmen weder beratend noch als Vermögensverwalter tätig geworden ist;
- das Geschäft dient der Eindeckung, um nach der Veröffentlichung erwartete Orders erfüllen zu können, und beeinflußt den Kurs dadurch nicht zum Nachteil der Kunden;
- in der Veröffentlichung wird über mögliche Eigengeschäfte informiert.

Die Regelungen der Nr. 5.1 und 5.2 gelten nicht, soweit das Wertpapierdiensleistungsunternehmen hinreichende organisatorische Vorkehrungen zur Verhinderung derartiger Interessenkonflikte getroffen hat.

### *5.3 Anwendung auf Mitarbeiter und andere Personen*

Die in Ziffer 5.1 und 5.2 genannten Verbote gelten entsprechend für Geschäftsinhaber eines einzelkaufmännisch betriebenen Wertpapierdienstleistungsunternehmens sowie bei anderen Wertpapierdienstleistungsunternehmen für Personen, die nach Gesetz oder Gesellschaftsvertrag mit der Führung der Geschäfte des Unternehmens betraut und zu seiner Vertretung ermächtigt sind, und für Mitarbeiter eines Wertpapierdienstleistungsunternehmens, die mit der Durchführung von Geschäften in Wertpapieren oder Derivaten, der Wertpapieranalyse (Research) oder der Anlageberatung betraut sind.

## Literaturverzeichnis
Stand: 31. Dezember 1997


**Arendts**, Martin — Bankenhaftung - kann Privatautonomie durch Aufklärungs- und Beratungspflichten erreicht werden? Jahrbuch junger Zivilrechtswissenschaftler 1995
zitiert: *Arendts* Bankenhaftung

**Arendts**, Martin — Beratungs und Aufklärungspflichten über das einem Wertpapier erteilte Rating, zugleich eine Besprechung der Bond-Entscheidungen; WM 1993, 229

**Arendts**, Martin — Die Haftung für fehlerhafte Anlageberatung, zugleich Besprechung von BGH NJW 1993, 2433 in JuS 1994, 915

**Arendts**, Martin — Gefährliche Scheine?, BankMagazin 3/95, S. 67 f.

**Arendts**, Martin — Verhaltenspflichten nach dem WpHG, WPrax 1995, 68

**Assmann**, Heinz Dieter — Das künftige deutsche Insiderrecht (I), AG 1994, 196

**Assmann**, Heinz Dieter — Informationspflichten des Anlagevermittlers und Mitverschulden des Anlegers; NJW 1982, 1083

**Assmann**, Heinz Dieter; **Kirchner**, Christian — Ökonomische Analyse des Rechts, 1993
zitiert: *Verfasser* in *Assmann/Kirchner*

**Assmann**, Heinz Dieter — Prospekthaftung als Haftung für die Verletzung kapitalmarktbezogener Informationspflichten nach deutschem und US amerikanischen Recht, 1985
zitiert: *Assmann* Prospekthaftung

**Assmann**, Heinz Dieter — WuB I G 4. - 6.93 zu: OLG Frankfurt WM 1993, 1030

**Assmann**, Heinz Dieter; **Schütze**, Rolf — Handbuch des Kapitalanlagerechts, 2. Auflage 1997
zitiert: *Bearbeiter* in *Assmann*

**Assmann**, Heinz Dieter; **Schneider**, Uwe H. — Wertpapierhandelsgesetz, 1995
zitiert: *Bearbeiter* in *Assmann / Schneider*

**Ballerstedt**, Kurt — Zur Haftung für culpa in contrahendo bei Geschäftsabschluß durch Stellvertreter, AcP 151 (1951), 501

**Baumbach**, Adolf; **Hopt**, Klaus J. — Handelsgesetzbuch, Kommentar; 29. Auflage 1995
zitiert: *Bearbeiter* in *Baumbach/Duden/Hopt*

**Bengel,** Manfred; **Reimann,** Wolfgang — Testamentsvollstreckung, 1994
zitiert: *Bearbeiter* in *Bengel/Reimann*, Kapitel, Rdnr.

**Bertschinger**, Urs — Sorgfaltspflichten der Bank bei Anlageberatung, Dissertation St. Gallen
zitiert: *Bertschinger*

**Brandner**, Erich — Verhaltenspflichten der Kreditinstitute bei der Vergabe von Verbraucherkrediten, ZHR 153, 147 ff.

**Breidenbach,** Stephan — Die Voraussetzungen von Informationspflichten beim Vertragsschluß, 1989
zitiert: *Breidenbach*

**Breuer,** Rolf E. — Deutsche Terminbörse liegt gut in der Zeit, Bank 1988, 425 f.

**Brox**, Hans — Allgemeines Schuldrecht, 18. Auflage 1990

**Bundschuh**, Karl Dietrich — Neue höchstrichterliche Rechtsprechung zum Bankrecht, 4. Auflage 1989
zitiert: *Bundschuh*

**Bundschuh**, Karl Dietrich — Vertrieb von Warenterminoptionen - eine Übersicht über die Rechtsprechung des BGH; WM 1985, 249

**Cahn,** Andreas — Grenzen des Markt- und Anlegerschutzes durch das WpHG, ZHR 162 (1998), 1 - 50

**Canaris**, Claus Wilhelm — Bankvertragsrecht, 1. Teil, 4. Auflage 1988
zitiert: *Canaris*, BankvertragsR, Rdnr.

**Canaris**, Claus Wilhelm — Bankvertragsrecht, 2. Teil, 3. Auflage, 2. Bearbeitung 1981
zitiert: *Canaris*, BankVertragsR

**Claussen,** Carsten Peter — Bank- und Börsenrecht, Handbuch für Lehre und Praxis, 1996

**Cramer**, Jörg E.; **Rudolph**, Bernd (Hrsg.) — Handbuch für Anlageberatung und Vermögensverwaltung, - Methoden und Instrumente des Portfoliomanagements, 1995
zitiert: *Bearbeiter* in *Cramer/Rudolph*

**Dauner-Lieb,** Barbara — Verbraucherschutz durch Ausbildung eines Sonderprivatrechts für Verbraucher, 1983

**de Lousanoff**, Oleg — Börsentermingeschäftsfähigkeit von Privatanlegern, ZHR 159, 229 - 243

**Deutscher Bundestag** — Beschlußempfehlung und Bericht zu dem Gesetzesentwurf der Bundesregierung, BT Drucksache 12/7918

**Drygala**, Tim — Anmerkung zu OLG Zweibrücken, ZIP 1995, 1251

**Drygala,** Tim — Aufklärungspflicht beim Handel mit Optionsscheinen, ZHR 159 (1995), 686 ff.

**Drygala**, Tim — Gesetzliches Schriftformerfordernis bei der Anlegeraufklärung, WM 1992, 1213

**Ebenroth**, Carsten Thomas; **Kräutter**, Thomas — Die rechtlichen Aspekte des Ratings von Emittenten und Emissionen, WM 1992, Sonderbeilage 5

**Ebke**, Werner F.; **Scheel**, Hansjörg — Die Haftung des Wirtschaftsprüfers für fahrlässig verursachte Vermögensschäden Dritter, WM 1991, 389

**Emmerich**, Volker — Das Recht der Leistungsstörungen, 3. Auflage 1991
zitiert: *Emmerich*

**Erman**, Walter — Kommentar zum BGB, Band 1 (§§ 1 bis 852); 9. Auflage 1993
zitiert: *Bearbeiter* in *Erman*

**Escher-Weingart**, Christina — Anmerkung zu BGH NJW 1993, 2433 (Bond) in JZ 1994, 104 f.

**Everling,** Ulrich — Zur Auslegung des durch EG-Richtlinien angeglichenen nationalen Rechts, ZGR 1992, 376

**Everling,** Oliver — Credit Rating durch internationale Agenturen, eine Untersuchung zu den Komponenten und instrumentalen Funktionen des Ratings, 1991

**Fell**, Karl; **Ebert**, Eike; **Rind**, Hermann; — Bericht der Abgeordneten zum WpHG, BT-Drucksa-che 12/7918

**Fischer**, Reinfrid — Das Zweite Finanzmarktförderungsgesetz aus Sicht der Sparkassenorganisationen, Sparkasse 1995, 7 f.

**Flume**, Werner — Allgemeiner Teil des bürgerlichen Rechts, 3. Ergänzte Auflage, Band 2, Das Rechtsgeschäft, 1979
zitiert: *Flume* Rechtsgeschäftslehre

**Gabler** — Gabler-Bank-Lexikon A-K, herausgegeben von *Wolfgang Grill*, *Ludwig Gramlich*, *Roland Eller*, 11. Auflage 1995
zitiert: *Gabler* I

Gabler-Bank-Lexikon L-Z, herausgegeben von *Wolfgang Grill*, *Ludwig Gramlich*, *Roland Eller*, 11. Auflage 1995
zitiert: *Gabler* II

**Gaßner**, Otto
**Escher**, Markus — Bankpflichten bei der Vermögensverwaltung nach Wertpapierhandelsgesetz und BGH-Rechtsprechung, WM 1997, 93 ff.

**Gaulke**, Jürgen — Kursbuch Spekulation
zitiert: *Gaulke*

**Grabitz**, Eberhard
**Hilf**, Meinhard — Kommentar zur Europäischen Union, Verrag über die Europäische Union, Vertrag zur Gründung der Europäischen Gemeinschaft, Stand: 10. Ergänzungslieferung Oktober 1996, Band II: Vor Art. 85 bis 248 EWGV
zitiert: *Bearbeiter* in *Grabitz/Hilf*

**Grotherr**, Siegfrid — Alternative Anlegerschutzmöglichkeiten auf dem freien Kapitalmarkt; DB 1988, 1011

**Grün**, Beate — Abstandnahme vom Vertragsschluß als Ziel anlegergerechter Aufklärung bei hohen Prämienaufschlägen des Terminoptionsvermittlers, NJW 1994, 1330

**Hagenmüller**, Karl Friedrich; **Diepen**, Gerhard
Der Bankbetrieb, Lehrbuch und Aufgabensammlung, 12. Auflage 1989
zitiert: *Hagenmüller/Diepen*

**Hartung**, Klaus Joachim
EWiR § 276, 10/94 zu: OLG Köln Urt. v. 1.7.1994

**Hartung**, Klaus Joachim
zu OLG Frankfurt a. M. ZIP 1994, 367 in EWiR § 276, 2/1994

**Hauser**, Dieter
Spekulative Warentermingeschäfte; die Rechtsstellung von Kunde und Broker unter besonderer Berücksichtigung der Treue- und Sorgfaltspflichten des Kundenberaters, 1987

**Heinsius**, Theodor
Anlageberatung durch Kreditinstitute; ZHR 145 (1981), 177 f.

**Heinsius**, Theodor
Pflichten und Haftung der Kreditinstitute bei der Anlageberatung, ZBB 1994, 47

**Hellner,** Thorwald
**Steuer**, Stephan
(Hrsg.)
Bankrecht und Bankpraxis, Band 4, Loseblatt; Stand: 3.96
zitiert: *Bearbeiter* in BuB Band 4, Abschnitt/Rdnr.

**Henssler**, Martin
Risiko als Vertragsgegenstand, 1994
zitiert: *Henssler*

**Heß,** Burkhard
Anmerkung zu EuGH, Urteil vom 14.7.1994, JZ 1995, 149 in JZ 1995, 150.

**Heymann**, Ekkehard von
Die neuere Rechtsprechung zur Bankenhaftung bei Kapitalanlagen; NJW 1990, 1137

**Heymann**, Ekkehard von
EWiR § 675, 8/94 zu: OLG Düsseldorf Urteil vom 8.7.1994

**Heymann**, Ekkehard von

Handelsgesetzbuch
Band 4, §§ 343 bis 460, 1990
zitiert: *Heymann*, HGB

**Hoegen**, Dieter

Einzelfragen zur Haftung bei Anlagevermittlung und Anlageberatung unter besonderer Berücksichtigung der Rechtsprechung des BGH; in FS für W. Stimpel, S. 247 f.

**Honsell**, Heinrich

Probleme der Haftung für Auskunft und Gutachten, JuS 1976, 621 ff.

**Hopt**, Klaus J.

Berufshaftung und Berufsrecht der Börsendienste, Anlageberater und Vermögensverwalter in Festschrift für Robert Fischer, 1979, S. 237 f.
zitiert: *Hopt* in FS für *Fischer*

**Hopt**, Klaus J.

Der Kapitalanlegerschutz, 1975
zitiert: *Hopt*, Kapitalanlegerschutz

**Hopt**, Klaus J.

Funktion, Dogmatik und Reichweite der Aufklärungs- Warn- und Beratungspflichten der Kreditinstitute in Festschrift für Joachim Gernhuber, 1993 S. 169 ff.
zitiert: *Hopt* in FS für *Gernhuber*

**Hopt**, Klaus J.

Grundsatz- und Praxisprobleme nach dem Wertpapierhandelsgesetz - insbesondere Insidergeschäfte und Ad-hoc-Publizität, ZHR 159 (1995) S. 135 bis 163.

**Hopt**, Klaus J.

Haftung der Banken bei Finanzierung von Publi-kumsgesellschaften und Bauherrenmodellen; in FS W. Stimpel zum 75.Geburtstag, S. 265 ff.
zitiert: *Hopt* in FS für *Stimpel*

**Hopt**, Klaus J.
Nichtvertragliche Haftung außerhalb von Schadens- und Bereicherungsausgleich, AcP 183, 608, 645 ff, 652 ff.

**Hopt**, Klaus J.
Rechtsprobleme der Anlageberatung und der Vermögensverwaltung der schweizerischen Banken, in: Beiträge zum schweizerischen Bankrecht (Hrsg. Rudolf v. Graffenried), 1987
zitiert: *Hopt*, Beiträge zum Schweizer Bankrecht

**Horn,** Norbert
Die Aufklärungs- und Beratungspflichten der Banken, ZBB 1997, 139 ff.

**Huber**, Konrad
Verkehrspflichten zum Schutz fremden Vermögens, S. 359 ff. in Festschrift für Ernst v. Caemmerer zum 70. Geburtstag, 1978
zitiert: *Huber* in FS *Caemmerer*

**Jäger,** Eva
Aktienoptionen und Optionsscheine; zur Börsentermingeschäftsfähigkeit von Aktienoptionen sowie zur Übertragbarkeit der hierzu entwickelten Grundsätze auf Optionsscheine nach der Rechtslage vor Inkrafttreten der Börsengesetznovelle am 1. August 1989, 1990.

**Jütten**, Herbert
Anlegerschutz in Wertpapiergeschäften, Die Bank 3/95, 4/95 S. 153 ff, S. 221 ff.

**Klumpp,** Hans-Herrmann
Handlungsspielraum und Haftung bei Vermögensanlagen durch den Testamentsvollstrecker, ZEV 1994, 66 bis 70

**Koller,** Ingo
Wer ist „Kunde" eines Wertpapierdienstleistungsunternehmens?, ZBB 1996, 97 f.

**Köndgen**, Johannes
Anmerkungen zu BGH Z 100, 117; JZ 1987, 723 f.

**Köndgen**, Johannes — Die Entwicklung des privaten Bankrechts in den Jahren 1990/1991; NJW 1992, 2263, 2272 f.

**Köndgen**, Johannes — Die Entwicklung des privaten Bankrechts in den Jahren 1992 bis 1995, NJW 1996, 558 ff.

**Köndgen,** Johannes — Wieviel Aufklärung braucht ein Wertpapierkunde, Bemerkungen zum Richtlinienentwurf des Bundesaufsichtsamts für den Wertpapierhandel zu § 35 II WpHG, ZBB 1996, 361

**Köndgen,** Johannes — Zur Theorie der Prospekthaftung, AG 1983, 120 f.

**Kramer,** Heinz — Optionsanleihe wiederentdeckt, Kreditwesen 1984, 890

**Krimphove**, Dieter — Anlageberatung; das System der zivilrechtlichen Haftung von Kreditinstituten, 1992
zitiert: *Krimphove*

**Kroeber-Riel,** Werner — Konsumentenverhalten, 5. Auflage 1992

**Kübler**, Friedrich — Anlageberatung durch Kreditinstitute in ZHR 145 (1981), 204 bis 221

**Kümpel**, Siegfrid — Bank- und Kapitalmarktrecht, 1995
zitiert: *Kümpel*

**Kümpel**, Siegfrid — Die allgemeinen Verhaltenspflichten nach dem Wertpapierhandelsgesetz, WM 1995, 689

**Kümpel,** Siegfrid; **Ott**, Claus — Kapitalmarktrecht, Ergänzbares Rechtshandbuch für die Praxis, Loseblattsammlung, 1995 ff.

**Lachmair**, Wilhelm
Bankenhaftung bei Empfehlung von Anleihen zu OLG Düsseldorf Urteil vom 8.7.1994, DA 1994, 183

**Lang**, Arno
Die neuere Rechtsprechung des BGH zu Auftrag, GoA und Geschäftsbesorgung; Beilage 9 WM 1988, S. 1 bis 20

**Larenz**, Karl
Lehrbuch des Schuldrechts, 2. Band BT 1. Halbband, 1986
zitiert: *Larenz* BT 1

**Lasch,** Rainer;
**Röder**, Klaus
Das Börsenangebot der Direktbanken - Eine Analyse des deutschen Marktes - ZBB 1995, 342

**Lehmann,** Michael
Vertragsanbahnung durch Werbung. Eine juristische und ökonomische Analyse der bürgerlich-rechtlichen Haftung für Werbeangaben gegenüber dem Letztverbraucher, 1981

**Lehmann,** Michael
Die bürgerliche Haftung für Werbeangaben - c.i.c. als Haftungsgrundlage für vertragsanbahnende Erklärungen, NJW 1981, 1233

**Look,** Frank van
Bankrechtstag der bankrechtlichen Vereinigung e. V. am 30. Juni 1995 in Berlin

**Look,** Frank van
WuB I G 1 8.95 Anmerkung zu OLG Köln WM 1995, 697, Urteil vom 1. 7. 1994

**Lorenz**, Werner
Haftung für primäre Vermögensschäden bei unrichtiger Auskunft in der Festschrift für Karl Larenz zum 70. Geburtstag
zitiert: *Lorenz* in FS *Larenz*

**Maurer,** Hartmut
Allgemeines Verwaltungsrecht, 9. Auflage 1994

**Medicus**, Diether — Bürgerliches Recht, 15. Auflage 1990
zitiert: *Medicus* BürgerR

Münchener Kommentar — Band 1 (§§ 1 bis 241), 3. Auflage
Band 2 (§§ 242 bis 432), 3.Auflage
zitiert: *Bearbeiter* in MüKo

Münchener Rechtslexikon — Band I bis III, 1987

**Mugdan,** Benno — Die gesamten Materialien zum Bürgerlichen Gesetzbuch, Band I, Einführungsgesetz und Allgemeiner Teil, 1899
zitiert: *Mugdan,* Einführungsgesetz und Allgemeiner Teil

**Niemann,** Christoph — Finanzinnovationen im Binnenmarkt, WM 1993, 777

**Nirk**, Rudolf — Der Emmissionsprospekt einer sogenannten Publikumsabschreibungskommanditgesellschaft als AGL für geschädigte Kapitalzeichner in Festschrift für Wolfgang Hefermehl 1976
zitiert: *Nirk* in FS *Hefermehl*

**Ott**, Claus;
**Schäfer**, Hans-Bernd
(Hrsg.) — Allokationseffizienz in der Rechtsordnung, 1989
zitiert: *Bearbeiter* in *Ott/Schäfer*, Allokationseffizienz

**Ott**, Claus;
**Schäfer**, Hans-Bernd
(Hrsg.) — Ökonomische Probleme des Zivilrechts, 1991
zitiert: *Bearbeiter* in *Ott/Schäfer*, Ökonomische Probleme

**Palandt**, Otto — Kommentar zum BGB, 56. Auflage 1997

**Petershoff**, Wolfgang — zu OLG Köln WM 1988, 402 in WuB I G 1. - 1.89

**Pleyer**, Klemens;
**Hegel**, Thomas | Neue Generation derivater Finanzinstrumente - Anlaß zu juristischer Nachstellung?, WM 1995, 957 ff.

**Potthoff**, Volker | Aufklärungs- und Beratungspflichten bei Optionsscheingeschäften, Anmerkung zu OLG Frankfurt a. M. WM 1993, 864

**Raeschke-Kessler**, Hilmar | Bankenhaftung bei der Anlageberatung über neue Finanzprodukte, WM 1993, 1830

**Raeschke-Kessler**, Hilmar | Grenzen der Dokumentationspflicht nach § 31 Abs. 2 Nr. 1 WpHG, Anmerkungen zum Bankgeheimnis und informellen Selbstbestimmungsrecht der Kunden, WM 1996, 1764 ff.

**Raiser,** Thomas | Recht der Kapitalgesellschaften, Ein Handbuch für Praxis und Wissenschaft, 2. Auflage 1991

**Ramsauer,** Ulrich | Die Assessorprüfung im öffentlichen Recht, 2. Auflage 1995

**Reich,** Norbert | Verbraucher und Recht, überholte Konzeptionen, Lücken und Mängel in wichtigen Verbrauchergesetzen und die Praxis der Rechtsprechung, 1976

**Rellermeyer,** Klaus | Das Zweite Finanzmarktförderungsgesetz in der praktischen Umsetzung, WM 1995, 1981 f.

**Rollinger**, Norbert | Aufklärungspflichten bei Börsentermingeschäften, 1990

**Rosen,** Rüdiger von | Terminkontrakte sind überfällig, Kreditwesen 1989, 308 f.

**Rosen**, Rüdiger von | Zweites Finanzmarktförderungsgesetz und Privatanleger, Die Bank 1995, 9 f.

**Rössner,** Michael-Christian | WuB I G 1. - 4.95; zu: OLG Frankfurt a. M. WM 1994, 397, Urteil vom 4. 10. 1994

**Roth,** Urs Philipp | Aufklärungspflichten in Vermögensanlagegeschäften der Banken, in FS für *Beat Kleiner*, 1993
zitiert: *Roth* in FS für *Kleiner*

**Schäfer**, Frank | EWiR § 276, 4/94 zu BGH WM 1994, 453

**Schäfer**, Frank | Haftung für fehlerhafte Anlageberatung und Vermögensverwaltung, 2. Auflage 1995
zitiert: *Schäfer* Haftung für fehlerhafte Anlageberatung

**Schäfer**, Frank | Materielle Aspekte der EG-Richtlinie über Wertpapierdienstleistungen, AG 1993, 389 ff

**Schäfer**, Hans Bernd; **Ott**, Claus | Lehrbuch der ökonomischen Analyse des Rechts, 2. Auflage 1995
zitiert: *Schäfer/Ott* Lehrbuch

**Scharrenberg**, Wolfgang | Die Dokumentationen in der Anlageberatung nach den §§ 31, 34 WpHG; Die Sparkasse 1995, 108 f.

**Scharrenberg**, Wolfgang | Zur Haftung der Kreditinstitute für die Verletzung von Aufklärungs-, Warn- und Beratungspflichten, Die Sparkasse 1993, 490 ff.

**Schlegelberger,** Franz; **Geßler,** Ernst | HGB Kommentar, 5. Auflage

**Schlotthauer**, Karl-Heinz | Überlegungen für eine anlegergerechte Wertpapierberatung, Sparkasse 1994, 434

**Schödermeier,** Martin — Nachforschungspflichten einer Bank als Vermögensverwalterin zur Person ihres Kunden, WM 1995, 2053 f.

**Schönle**, Herbert — Bank und Börsenrecht, 2. Auflage 1976

**Schröder,** Jan — Haftung von Börseninformationsdiensten, NJW 1980, 2279 f.

**Schütt,** Henrik — Discount-Broking - die neue Konkurrenz, Bank 1995, 101

**Schwark**, Eberhard — 100 Bände BGH Z: Bank- und Wertpapierrecht, ZHR 151, 325 bis 354

**Schwark**, Eberhard — WuB I G 4 - 9.93 zu: BGH NJW 1993, 2433

**Schwark**, Eberhard — WuB I G 5. - 13.89 zu LG Stuttgart WM 1989, 984; WM 1989, 990; WM 1989, 993

**Schwintowski**, Hans-Peter — Das Optionsscheingeschäft: Naturalobligation oder vollkommene Unverbindlichkeit, ZIP 1988, 1021

**Schwintowski**, Hans-Peter — Haftung bei der Finanzierung von atypisch fehlgeschlagenen steuerbegünstigten Kapitalanlagen, NJW 1989, 2087

**Serfling,** Klaus;
**Pries,** Andreas — Möglichkeiten und Grenzen des Ratings, Bank 1990, 381

**Simitis,** Konstantin — Verbraucherschutz, Schlagwort oder Rechtsprinzip?, 1976

**Soergel**, Theodor — Band 2 (§§ 242 bis 432), 12. Auflage
zitiert: *Bearbeiter* in *Soergel*

**Staab**, Peter — Der ideale Anlageberater, WM 1994, 541

**Staudinger**, Julius v.
13. Auflage
zitiert: *Bearbeiter* in *Staudinger*

**Stebut**, Dietrich von
Aufklärungspflichten und Haftungsrisiken von Finanzdienstleistern, ZIP 1992, 1698

**Steuer**, Stephan
Anlegerschutz im Wertpapiergeschäft WM 1995, 281

**Strauch**, Dieter
Rechtsgrundlagen der Haftung für Rat, Auskunft und Gutachten, JuS 1992, 897 f.

**Tilp**, Andreas W.
Anmerkungen zu LG Düsseldorf EWiR § 50 BörsG 1/95

**Ulmer**, Peter;
**Brandner**, Erich;
**Hensen**, Horst-Diether
AGB Gesetz 6. Auflage 1990
zitiert: *Bearbeiter* in *Umer / Brandner / Hensen*

**Vollkommer,** Max
Anwaltshaftungsrecht, 1989
zitiert: *Vollkommer* Rdnr.

**Vortmann**, Jürgen
Anlegergerechte Beratung und Maßnahmen zur Reduzierung des Haftungsrisikos; ÖBA 1994, 579

**Vortmann**, Jürgen
Aufklärungs- und Beratungspflichten, 1993, 2. Auflage zitiert: *Vortmann*

**Vortmann**, Jürgen
Die neuere Rechtsprechung zu den Aufklärungs- und Beratungspflichten der Banken; WM 1989, 1557

**Vortmann,** Jürgen
WuB I G.1 - 7.95 zu LG Bielefeld WM 1995, 662

**Wach**, Karl J. — Der Terminhandel in Recht und Praxis, Zivilrechtlicher Anlegerschutz beim spekulativen Termingeschäft an den Rohstoff-, Finanz- und Devisenbörsen unter Berücksichtigung der wirtschaftlichen und soziologischen Tatsachen sowie des Straf- und Börsenrechts, Köln 1986
zitiert: *Wach*

**Wandt,** Manfred — WuB I G 4 - 6.88 zu BGH WM 1988, 1255

**Weber**, Martin — Deutsches Kapitalmarktrecht im Umbruch, NJW 1994, 2849 f.

**Weger,** Gerd — Optionsscheine als Anlagealternative, 1985

**Wenzel,** Frank — Rechtsfragen der vorzeitigen Beendigung von Finanzierungen und des Ratings von Unternehmen, Bericht über den Bankrechtstag 1996 am 28. Juni 1996 in Hamburg, WM 1996, 1608 f.

**Werner**, Horst; **Machunsky**, Jürgen — Einwendungsdurchgriff und Schadensersatzansprüche gegen Kreditinstitute bei der Finanzierung von Bauherrengemeinschaften, DB 1982, 2229

**Werner**, Horst; **Machunsky**, Jürgen — Rechte und Ansprüche geschädigter Kapitalanleger, 3. Auflage 1991
zitiert: *Werner/Machunsky*

**Wiedemann**, Herbert; **Schmitz**, Erich — Kapitalanlegerschutz bei unrichtiger oder unvollständiger Information, Besprechung der Entscheidung BGH Z 72, 382; ZGR 1980, 134

**Wittkowski**, Dirk — EWiR § 276, 1/94 zu: OLG München ZIP 1994, 125

| | |
|---|---|
| **Wittkowski**, Dirk | EWiR § 276, 3/94 zu: BGH WM 1994, 492 |
| **Wolf**, Manfred; **Horn**, Norbert; **Lindacher**, Walter F. | AGB Gesetz 2. Auflage 1989 zu § 11 Nr. 15 zitiert: Bearbeiter in *Wolf / Horn / Lindacher* |
| **Wüst**, Günther | Präventiver und repressiver Rechtsschutz bei Anlegerwerbung und Anlegevermittlung; JZ 1989, 67 |
| **Zahn,** Johannes | Aktienanleger und Börse, ZGR 1981, S. 100 ff. |
| **Zeller**, Sven | Aufklärungspflicht und Haftung (II), Bank Magazin 2/95 S. 53 |
| **Zeller,** Sven | WuB I G 1 - 5.95 |
| **Zöller,** Richard | Zivilprozeßordnung, 20. Auflage 1997 zitiert: *Bearbeiter* in *Zöller* |

Michael Schröder

# Die Wertpapierhandelsaufsicht nach dem Zweiten Finanzmarktförderungsgesetz

Frankfurt/M., Berlin, Bern, New York, Paris, Wien, 1998. 276 S.
Schriften zum Wirtschaftsrecht, Steuerrecht und Zivilprozeßrecht.
Herausgegeben von Jürgen Costede. Bd. 5
ISBN 3-631-33441-9 · br. DM 89.–*

Die Arbeit gibt einen Überblick über die durch das Zweite Finanzmarktförderungsgesetz reformierte und umfassend neugestaltete Aufsicht über die Kapitalmärkte. Im Mittelpunkt steht dabei die Darstellung und kritische Würdigung der Strukturen der Wertpapierhandelsaufsicht durch das Bundesaufsichtsamt für den Wertpapierhandel, die Börsenaufsichtsbehörden der Länder und die Handelsüberwachungsstellen der Börsen. Schwerpunkte bilden Fragen der Organisation, der Abgrenzung der Zuständigkeitsbereiche sowie der Zusammenarbeit der verschiedenen Aufsichtsinstanzen. Behandelt werden vorweg die Grundlagen des Kapitalmarkt- und des Aufsichtsrechts sowie die Entwicklung der Kapitalmarktaufsicht in Deutschland. Schließlich erfolgt eine Einordnung der Wertpapierhandelsaufsicht in das System staatlicher Aufsichtstätigkeit. Den Abschluß bildet eine Bewertung des neuen Aufsichtssystems.

*Aus dem Inhalt*: Kapitalmärkte und Aufsicht · Aufsicht über den Wertpapierhandel auf Bundes-, Landes- und Selbstverwaltungsebene · Verhältnis der Aufsichtsinstanzen zueinander · Rechtsnatur der Börse · Umfang der staatlichen Handelsaufsicht · Bewertung des neuen Aufsichtssystems

Printed by
CPI books GmbH, Leck

Kolibri 360 GmbH
Ferdinand-Jühlke-Straße 7
99095 Erfurt, Deutschland
produktsicherheit@kolibri360.de